Dietrich Schulze-Marmeling / Hardy Grüne

Die Königlichen

Die Geschichte von Real Madrid

Dietrich Schulze-Marmeling / Hardy Grüne

DIE KÖNIGLICHEN

DIE GESCHICHTE VON REAL MADRID

VERLAG DIE WERKSTATT

Bibliografische Information der Deutschen Nationalbibliothek:
Die Deutsche Nationalbibliothek verzeichnet diese Publikation
in der Deutschen Nationalbibliografie; detaillierte bibliografische
Daten sind im Internet über http://dnb.d-nb.de abrufbar.

Auch als E-Book erhältlich: ISBN 978-3-7307-0684-8

1. Auflage 2023

Siekerwall 21, D-33602 Bielefeld
www.werkstatt-verlag.de

Coverabbildung: Getty Images/FRANCK FIFE/AFP
Satz und Gestaltung: Die Werkstatt Medien-Produktion GmbH, Göttingen
Druck und Bindung: CPI, Leck

MIX
Papier | Fördert gute Waldnutzung
FSC® C083411
www.fsc.org

ISBN 978-3-7307-0656-5

INHALT

„Das Trikot von Real Madrid ist weiß. Es kann mit Schlamm, Schweiß und sogar Blut beschmiert werden, aber niemals mit Schande."

SANTIAGO BERNABÉU

„Als ich zum ersten Mal das weiße Trikot angezogen habe, überkam mich ein regelrechter Schauer. Ich zitterte richtig und erschrak sogar ein bisschen darüber, wie stark mich das überwältigte."

MESUT ÖZIL

„Wenn Real einen Platz hinter Barcelona steht, dann ist das fast, als würde die Diktatur wieder eingeführt.„

JUPP HEYNCKES

„In Deutschland arbeitete ich 14 Stunden täglich. Ich studierte, arbeitete und spielte überdies noch bei Bayern. Und vom einen auf den anderen Moment lebte ich wie ein König. Ohne Verpflichtungen außer dem Training. (…) Ich hatte rein gar nichts zu tun. Nur trainieren."

PAUL BREITNER

„Real Madrid ist das Wichtigste, was mir je passiert ist, als Fußballer und als Mensch."

ZINÉDINE ZIDANE

„Drei Jahre im Fußball sind lang – drei Jahre bei Real Madrid sind nochmal länger."

TONI KROOS

„Gewinnen reicht nicht. Der Sieg muss auf eine bestimmte Art und Weise eingefahren werden."

EMILIO BUTRAGUENO

„Wenn du Madrid nicht umlegst, legt Madrid dich um."

XAVI HERNÁNDEZ

„Der größte Klub der Welt."

CRISTIANO RONALDO

„Real Madrid zu schlagen, erfüllt mich mit Glück."

PEP GUARDIOLA

VORWORT

Real Madrid ist der Klub der Superlative. Rekordsieger im europäischen Landesmeisterwettbewerb bzw. in der Champions League, verbunden mit den schillerndsten Namen des Weltfußballs. Seien es Ricardo Zamora und Alfredo Di Stéfano, Günter Netzer und Raúl oder David Beckham, Cristiano Ronaldo sowie Zinédine Zidane, Luca Modrić und Toni Kroos. Wenn Barcelona „més que un club" sein will („mehr als ein Klub"), ist Real zweifelsohne „el club más grande del mundo" („der größte Klub der Welt").

Die „Königlichen" verkörpern den Aufstieg des Fußballs zu einem zentralen Bestandteil des Showbusiness und sind seit Langem umsatzstärkster Klub der Welt. Denn Vereinspräsidenten wie Santiago Bernabéu oder Florentino Pérez gaben sich nie nur mit sportlichen Erfolgen zufrieden. Sie strebten nach Klasse, Ausstrahlung, Exzellenz. „Señorío" – Würde – ist ein Schlüsselbegriff in der DNA des Real Club de Fútbol Madrid. Von einem Spieler des Vereins wird im Umgang mit der Konkurrenz stets Souveränität auf allen Ebenen verlangt. Ein „Königlicher" wird nicht zum Proleten.

Die Geschichte des Klubs geht weit über den Sport hinaus. Sie beginnt mit engen Verbindungen zum Königshaus, das den im Vergleich zu Barcelona und Bilbao fußballerisch spät startenden Hauptstädtern hilfreich zur Seite stand. Im spanischen Bürgerkrieg nahm Real Madrid eine umstrittene Rolle ein. Einerseits demokratisch gesinnt, andererseits durch Santiago Bernabéu fest an Francos Seite. Von den zahlreichen internationalen Erfolgen des Klubs nach dem Krieg profitierten auch die Franquisten.

Heute ist Real Madrid ein Klub für Romantiker wie Modernisten gleichermaßen. Er ist einer der wenigen mitgliedergeführten Vereine unter den Topadressen Europas und muss sich der Herausforderung durch staatenfinanzierte Fußballkonzerne wie Paris Saint-Germain und Manchester City erwehren. Aber er ist auch Verfechter einer außerhalb des größten Teils der Fußballfamilie stehenden „Super League“, türmt gewaltige Schuldenberge auf und verkauft sein berühmtes schneeweißes Trikot in alle Winkel der Welt.

Willkommen zur Geschichte der „Galaktischen“.

Dietrich Schulze-Marmeling und Hardy Grüne

DIE „KÖNIGLICHEN“ ALS ROMANTISCHE NOTE IM „MODERNEN FUSSBALL“

Die Größe Real Madrids zeigt sich selbst in der Champions-League-Saison 2022/23, in der die Fortsetzung der einzigartigen Erfolgsgeschichte des Klubs – mithin der 15. Titelgewinn in Europas wichtigstem Vereinswettbewerb – am Ende ausbleibt.

Im Halbfinale sind die „Königlichen“ eine Ausnahmeerscheinung. Neben Madrid haben sich ein „state owned club“ sowie zwei Investorenklubs unter die letzten vier in Europas Königsklasse gespielt: Manchester City, ein hochgradig alimentiertes Unternehmen, das der weltweit 13 Klubs besitzenden City Football Group gehört, die sich mehrheitlich im Besitz der Herrscherfamilie des arabischen Emirats Abu Dhabi befindet. Der aus dem East End Manchesters kommende „state owned club“ ist den Gesetzen der Marktwirtschaft nicht verpflichtet. Geld steht im Überfluss zur Verfügung. City muss keine schwarzen Zahlen schreiben, geschweige denn nennenswerte Gewinne erwirtschaften.

Neben den von Pep Guardiola trainierten „Blues“ haben die beiden Mailänder Vereine das Halbfinale erreicht. Während sich der AC Mailand im Besitz der US-amerikanischen Investorengesellschaft Elliott Management Corporation befindet, hat beim Lokalrivalen Inter die chinesische Suning Holdings Group das Sagen.

Gegen diese drei Adressen wirkt Titelverteidiger und Rekord-Champions-League-Sieger Real Madrid geradezu bodenständig, ja fast schon aus der Zeit gefallen. Real ist weder eine Kapitalgesellschaft noch im Besitz einer Privatperson. Die „Königlichen" gehören ihren 93.176 Vereinsmitgliedern, den Socios.

Obwohl die spanische Sportzeitung Marca eindringlich vor Manchester City, dem „Monster" aus dem hohen Norden, warnt, rechnen sich sowohl Fans als auch Verantwortliche der „Blancos" im Halbfinale gegen den Favoriten Chancen für ihre Elf aus. Für viele Experten ist das Duell Real gegen City sogar das vorweggenommene Finale.

Beim Hinspiel in Madrid muss Real-Coach Carlo Ancelotti auf seinen gesperrten Innenverteidiger Éder Militão verzichten. Den Brasilianer an der Seite des Österreichers David Alaba ersetzt der deutsche Nationalspieler Antonio Rüdiger. Der vertritt Militão bestens, im Zusammenspiel mit Alaba stellt er Citys Torjäger Erling Haaland völlig kalt. Der Norweger wird aber auch deshalb von seinen Mitspielern kaum bedient, weil Real die Passwege auf Haaland gut versperrt. Das ist ein Verdienst von Toni Kroos, der vor den Innenverteidigern einen starken „Staubsauger" spielt. Kroos lässt sich immer wieder in die letzte Linie zurückfallen, um Schnittstellen zu schließen.

Trotzdem gehört die Anfangsphase des Spiels den Gästen. In den ersten 16 Minuten pariert Real-Keeper Thibaut Courtois, Held des Champions-League-Finales 2022, dreimal stark gegen De Bruyne, Rodrigo und Haaland. In der 36. Minute bringt Vinícius Júnior Real mit einem Traumtor in Führung, sein Vollspann-Distanzschuss landet im oberen rechten Toreck. De Bruyne gelingt in der 67. Minute der Ausgleich, ebenfalls mit einem Distanzschuss, aber flach. Die letzte Chance des Spiels hat Real, doch Aurélien Tchouaméni scheitert an City-Keeper Ederson. Manchester verbucht deutlich mehr Ballbesitz, im zweiten Durchgang hatte das nun offensiver agierende Real dennoch die besseren Torchancen und war zeitweise dem 2:0 näher als City dem Ausgleich.

Das 1:1 ist ein leistungsgerechtes Ergebnis. Für Real ist es nicht die beste Ausgangsposition, trotzdem wird das Remis gefeiert. Im Zentrum der Hymnen stehen Antonio Rüdiger und das Stadion. So formuliert Marca: „Herr Antonio (Rüdiger) und Herr Santiago (Bernabéu) haben Haaland vertilgt." Das Konkurrenzblatt AS lobt „Rambo Rüdiger" als den „großen Hauptdarsteller". Hingegen sei Haaland nur „ein Schatten jenes Tor-Tyrannen" gewesen, „der unglaubliche Rekorde aufstellt".

Das Rückspiel im Etihad-Stadion von Manchester gerät acht Tage später jedoch zu einer Demonstration der neuen Machtverhältnisse. Wozu maßgeblich beiträgt, dass der für den Hinspiel-Helden Rüdiger in die Innenverteidigung Reals zurückkehrende Éder Militão einen rabenschwarzen Tag erwischt. In der 23. Minute bringt Bernardo Silva City in Führung. 14 Minuten später trifft der Portugiese ein weiteres Mal: 2:0. Von einem offenen Schlagabtausch ist 90 Minuten lang nichts zu sehen, dafür agiert Pep Guardiolas Team viel zu dominant und Carlo Ancelottis Real viel zu passiv. In der zweiten Halbzeit erhöhen der Ex-Dortmunder Manuel Akanji (76.) und der für Haaland aufs Feld gekommene Julián Álvarez (90.) auf 4:0 – und mit diesem Ergebnis sind die „Königlichen" noch gut bedient. Ihr mit Abstand bester Mann steht im Tor: Thibaut Courtois verhindert an diesem Abend Schlimmeres. „Wir sind verdient ausgeschieden", sagt Toni Kroos.

14 Mal hat Real Madrid den Europapokal der Landesmeister bzw. die Champions League gewonnen und ist damit einsamer Rekordhalter in diesem Wettbewerb. Auf Platz zwei liegt mit sieben Titeln der AC Mailand, gefolgt von Bayern München und dem FC Liverpool, die den Henkelpott jeweils sechsmal gewinnen konnten. Der FC Barcelona, Reals härtester nationaler Rivale, kommt auf fünf Titel. 17 Mal stand Real im Finale. Die Geschichte des Europapokals ist auch die Geschichte von Real Madrid.

Im Zeitraum zwischen 2014 und 2023 gewinnt Real nur dreimal die nationale Meisterschaft und zweimal den nationalen Pokal – aber fünfmal die Champions League. Bezieht man in diese Statistik auch noch die Siege im Weltpokal sowie im UEFA Super Cup ein, lautet Madrids Verhältnis von internationalen zu nationalen Erfolgen 14:5. Dazu passen Reals Trainer, allen voran Carlo Ancelotti. Der Italiener hat erst viermal eine nationale Meisterschaft gewonnen – aber bereits 14 internationale Trophäen eingeheimst, darunter vier Titel in der Champions League. Das Spiel in Manchester war Ancelottis 191. Auftritt in der europäischen Königsklasse, womit er Manchester-United-Legende Alex Ferguson als Rekordhalter ablöste.

Reals ruhmreiche Europapokalgeschichte begann in den 1950er Jahren. In den fünf Spielzeiten 1955/56 bis 1959/60 gewannen die „Königlichen" fünfmal den Europapokal der Landesmeister, aber nur zweimal die Liga. Interessanterweise war die Struktur des damals als „weißes Ballett" firmierenden Real-Teams ähnlich der heutigen.

Reals Kaderpolitik war im Prinzip über die Jahrzehnte so konzipiert, dass es nie zu einem großen Umbruch kommen musste. Das Ensemble wurde immer gezielt und punktuell erneuert – nach einem einzigen Maßstab: Für Weltklasse kam Weltklasse. Für Di Stéfano kam Amancio, für Sergio Ramos kam David Alaba, für Marcelo kam Antonio Rüdiger. Ein Kern von Spielern war stets schon ziemlich lange beim Verein. Was den großen Vorteil hatte und hat, dass sich hier kontinuierlich gemeinsame Erfahrung versammelt. Was Toni Kroos einmal sagte, gilt stellvertretend über Real-Generationen hinweg: „Wir haben insgesamt eine Mannschaft, die zusammen ein bisschen was erlebt hat, die in vielen Spielen sehr viel leiden musste. Wenn du solche Phasen überstehst und oftmals auch noch als Sieger hervorgehst, dann gibt dir das in diesen Spielen die Ruhe und den Glauben, es am Ende noch hinzubekommen."

Das zahlte sich insbesondere in jenem Wettbewerb aus, der für Real der wichtigste ist. Die Champions League ähnelt ein bisschen einem WM-Turnier, wo Erfahrung ebenfalls eine große Rolle spielt – weniger inhaltliche Arbeit und Entwicklung wie im Liga-Fußball bzw. einem Meisterschaftsrennen. Es geht darum, bei einer überschaubaren Anzahl von Terminen „on point" zu sein. Da ist es wichtig, dass jeder Spieler weiß, was er wann auf dem Feld zu tun hat, wie auf Rückstände reagiert wird, wann offensiv, wann defensiver zu agieren ist. Erfahrene Ausnahmekönner wissen, wie man Schwächen kaschieren und kompensieren kann, wie man einen Fußball spielt, in dem nur die Stärken zum Tragen kommen.

Real zeigte in den letzten Jahren kaum Verschleißerscheinungen. Auch weil die Mannschaft ihr Spiel perfekt dosierte. In puncto Ballsicherheit und intelligenter Verteidigung konnte den „Blancos“ kaum ein anderes Team das Wasser reichen.

Die zweite Säule der „königlichen“ Kaderpolitik bestand und besteht in der Verpflichtung junger Talente, die an der Seite der erfahrenen Akteure reifen, um irgendwann deren Nachfolge anzutreten – so wie jüngst Frankreichs Nationalspieler Eduardo Camavinga und der bereits erwähnte Vinícius Júnior. Dass diese erfolgreiche Politik in der Saison 2022/23 ihre Grenzen aufgezeigt bekam, hat zumindest teilweise auch mit einer veränderten Fußballlandschaft zu tun. Real mag noch immer der größte Klub sein – er ist aber bei Weitem nicht mehr der reichste.

Seine erste Niederlage erlitt Real bereits vor dem Saisonstart. Im Frühjahr 2022 war ein Großteil der Fußballwelt überzeugt, dass Kylian Mbappé, Starstürmer von Paris Saint-Germain und der französischen Nationalelf, nach Madrid wechseln würde. Der nächste Schritt in der Karriere des Stürmers konnte nur Real heißen. Doch Mbappé erteilte Real eine Absage und verlängerte stattdessen bei PSG. Laut Angaben der Tageszeitung Le Parisien brachte der neue Kontrakt dem Spieler 630 Millionen Euro brutto über drei Jahre ein. Nur Reals Ex-Stürmerstar Cristiano Ronaldo erhält bei seinem neuen Klub in Saudi-Arabien ein noch imposanteres Gehalt.

Wegen des geplatzten Mbappé-Wechsels war Real-Boss Florentino Pérez frustriert: „Wir müssen unsere Verträge erfüllen, und wir versuchen, gute Spieler zu holen, die besten. Aber man muss sie auch bezahlen können. Heutzutage bietet man 200 Millionen Euro, aber sie verkaufen sie dir nicht.“ Weil ein Klub wie PSG diese Spieler nicht verkaufen muss. PSG befindet sich im Besitz der Qatar Sports Investments (QSI), einer Tochtergesellschaft des katarischen Staatsfonds Qatar Investment Authority, und ist somit wie Manchester City ein

„state owned club". Doch nicht nur Geld, sondern ebenso Frankreichs Staatspräsident Emmanuel Macron überzeugte Mbappé vom Verbleib in der Hauptstadt. Katar ist ein wichtiger Investor in Frankreich. Und neben Mbappé wurde auch der gleichfalls begehrte Erling Haaland kein „Königlicher", sondern gab mit Manchester City einem „state owned club" den Vorzug.

Klubs wie PSG, Manchester City oder Newcastle United, das sich seit 2021 im Besitz eines vom saudischen Staatsfonds Public Investment Fund angeführten Konsortiums befindet und sich 2023 erstmals seit 21 Jahren wieder für die Champions League qualifizierte, bedeuten das Ende für Reals bisherige Kaderpolitik. Finanziell können die „Königlichen" nicht mehr konkurrieren. Diese „state owned clubs" funktionieren nach anderen Regeln – ebenso wie die von US-amerikanischen Sportunternehmen geführten Klubs Manchester United und FC Liverpool.

Als weder Mbappé noch Haaland in Madrid andockten, gerierte sich Florentino Pérez sogar als Kämpfer für das traditionelle Vereinswesen und wandte sich entschieden gegen jene Klubs, bei denen es „nicht mehr auf die Qualität des Managements" ankomme, sondern nur „auf das Geld, das dir von außen gegeben wird". Der Real-Boss befürchtet, dass es nicht mehr lange dauern wird, „dann werden die ersten 30 Klubs in Europa im Besitz von Staaten sein". Dies sei „nicht das Prinzip der europäischen Gemeinschaft", das da lauten würde: „Solidarität, Wettbewerb und Fair Play." Interessanterweise ist Pérez zugleich davon überzeugt, dass seine (vorerst krachend gescheiterten) Super-League-Pläne sich im Einklang mit diesen Prinzipien befinden.

Natürlich weiß auch Florentino Pérez, dass der europäische Spitzenfußball finanziell am Tropf der Golf-Region hängt. Trikotsponsor der „Königlichen" ist die staatliche Fluglinie des Emirats Dubai, die jährlich etwa 70 Millionen Euro nach Madrid überweist. In der Saison 2020/21 war dies der weltweit lukrativste Trikotdeal. Um mögliche Irritationen in der Golf-Region zu vermeiden, änderte Real sogar seine Symbolik: Auf den Trikots, die in Saudi-Arabien, Katar, Kuwait,

Oman und Bahrain verkauft werden, fehlt das (christliche) Kreuz im oberen Teil des Klubwappens.

Ist die Zeit für Klubs wie Real Madrid also abgelaufen? Ist Reals Größe bald Geschichte? Oder zählt im Fußball vielleicht doch noch etwas anderes als das Geld? Jorge Valdano, Reals ehemaliger Sportdirektor und einer der Architekten der berühmten „Galácticos“-Philosophie, bleibt optimistisch. Auch in Zukunft würden die größten Namen für Real spielen, sagt er im Interview mit der Süddeutschen Zeitung. Denn Real besitze etwas, das Klubs wie Paris Saint-Germain nicht zu eigen sei: „Fußballer in Madrid zu sein, ist nicht das Gleiche, wie Profi in Paris zu sein. In Madrid gibt es einen leidenschaftlicheren, anspruchsvolleren und mehr Fußball liebenden Rahmen. Dies finden die Spieler, die im Rampenlicht stehen möchten, sehr motivierend.“

KAPITEL 1

EIN MYTHOS ENTSTEHT (1896–1918)

1879–1896 DIE VORGESCHICHTE

Vieles liegt im Dunkeln aus der Frühgeschichte von Real Madrid. Offizieller Gründungstag ist der 6. März 1902, als der bereits seit rund zwei Jahren bestehende „Madrid Foot Ball Club" einen offiziellen Anstrich erhielt und bei den Behörden angemeldet wurde. Tatsächlich hatte man in Madrid schon seit mindestens 1896 gekickt, als ein paar vom Gaststudium an den englischen Universitäten Cambridge, Oxford und Eton zurückkehrende Spanier den Fußball im Gepäck gehabt hatten. Jüngere Forschungen ergaben sogar, dass es bereits im November 1879 zur Gründung eines im adligen Umfeld beheimateten „Madrid Cricket y Foot Ball Club" gekommen war, der jedoch nach kurzer Zeit wieder einschlief und den Quellen zufolge lediglich zu einem Cricket-, nie aber zu einem Fußballspiel antrat.

Verlassen wir den Bereich der Spekulation, dann ist die Geburtswiege des heutigen Real Madrid Club de Fútbol die 1876 entstandene „Institución Libre de Enseñanza" (ILE, „Freie Lernanstalt"). Sie orientierte sich an den modernen Lehrmethoden britischer Universitäten, widersetzte sich der Doktrin der Zentraluniversität von Madrid und stellte sich mit ihrer Forderung nach akademischer Freiheit gegen die von konservativen Meinungsführern der katholischen Kirche sowie vom Militär geprägte postimperiale Gesellschaft Spaniens. Unter ihren Gründern war der Rechtssoziologe Francisco Giner de los Ríos, der das liberale Denken in Spanien maßgeblich prägte und als Bewunderer der angelsächsischen Kultur neben Naturexkursionen auch Sport in seinem Lehrbetrieb einsetzte. Insbesondere Fußball betrachtete de los Ríos als probates Mittel, um die gesellschaftlichen Spannungen im zwischen Rechten und Linken zerrissenen Spanien zu überwinden. Im Mannschaftsspiel Fußball sah er zudem einen Gegenpol zum populären Stierkampf, der für ihn ein primitives Überbleibsel von Unterdrückung darstellte.

Der exakte Ablauf von den ersten Trainingsspielchen im Jahr 1896 bis zur offiziellen Klubgründung am 6. März 1902 ist lückenhaft und zudem widersprüchlich überliefert. Fest steht, dass Madrids Fußball im Landesvergleich spät dran war. In Villa de las Minas de Río Tinto sowie Huelva, zwei Kupfer- und Schwefelminen-Standorten an der andalusischen Küste, wurde schon seit den 1870er Jahren gekickt. 1878 bildeten britische Bergbau-Fachleute in Villa de las Minas de Río Tinto einen Rugbyklub, und am 23. Dezember 1889 entstand mit Recreativo Huelva der heute älteste Fußballverein Spaniens, an dessen Gründung u. a. der deutsche Ingenieur Wilhelm Sundheim beteiligt war. Auch in Bilbao und Barcelona entstanden schon vor der Jahrhundertwende Klubs. Beide Städte pflegten Kontakte ins Fußball-Mutterland England – Bilbao über die Hafenstadt Southampton sowie deren Universität, Barcelona durch Bildungseinrichtungen.

In der spanischen Gesellschaft des ausklingenden 19. Jahrhunderts spielte Sport zunächst nur eine Nebenrolle. Populär im Volk war vor allem der schon angesprochene Stierkampf, wohingegen Angehörige höherer Schichten elitären Freizeitvergnügungen wie Reiten oder Autorennen nachgingen. Während es im Nachbarland Frankreich um die Jahrhundertwende mit Radfahren, Rugby und Fußball gleich drei aufstrebende Disziplinen gab, wurzelte Sport in Spanien zunächst nur an wenigen Orten. Das hatte seinen Grund in der schleppenden Industrialisierung, jenem großen Motor der europäischen Fußballbewegung, die in Spanien abgesehen von den Ballungszentren des Nordens nur langsam vorankam. Im Gegensatz zu Nord- und Mitteleuropa gab es zudem keine nennenswerte Mittelklasse im Land, wie sie beispielsweise in Deutschland führend bei der Entwicklung des Fußballs zum Volkssport war.

Die Lebensbedingungen der spanischen Landbevölkerung gehörten zu den rückständigsten in Europa. Das Verkehrs- und das Kommunikationswesen des Landes waren schwach entwickelt, das Eisenbahnnetz lückenhaft, die Analphabetenrate hoch. Zudem gab es gewaltige regionale Unterschiede, so litten der Süden sowie Galizien angesichts der dortigen schlechten Perspektiven besonders unter Massenauswanderung der lokalen Bevölkerung nach Südamerika. Dort wiederum waren Spanier um die Jahrhundertwende vielfach an der Gründung renommierter Fußballklubs beteiligt. Bis heute gibt es spanische Vereine u. a. in Montevideo, Buenos Aires und Santiago de Chile.

Politisch befand sich Spanien seinerzeit im Umbruch. Das einst weltumspannende Imperium war spätestens mit dem Verlust der Philippinen sowie insbesondere Kubas 1898 endgültig zerbrochen und eine neue Identität noch nicht in Sicht. Das führte einerseits zu einer Regionalisierung und daraus resultierenden Autonomiebestrebungen vor allem in Katalonien sowie dem Baskenland. Andererseits verfolgte das in Madrid residierende Königshaus die Bildung eines auf das Militär gestützten starken Zentralstaates mit Basis in Madrid, einer aufstrebenden Metropole, die mitten im ländlichen und schwach entwickelten geografischen Zentrum Spaniens lag.

1897
REALS FUSSBALLWIEGE

Fußball verankert sich in Spanien ähnlich wie in anderen Ländern Europas zunächst in einer privilegierten Mittelschicht, die sich von überkommenen Traditionen abgewendet hat und energisch Richtung

Moderne strebt. Dazu gehören Reformen der hierarchischen Gesellschaftsstrukturen sowie Offenheit für andere Länder und Kulturen. In Madrid entwickelt sich im Laufe des Jahres 1897 aus den erwähnten Spielversuchen der Mannschaft der „Institución Libre de Enseñanza" (ILE) die „Sociedad de Foot Ball", deren Initiator vermutlich Manuel Cassío war, der als Lehrer am ILE wirkte. Der spanische Fußballhistoriker Vicente Martínez Calatrave führt in seiner sechsbändigen „Historia y estadística del fútbol español" zudem den in Madrid lebenden Schweizer Paul Heubi als treibende Kraft auf. Für das Jahr 1898 wird dann Bergbauingenieur-Student Luis Bermejillo als „Präsident" der Sociedad de Foot Ball genannt.

Alle drei genannten Protagonisten sind geprägt von der „Gesunder Körper = gesunder Geist"-Philosophie, die die Leibesübungen vor allem in der wohlhabenden bürgerlichen Mittel- und Oberschicht verankert hat. Fußball ist insofern elitär und hat auch in Madrid zunächst keine Verbindung zur Unterschicht oder zum Proletariat. Gespielt wird auf einer Wiese am Ufer des Jarama unweit der Puerta de Hierro in der damaligen Vorstadt Moncloa. Über den Werdegang der ILE-Mannschaft ist wenig bekannt. Als sich die Gründergeneration um 1898 langsam zurückzieht, rücken offenbar Akteure nach, deren Bindung zum ILE deutlich geringer ist. Sie stammen aus dem heutigen Madrider Shopping-Barrio Salamanca und besuchen überwiegend eine Schule für Bergbauingenieure.

Im Oktober 1900 entsteht mit „Sky Foot Ball" ein weiterer Verein. Einige Quellen sagen, er sei gegründet worden, weil es in der Sociedad de Foot Ball wegen offener Beiträge sowie geringen Engagements der adeligen Mitglieder zum Streit gekommen sei. Unter den Sky-Gründern sind die katalanischen Brüder Padrós Rubió sowie Julián Palacios, die zentrale Rollen in der Real-Geschichte einnehmen werden. Teamfotos zeigen die Akteure bereits in jener schneeweißen Kleidung, mit der Real Madrid später weltberühmt wird. Schließlich entsteht mit „El New Foot Ball Club" (Nuevo Sociedad) noch eine dritte

Mannschaft, der u. a. Studenten des französischen Lyzeums in Madrid beitreten.

Die Unsicherheiten über den genauen Ablauf der Ereignisse setzen sich im Jahr 1901 fort, als der „Madrid Foot Ball Club“ (MBFC) entsteht. Ob er das Resultat einer Fusion zwischen Sky und Sociedad de Foot Ball ist oder die Sociedad sich lediglich umbenannt hat, nachdem die Sky-Mitglieder beigetreten sind, bleibt offen. Eine dritte Version wiederum behauptet gar, der Sky Club sei bestehen geblieben und im März 1902 unter der Führung von Ceferino Rodríguez zum „New Football Club“ geworden, nachdem zahlreiche Mitglieder zum „Club Español“ gewechselt waren. In diesem Fall hätte es gleich zwei „New Football Club“ in der Real-Frühgeschichte gegeben.

Die zeitgenössische spanische Presse kann den Vorgang auch nicht aufklären. „Bei uns scheint sich eine englische Übung, ‚football‘ genannt, zu verbreiten“, heißt es 1901. „In Madrid bestehen zwei Klubs: ‚Foot-Ball-Sky‘, dessen Präsident Señor Mayora ist, und der ‚Madrid Foot-Ball-Club‘ unter der Leitung von Señor Julián Palacios. Obwohl dieses Spiel nicht unserem Charakter entspricht, muss man zugeben, dass es viele Anhänger hat. Am Sonntagvormittag sind die Spielfelder beider Klubs sehr umdrängt, und die Akteure spielen mit nicht weniger Leidenschaft und Passion als die Angelsachsen.“ Demnach ist also zumindest Sky-Mitgründer Palacios inzwischen zum MFBC gewechselt und dessen Präsident geworden.

An seiner Seite steht mit Arthur Johnson ein Mann, der eine ungewöhnliche Fußballbiografie aufweist, denn er hat in England immerhin für die berühmte Amateurmannschaft der Corinthians gespielt, die auf der Insel große Popularität genießt. Johnson bringt seinen spanischen Mannschaftskameraden nun nicht nur Taktik und Regeln bei, sondern erstellt zudem einen Trainingsplan, damit die Einheimischen auch „richtig“ Fußball lernen. In den Quellen heißt es, der damals 22-Jährige sei „un inglés muy simpático“ (ein sehr liebenswerter Engländer), der „mehr über Fußball wusste als alle anderen“: „Johnson ist Kapitän der Mannschaft – er zeichnet sich durch sein Tackling, seine Beweglichkeit und seine körperliche Eleganz aus. Er kann auf verschiedenen Positionen spielen, als Mittelläufer, Mittelstürmer oder Torwart.“ Als es am 6. Oktober 1901 auf dem Campo del Retiro zum ersten überlieferten Spiel des MFBC kommt, gehören dem Klub 15 Mitglieder an. Gegner ist der Turnverein Sociedad Gimnástica Española.

Per königlichem Regierungsdekret sind Madrids Sportvereine am 19. September 1901 aufgefordert worden, eine offizielle Zulassung zu beantragen und sich registrieren zu lassen. Einige Wochen später lösen die katalanischen Brüder Juan und Carlos Padrós Rubió Präsident Julián Palacios an der Spitze des MFBC ab. Die Padrós-Brüder sind 1876 mit ihren Eltern aus Barcelona nach Madrid gezogen. Der Vater, ein Tuchhändler, reist regelmäßig in die Textilregion von Nordengland, wo in Orten wie Blackburn, Burnley oder Darwen gerade der Profifußball entsteht. Das begeistert vor allem Carlos, den jüngeren Sohn, der seinen Vater auf den Reisen oft begleitet. Obwohl er nach einer Krebserkrankung in der Kindheit unter einem gelähmten Fuß leidet und selbst nicht spielen kann, entflammt seine Fußballbegeisterung. Sein Traum wird der Aufbau eines organisierten Ligaspielbetriebs in Madrid.

Die Brüder Padrós werden zu entscheidenden Motoren in der Entwicklung des Klubs. Sie sind ohnehin interessante Figuren der Zeitgeschichte. Juan, der ältere (geboren am 1. Dezember 1869), ist nicht nur ein unternehmungslustiges Organisationstalent, sondern zudem Naturist und Vegetarier. Carlos (geboren am 9. November 1870) wird später für die Liberale Partei für mehrere Legislaturperioden Mitglied der Cortes Generales (Parlament) sein. Es gibt auch noch eine Schwester, die einen Doktortitel in Philosophie hält und als Literatin Erfolg hat. Die Padrós Rubiós sind eine Familie, die den liberalen und weltoffenen Geist des Aufbruchs jener Zeit repräsentiert.

1902 DIE OFFIZIELLE GRÜNDUNG NACH DER GRÜNDUNG

Unter Federführung der Padrós-Brüder werden schließlich die notwendigen Unterlagen für die Registrierung des Klubs zusammengetragen. Am 6. März 1902, heute offizieller Gründungstag des „Real Madrid Club de Fútbol“, treffen sich die Mitglieder im Hinterzimmer von Padrós‘ Textiliengeschäft in der Calle de Alcalá, Hausnummer 48. Nicht weit davon entfernt liegt die Plaza de Cibeles, wo Real Madrid später viele große Erfolge bejubeln wird. Auf einer Generalversammlung wird der bereits seit drei Jahren bestehende Verein nun auch offiziell gegründet, anschließend werden der zuständigen Behörde sämtliche Unterlagen zur Registrierung vorgelegt. Am 22. April bewilligt das Zivilgouvernement die Zulassung des Vereins, dem inzwischen 28 Mitglieder angehören. Geschäftsadresse ist das Textiliengeschäft der Familie Padrós. Die Spielkleidung besteht laut Satzung aus weißem Hemd, weißer Hose und schwarzen Socken. Das erste Emblem zeigt die miteinander verschlungenen Buchstaben „M“ und „F“, die von einem großen „C“ umfasst werden – statt wie bisher Madrid Foot Ball Club (MFBC) nennt man sich nun Madrid Football Club (MFC).

Gespielt wird zunächst auf dem Campo de Estrada an der Ecke Calle Velázquez y Lista (heute José Ortega y Gasset). 1903 zieht das Team weiter auf ein Feld neben der alten Stierkampfarena an der Ecke der damaligen Avenida de la Plaza de Toros (heute Calle Felipe II.) y Calle de Alcalá. Die neue Spielstätte liegt nicht weit entfernt vom Textiliengeschäft der Padrós‘, das weiterhin als Geschäftsstelle des MFC dient. Umgezogen wird sich in der Taverne „La Taurina“ an der Calle de Alcalá. Jährlich sind 150 Peseten Pacht an Königin Doña María Cristina für die Platznutzung zu zahlen. Durch das regelmäßig vor der Arena durchgeführte publikumsintensive Stiertreiben erfährt fortan auch der Fußballklub bereits in seinen Anfangsjahren viel Aufmerksamkeit.

Dass Real Madrid später verschweigt, dass es zwei Katalanen gewesen sind, die entscheidend für die weichenstellende Klubgründung und offizielle Registrierung nach Jahren des „wilden" Spielbetriebs gesorgt haben, wird noch für einige Irritationen und Fehlinterpretationen sorgen. Vor allem die katalanische Presse greift die Herkunft der Padrós-Brüder wiederholt genüsslich auf. *Mundo Deportivo* im Dezember 1992: „Real Madrid von einem Katalanen gegründet!". Tatsächlich zeigen die Padrós-Brüder jedoch keinerlei Bestrebungen, den Katalanismus zu fördern oder gar die Spaltung Spaniens zu forcieren. Sie wollen schlicht Fußball spielen bzw. organisieren. Das hindert Real Madrid 2002 aber nicht, in der von Luís Prados de la Plaza verfassten Jubiläumschronik „Real Madrid: Centenario" zu behaupten, der katalanische Ursprung des Vereins sei „Beweis für Madrids Universalität bzw. Politik der offenen Türen" und spiegele die „kosmopolitische Tradition" der Stadt.

1902–1905 ZWISCHEN WIEGE UND KINDERSCHUHEN

Im ersten Spiel nach der offiziellen Gründung und amtlichen Registrierung stehen sich am 9. März 1902 zwei Teams aus den eigenen Reihen gegenüber. Es soll entschieden werden, welche Akteure die künftige erste Mannschaft bilden. Vor laut *El Heraldo de Sport* „vielen Zuschauern" triumphiert Klubchef Juan Padrós mit seiner „blauen" Mannschaft mit 1:0 über das „rote" Team um seinen Vorgänger Julián Palacios. Spielleiter des klubinternen Duells ist Carlos Padrós.

Zwei Monate später wird es ernst mit den erhofften Wettspielen. Luis Bermejillo, bereits 1897 mutmaßlicher Mitgründer des ersten ILE-Fußballteams, ist inzwischen Sekretär des Grafen De la Quinta de La Enrajada, mit dem er seit Langem befreundet ist. Der Graf hat beim Studium im englischen Oxford selbst Gefallen am Fußball gefunden. Im Verbund mit Juan Padrós sowie Madrids Bürgermeister

Alberto Aguilera kann Bermejillo ihn nun überzeugen, im Vorfeld der am 17. Mai 1902 stattfindenden Krönung von König Alfonso XIII. ein Fußballturnier auszurichten. Fünf Mannschaften nehmen vom 13. bis zum 15. Mai im Hipódromo (Pferderennbahn) von Madrid an der „Copa de la Coronación de su Majestad el Rey Alfonso XIII." teil: Neben Ausrichter Madrid Football Club dabei sind der FC Barcelona, dessen Lokalrivale Español, eine baskische Auswahl vornehmlich mit Spielern des Athletic Club Bilbao („Vizcaya") und der New Football Club, dem einige „Sky"-Veteranen sowie nach dem erwähnten Spiel „Blau gegen Rot" aussortierte Akteure des MFC angehören und der zwischenzeitlich entweder neu gegründet worden ist oder den erwähnten Rest des einstigen Pionierklubs von 1897 darstellt.

Das mit der Krönungsfeier verbundene Turnier verhilft dem Fußball zum Durchbruch beim Madrider Publikum. Der Zuspruch ist derart groß, dass an der Pferderennbahn sogar eine zusätzliche hölzerne Tribüne errichtet werden muss. Gastgeber Madrid FC, angeführt vom Engländer Arthur Johnson, hat allerdings das Pech, gleich im Auftaktspiel auf den FC Barcelona zu treffen. In Barcelona wird bereits seit 1900 um die „Copa Macaya" gespielt, und die größere Erfahrung der Katalanen sorgt dafür, dass die „El Clásico"-Geschichte mit einem aus Sicht der „Königlichen" schmerzhaften 1:3 beginnt. Für das erste offizielle Tor der Vereinsgeschichte sorgt der Engländer Johnson; Áluaro Spottorno verschießt einen Strafstoß. Das erste Tor für Barcelona schießt mit Udo Steinberg derweil ein 24-jähriger Deutscher, der als Ingenieur nach Spanien gekommen ist. Im Spiel um Platz drei schlägt der MFC anschließend Español Barcelona mit 3:1, während sich die Vizcaya-Auswahl im Endspiel unter Schiedsrichterleitung von Carlos Padrós mit 2:1 gegen den FC Barcelona durchsetzt und damit erster spanischer „Meister" wird. Zumindest die Schmach eines katalanischen Triumphs ist den Madrilenen damit erspart geblieben.

In der Folge entstehen weitere Klubs in der spanischen Hauptstadt, darunter der Club Español de Football, die aus der Association Sportive Française hervorgehende AS Amicale, der Moncloa FC, der

Iberia FC sowie der Moderno FC. Präsidentenbruder Carlos Padrós wiederum gründet am 5. Dezember 1902 mit Vertretern der Vereine New FC, Moncloa FC, Español, Retiro FC sowie Moderno die „Agrupación Madrileña de Sociedades de Foot-Ball", die im November 1903 die erste Fußball-Stadtmeisterschaft von Madrid organisieren wird. Dem für seine Hartnäckigkeit gefürchteten Klubchef Carlos gelingt es zudem, König Alfonso XIII. von der Stiftung eines Pokals zu überzeugen, um den fortan alljährlich in einem zunächst bis 1931 „Campeonato de España Copa de Su Majestad el Rey" genannten überregionalen Wettbewerb gespielt wird. Der offizielle Name dieses spanischen Vereinspokals ändert sich im Laufe der Zeit einige Male entsprechend dem jeweiligen Staatsoberhaupt bzw. der Staatsform, heute ist er wieder unter der Kurzbezeichnung „Copa del Rey" (Königspokal) bekannt. An der Premiere im April 1903 im Hipódromo de la Castellana von Madrid nehmen Athletic Bilbao, Madrid FC sowie Español Madrid teil. Das Finale verliert der Madrid FC vor 8.000 Zuschauern mit 2:3 gegen Bilbao. Ungefähr zur gleichen Zeit entsteht der heutige Stadtrivale Atlético Madrid, der am 26. April 1903 von in der spanischen Hauptstadt lebenden Basken als „Athletic Club de Madrid" gegründet wird. Er fungiert zunächst lediglich als Madrider Dependance von Athletic Bilbao und nimmt nicht am Spielbetrieb teil.

Ebenfalls im April 1903 löst Miguel Guijarro Lledó Juan Padrós als MFC-Präsident ab. Schon nach kurzer Zeit tritt er jedoch zurück, und Carlos Padrós übernimmt den Vorsitz des Vereins. Als er erfährt, dass im Mai 1904 in Paris ein Weltfußballverband gegründet werden soll, telegrafiert er sogleich ein Beitrittsgesuch und überträgt dem Elsässer André Espir die Vertretung seines Klubs auf der Gründungsversammlung in der französischen Hauptstadt. Weil Spanien noch keinen Landesverband hat, konstituiert dort dann der Madrid FC als weltweit einziger Einzelverein gemeinsam mit den Verbänden von Frankreich, den Niederlanden, Belgien, Schweiz, Schweden und Dänemark die FIFA.

Sportlich steigen die „Madrileños" schon bald nach ihrer Gründung zu den besten Teams des Landes auf. Das verdankt man nicht zuletzt hartnäckigen Forderungen der Madrider Lokalpresse nach Bildung eines spiel- und wirtschaftsstarken Großklubs. Im Dezember 1903 kommt es zu Verhandlungen zwischen dem MFC und dem Moderno FC, dem sich kurz zuvor bereits die stärksten Spieler der Vereine Iberia FC und Victoria FC angeschlossen haben. Gemeinsam sind MFC und Moderno zweifelsohne das Beste, was Madrids Fußball seinerzeit zu bieten hat. Am 30. Januar 1904 einigt man sich schließlich auf einen Zusammenschluss. Moderno tritt dem Madrid FC bei, der damit zum führenden Klub der Stadt wird. Das zeigt sich auch in der Symbolik: Während im Klubwappen die Initialen „MFC“ als Monogramm abgebildet werden (wobei das „M“ in Violett und das „FC“ in Goldgelb gehalten sind), trägt die Mannschaft auf ihren Trikots das Emblem der Stadt Madrid.

Zunächst zahlt sich der Zusammenschluss sportlich allerdings nicht aus. Beim im März 1904 ausgespielten zweiten Campeonato de España liefert sich der MFC ein spektakuläres 5:5 gegen Lokalrivale Español. Zum Wiederholungsspiel tags darauf tritt die Mannschaft dann jedoch nicht an und scheidet kampflos aus dem Turnier aus. Immerhin gewinnt das Team im selben Jahr aber noch die Stadtmeisterschaft von Madrid. Intern kommt es zu einem Umbruch, als Juan Padrós nach dem von ihm nicht gebilligten Zusammenschluss mit Moderno aus der Vereinsführung ausscheidet und auch Ceferino Rodríguez den Klub verlässt.

1905–1910
ERSTE ERFOLGE

Weil sich die „Agrupación Madrileña de Sociedades de Foot-Ball“ nicht hat etablieren können, fehlt es in Madrid noch immer an stabilen Strukturen für einen geregelten Spielbetrieb. Und auch auf nationaler Ebene hakt es weiterhin. 1905 ruft Carlos Padrós mit der „Federación Española de Fútbol“ (FEF) zwar einen designierten Nationalverband ins Leben, der die ständigen Streitigkeiten und Animositäten zwischen den autarken Fußballregionen beseitigen soll. Doch auch die FEF bewirkt nichts und erlischt bald wieder. Spanien bleibt damit im Kontinentalvergleich rückständig gegenüber Nationen wie Frankreich, Italien, Niederlande, Deutschland und Belgien.

Immerhin gelingt der MFC-Elf um den aus San Sebastián stammenden José Ángel Berraondo mit einem Halbfinal-3:0 über Recreación San Sebastián sowie einem 1:0 im Endspiel am 18. April 1905 gegen den Athletic Club aus Bilbao (Prats trifft in der 74. Minute) nun der sportliche Durchbruch im Campeonato de España. Es ist die erste „spanische Krone" für die „Königlichen". Ein weiteres Highlight folgt, als man den französischen Meister Gallia aus Paris zu einem Freundschaftsspiel in Madrid begrüßt. Carlos Padrós hat den Kontakt bei einem Besuch in der französischen Hauptstadt geknüpft. Der charakteristische Dress mit weißen Hosen und weißen Hemden hat den Spielern des Madrid FC im Volksmund inzwischen übrigens den Beinamen „Merengues" eingebracht. Ein Merengue ist ein aus Eiweiß-Zuckerschaum bestehendes schneeweißes Gebäck, das andernorts „Baiser" heißt und meist mit Schlagsahne serviert wird.

Der hochtrabend „Campeonato de España" (Meisterschaft von Spanien) genannte Pokalwettbewerb ist in der Realität lediglich ein Miniturnier der Regionalmeister von Katalonien, der Biskaya sowie aus Madrid, das unter zahlreichen Rückschlägen leidet. So nimmt 1905 zwar ein Team aus San Sebastián teil, dafür fehlt aber Titelverteidiger Barcelona. In der katalanischen Metropole nimmt man den Wettbewerb nicht ernst und konzentriert sich auf seine eigenen regionalen Turniere. Das erweist sich als fatal für das Campeonato de España. Der Tiefpunkt wird 1908 erreicht, als lediglich zwei Mannschaften teilnehmen. Gastgeber Madrid FC gewinnt das „Finale" bei strömendem Regen mit 2:1 gegen Vigo Sporting. Es ist zwar der vierte MFC-Triumph in Folge, aufgrund der Bedeutungslosigkeit des Wettbewerbs wird ihm aber wenig Beachtung geschenkt. 1909 reißt dann auch noch die Siegesserie, zieht der vierfache Campeonato-Sieger

MFC bereits in der Stadtmeisterschaft gegen den Stadtrivalen Español den Kürzeren.

Am 4. August 1909 trifft sich Carlos Padrós mit Vertretern von zehn spanischen Vereinen, um erneut über die Gründung eines Nationalverbandes zu beraten. Inzwischen hat sich der Fußball überall in Europa ausgebreitet, sind vor allem in Mitteleuropa Hochburgen entstanden, in denen spielstarke Mannschaften große Zuschauerkulissen anlocken. Spanien hinkt dieser Entwicklung nach wie vor deutlich hinterher. Als die Funktionäre zehn Tage später erneut zusammenkommen, ist am Ende die „Federación Española de Clubs de Fútbol" (FECF) das Resultat. Unter den Gründern sind der FC Barcelona, der Club Español de Madrid, Irún Sporting sowie Fortuna und Sporting Vigo, nicht aber der Madrid FC, Athletic Bilbao und der 1909er-Campeonato-Sieger Club Ciclista de San Sebastián. Jene Vereine erkennen die angestrebte Alleinherrschaft der FECF nicht an und rufen eine Konkurrenzorganisation ins Leben. 1910 wird daher um zwei Landespokale gespielt. Ein weiterer Rückschlag für die Etablierung des Spitzenfußballs in Spanien.

Im Zuge dieser Turbulenzen büßt auch der MFC seine sportliche Führungsrolle ein. Bereits 1908 hat sich Carlos Padrós nach internen Intrigen gegen seine Person aus der Vorstandsarbeit zurückgezogen. Neuer Vorsitzender ist Adolfo Meléndez, der einst selbst für die „Merengues" die Stiefel geschnürt hat und 1902 dem ersten Verwaltungsrat nach der offiziellen Klubgründung angehörte. Am 2. Juni 1884 als vierzehntes von neunzehn Kindern eines Beamten aus dem Finanzministerium in La Coruña geboren, hat Meléndez nach dem Abitur vor dem Hintergrund des Kolonialkriegs in Nordafrika eine militärische Laufbahn eingeschlagen und wird letztlich bis zum General aufsteigen. Ungeachtet des Führungswechsels kriselt es intern aber weiter im Klub. So führen im Oktober 1911 die Giralt-Brüder eine Gruppe von Rebellen an, die zum Stadtrivalen Español de Madrid wechselt, der anschließend prompt Regionalmeister wird. Und aufgrund seiner militärischen Dienstverpflichtungen muss

Adolfo Meléndez ständig zwischen Nordafrika und der spanischen Hauptstadt pendeln, was seine Vorstandsarbeit erschwert.

Einen Lichtblick gibt es zu jener Zeit allerdings doch, denn 1909 streift sich ein 14-Jähriger erstmals das schneeweiße Trikot des MFC über, dessen Name die Geschichte des Klubs bis zum heutigen Tag prägt: Santiago Bernabéu. Am 8. Juni 1895 auf dem Landgut „La Cueva" seines Vaters, einem Rechtsanwalt aus Valencia, in Montealegre del Castillo (Albacete) zur Welt und mit der Familie als Fünfjähriger nach Madrid gekommen, hat der junge Santiago auf dem „Real Colegio Alfonso XII de los Agustinos" den Fußball kennengelernt und zunächst bei der Sociedad Gimnástica Española (SGE) mittrainiert. 1909 tritt er nun der Jugendabteilung des MFC bei, steht zunächst im Tor und wechselt dann auf die Position des Mittelstürmers. Am 3. März 1912 debütiert er schließlich bei einem Freundschaftsspiel gegen den English FC 16-jährig in der ersten Mannschaft und erzielt prompt den 2:1-Siegtreffer für den MFC.

1911–1918 ZWISCHEN KRISE UND STADIONBAU

Beim inzwischen 450 Mitglieder zählenden Klub gibt es neben internen Spannungen auch noch eine richtige Baustelle: Präsident Meléndez hat die Vereinsmitglieder Pedro Parages und Basque „Chefo" Irureta mit der Planung und baulichen Umsetzung eines eigenen Stadions beauftragt. Unweit des Parque del Retiro im Stadtviertel Salamanca entsteht an der Ecke Calle O'Donnell y Calle Fernán González eine moderne, eingezäunte Spielstätte inklusive Umkleidekabine sowie Tribüne mit 200 Plätzen für die wohlhabenden Damen und Herren. Das Gesamtfassungsvermögen liegt bei 7.000 Personen. Ein Großteil der Kosten von 6.500 Peseten kommt durch den Verkauf von Anleihen über je 25 Peseten zusammen. Der dem Klub wohlgesinnte König Alfonso XIII. beteiligt sich ebenfalls, den fehlenden Rest streckt Präsident Meléndez als Kredit vor. Einer Legende zufolge soll Santiago Bernabéu beim Bau selbst mit Hand angelegt und unter anderem gemeinsam mit Bruder Marcelo die Zäune gestrichen haben. Im Herbst 1912 ist jedenfalls alles fertig, und zur Einweihung am 1. November gibt sich der kleine, aber damals zu den führenden Teams des Landes zählende Provinzklub Sporting de Irún die Ehre (0:0). Wenige Tage später weiht Stadtrivale Athletic Club (heute Atlético) kaum 100 Meter weiter südlich an der Calle O'Donnell ebenfalls ein eigenes Stadion ein. Madrid ist dabei spät dran mit dem Stadionbau. In Bilbao und Barcelona gibt es bereits moderne Arenen.

Sportlich gelingt dem MFC zu jener Zeit wenig, wobei der spanische Fußball allerdings auch unverändert von Turbulenzen und Kapriolen überschattet ist. 1911 dürfen die britischen Spieler im Campeonato nicht eingesetzt werden, 1912 weigert sich Titelverteidiger Athletic Bilbao, zum in Barcelona ausgespielten Turnier zu reisen. Zwar erreicht in jenem Jahr eine Mannschaft aus Madrid das Endspiel, doch es ist nicht der MFC, sondern die Sociedad Gimnástica Española. Zudem kommt es erneut zum Bruch im nationalen Fußball, als einige Klubs um den FC Barcelona sowie Sociedad San Sebastián am 29. November 1912 mit der „Unión Española de Clubs de Fútbol" (UECF) eine neue Konkurrenzorganisation ins Leben rufen. Diese steht unter dem Patronat von Königin Victoria Eugenia, während König Alfonso XIII. als Ehrenpräsident der FECF fungiert. Als daraufhin 1913 wieder zwei Meisterschaften ausgespielt werden und die Rebellen der UECF zudem eine Art „Länderspiel" gegen Frankreich organisieren, platzt dem fußballbegeisterten König der Kragen. Er ordnet den Anschluss aller Fußballorganisationen an die von ihm geführte FECF an, die nun zum einzigen legitimierten Nationalverband Spaniens wird.

Nachdem die kommissarische Verbandsführung um MFC-Präsident Adolfo Meléndez, Ricardo Ruiz de Ferry sowie Antonio Bernabéu (ein weiterer Bruder von Santiago) dem König am 30. Juli 1913 mitgeteilt hat, dass der Zusammenschluss vollzogen ist, verleiht jener der FECF das Präfix „Königlich“, womit am 29. September 1913 die heutige „Real Federación Española de Football“ (RFEF) entsteht. Deren erster Präsident wird Francisco García Molina, der am 29. Juli 1914 zum FIFA-Kongress nach Oslo reist, um die Aufnahme der RFEF anstelle des Madrid FC in den Weltverband zu beantragen. Zehn Jahre nach Gründung der FIFA wird somit nun auch Spanien offiziell Bestandteil des aufstrebenden Weltfußballs.

Der Spielbetrieb auf nationaler Ebene erhält anschließend straffere Formen und Organisationsstrukturen. Es werden zehn fußballadministrative Regionen gebildet, und nur deren Meister dürfen schlussendlich um die Landesmeisterschaft spielen. Erster Sieger nach dem neuen Modus wird am 10. Mai 1914 Athletic Bilbao durch ein 2:1 im Finale gegen den FC España de Barcelona. Der Madrid FC ist bereits auf Regionalebene mit nur einem Sieg aus vier Spielen an seinen Stadtrivalen Sociedad Gimnástica Española und Athletic Club gescheitert.

Während in Zentraleuropa der Erste Weltkrieg den Spielbetrieb bald zum Stillstand bringt und Millionen Opfer fordert, kann das politisch neutral bleibende und zudem verbandsorganisatorisch nun endlich stabil aufgestellte Spanien seinen Fußball professionalisieren und den Rückstand gegenüber den führenden Fußballnationen des Kontinents allmählich aufholen. Der MFC ist bei dieser Entwicklung fortan progressiv dabei und steigt nach Jahren der Stagnation zum neben dem FC Barcelona und Athletic Bilbao dritten großen Klub des Landes auf. Im Gegensatz zu den Rivalen aus Katalonien und dem Baskenland steht der Verein allerdings für die Zentralregierung und das Königshaus. Von Beginn an zieht Spaniens Fußball seine besondere Attraktivität bis Brisanz also auch aus dem Konflikt zwischen Nationalismus und Regionalismus bzw. baskischer/katalanischer und kastilischer Kultur, spiegelt sich die Spaltung der spanischen Gesellschaft im Fußball wider.

Bei den Madrilenen legt man zudem großen Wert auf Ehrbarkeit und Ritterlichkeit. Attribute, die unter dem Begriff „Señorío“ (Würde) bis heute zentraler Teil der Vereinsidentität sind. Zugleich wird der

MFC zu einem ausgewiesenen „Präsidentenklub", in dem die Vereinsführung den Weg weist – im Gegensatz zum „Trainerklub", bei dem der Coach die Richtung vorgibt.

1916 feiert der Madrid FC in einem über vier Partien gehenden Thriller gegen den FC Barcelona (1:2, 4:1, 6:6 n. V. und 4:2 n. V. nach 0:2-Pausenrückstand) erstmals seit 1908 wieder den Einzug ins Endspiel um die Landesmeisterschaft. Der umkämpfte Halbfinalmarathon macht dabei auch die aufgeputschte politische Stimmung zwischen Barcelona (Katalonien) und Madrid (Zentralspanien, Monarchie) deutlich. Es kommt zu offenen Anfeindungen gegen die MFC-Spieler und -Funktionäre. Das wiederholt sich am 7. Mai 1915, als den Hauptstädtern beim ausgerechnet in Barcelona angesetzten Endspiel erneut die geballte Wut der zahlreich auf den Rängen vertretenen Katalanen entgegenschlägt. Nach dem Schlusspfiff – das MFC-Team um Santiago Bernabéu ist beim 0:4 gegen Athletic Bilbao chancenlos – muss sogar Bereitschaftspolizei die „Madrileños" schützen, die dem offiziellen Bankett anschließend aus Protest fernbleiben. Vereinschef Meléndez gerät in die Kritik, weil er der Austragung des Endspiels in Barcelona trotz Warnungen vieler MFC-Anhänger zugestimmt hat. 14 Tage nach dem Finale reicht er schließlich seinen Rücktritt ein. Sein Nachfolger wird Pedro Parages. Nach dem Bürgerkrieg wird General Meléndez im April 1939 in das Präsidentenamt zurückkehren.

Im MFC-Team steht derweil neben Santiago Bernabéu mit Renato – bzw. René – Petit eine weitere interessante Figur der Fußball-Zeitgeschichte. Petit ist Sohn eines leitenden Angestellten der nordspanischen Eisenbahngesellschaft und einer Spanierin, im französischen Dax zur Welt gekommen und im Baskenland aufgewachsen. Als Passgeber, Vorbereiter und Torjäger ist er Dreh- und Angelpunkt der MFC-Mannschaft. Spanische Fußballhistoriker bezeichnen ihn sogar als den „Mann, der den Fußball in Spanien modernisierte", indem er Novitäten wie Pass- sowie mannschaftliches Zusammenspiel einführte. Das verhilft auch dem MFC umgehend wieder zum Erfolg. 1917 erreicht die Mannschaft erneut das Campeonato-Endspiel, und diesmal platzt der Knoten. Mann des Tages im Finalspiel von Barcelona am 15. Mai 1917 gegen den baskischen Arenas Club Guecho ist René Petit, der eine Viertelstunde vor Schluss beim Stande von 0:1 zu einem Alleingang ansetzt, die halbe gegnerische Mannschaft ausspielt und den Ausgleich erzielt. Der 1916 vom ambitionierten Stadtrivalen Racing Madrid gekommene Ricardo Álvarez sorgt dann in der Verlängerung für den 2:1-Siegtreffer und damit den ersten nationalen MFC-Erfolg seit 1908.

Unter dem ehrgeizigen Klubchef Parages wird die Mannschaft um die Korsettstangen Bernabéu und Petit auch anschließend weiter gezielt verstärkt. 1917 kommt Mittelläufer Alberto Machimbarrena aus San Sebastián, darüber hinaus rücken einige Akteure aus dem eigenen Nachwuchs auf, der zuvor in der spanischen Jugendmeisterschaft brilliert hat. 1918 steht die Bernabéu-Elf folgerichtig erneut im Finale um das Campeonato de España, kassiert jedoch auf eigenem Platz an der Calle O'Donnell ein enttäuschendes 0:2 gegen das Provinzteam von Real Unión Irún. Und bald zeigt sich, dass der Höhenflug generell nur kurz gewesen ist: Es wird 16 Jahre dauern, ehe die „Königlichen" 1934 erneut eine Trophäe in die Luft stemmen werden – die erfolgloseste Ära der gesamten Vereinsgeschichte hat begonnen.

KAPITEL 2

TURBULENTER WEG AN DIE SPITZE (1918–1936)

1918–1928
EINE KRONE FÜR DIE KÖNIGLICHEN

Ungeachtet des begonnenen Aufbaus hinken die spanischen Fußballstrukturen denen in Zentraleuropa weiter hinterher. Die große Landfläche und lückenhafte Infrastruktur erweisen sich als hohe Hürden. Erst 1920 gelingt es dem Verband RFEF, eine Nationalmannschaft zu bilden, die zu ihrem Debüt dann gleich zu den Olympischen Spielen nach Belgien reist. Der katalanische Trainer Francisco „Paco" Brú hat eine baskisch geprägte Auswahl zusammengestellt, zu der ein paar Katalanen sowie Remón Moncho Gil aus Vigo gehören. In Antwerpen erreicht die „Selección" mit einem 1:0 zum Auftakt gegen Dänemark das Viertelfinale, wo es ein 1:3 gegen Gastgeber Belgien gibt. Aufgrund des damaligen Modus darf das nach heutigem K.-o.-System eigentlich ausgeschiedene Spanien allerdings noch ein paar Spiele bestreiten. Und sichert sich mit Siegen über Schweden (2:1), Italien (2:0) sowie die Niederlande (3:1) die Silbermedaille – ein Riesenerfolg für den ersten internationalen Auftritt.

Auf Vereinsebene zahlen sich derweil für den MFC die persönlichen Verbindungen zum Königshaus aus, als der Klub am 29. Juni

1920 unter königliches Patronat gestellt wird und von Alfonso XIII. den Zusatz „Real“ sowie das Recht erhält, die Krone im Wappen zu tragen. Die Hauptstädter sind allerdings nicht die Ersten, denen diese Ehre zuteilwird. Bereits 1910 hat Sociedad San Sebastián den Titel „Real“ erhalten – in der baskischen Metropole befindet sich die Sommerresidenz von Alfonso XIII. –, und 1915 ist Fusionsklub Unión Irún ebenfalls „königlich“ geworden. Nun also endlich auch der Madrid FC, der ja schon traditionell eine enge Verbindung zum Königshaus hat. Der neue Name lautet „Real Madrid Football Club“, dem Vereinsemblem wird eine Krone hinzugefügt – die „Königlichen“ sind geboren. Klubpräsident Pedro Parages bittet anschließend um eine Audienz bei seiner Majestät und bietet dem ältesten Sohn, Alfonso de Borbón y Battenberg, die Ehrenpräsidentschaft des Vereins an.

Unterdessen platzt Madrids innerstädtisches Viertel Salamanca infolge des Bevölkerungswachstums mittlerweile aus allen Nähten. Laureano García Camisón, Eigentümer des Grundstücks, auf dem das MFC-Stadion steht, übt daher Druck auf die Vereinsführung aus, das Gelände für den Bau weiterer Wohnungen freizumachen. Der Klub wechselt daraufhin in das 1910 eröffnete Velódromo in Ciudad Lineal, das in ein Fußballstadion umgebaut wird. Zwar spielt man nun erstmals auf einer Naturrasenfläche, doch Reals Stammpublikum scheut den weiten Weg in den Norden der Stadt. Daraufhin legt die Klubführung Pläne für einen Neubau im Stadtviertel Chamartín de la Rosa vor, wo schließlich eine moderne Spielstätte mit überdachter Holztribüne sowie festen Stehrängen entsteht, in der zunächst 14.000, nach einem alsbald folgenden Ausbau sogar 22.000 Menschen Platz finden.

Das am 17. Mai 1924 eröffnete Stadion spiegelt die ambitionierten Pläne der Klubführung, Real Madrid zum erfolgreichsten Verein des Landes zu machen. Zur Einweihung des vom Volksmund „Estadio de Chamartín“ genannten Areals reist dann auch kein Geringerer als der englische Pokalsieger Newcastle United an. Die Königskinder Isabel und Gonzalo de Borbón y Battenberg führen mit einem kindlichherzhaften „¡Hala Madrid!“[1] den Anstoß aus, und den „Merengues“ gelingt ein überraschender 3:2-Sieg über die englischen Profis. Auch ansonsten tastet sich Real Madrid weiter nach Europa vor. Bereits im Winter 1920/21 hat eine Gastspielreise das Team nach Turin, Bologna, Livorno sowie Genua geführt. Im neuen Stadion empfängt man nun bis Ende 1924 Mannschaften wie Dundee United, die SpVgg Fürth und den FC Zürich.

Politisch ist die Lage in Spanien in den frühen 1920er Jahren explosiv. Der Kolonialkrieg gegen die aufständischen Rifkabylen in Marokko ist in vollem Gange, zugleich gelingt es der schwachen politischen Führung in Madrid nicht, die zahlreichen sozialen bzw. innenpolitischen Dispute zu entschärfen. Spanien ist noch immer ein vielfach rückständiges Agrarland mit einer feudalen Elite und einer einseitigen Industriekonzentration in Katalonien und dem Baskenland, wo der Lebensstandard entsprechend höher ist. Als sich soziale Tumulte häufen und der Krieg in Marokko stagniert, putscht General Miguel Primo de Rivera mit Unterstützung des Königshauses, der Armee und konservativer Kräfte am 13. September 1923 und löst die „Cortes“, das Parlament, auf. Der erzreaktionäre Patriot de Rivera ist überzeugt, dass alle Spanier katholisch und in einem Land vereint sein sollten. Ein besonderer Dorn im Auge sind ihm die Sezessionsbewegungen im Baskenland und in Katalonien, die zunehmend nach links driften. De Rivera etabliert nun eine nationalistische und zentralistische autoritäre Führung, die sich am Vorbild Mussolinis in Italien orientiert und vor allem in Barcelona bzw. Katalonien auf großen Widerstand trifft. Gewerkschaften und linke Parteien werden verboten, regionale Unabhängigkeitsbestrebungen unterdrückt.

Ausgerechnet der Hauptstadt- und designierte Vorzeigeklub Real Madrid kommt derweil sportlich nicht an die führenden Teams aus Barcelona (FC), Bilbao (Athletic) und Irún heran, die zwischen 1920

1 Aus dem sich später der Fanruf „¡Hala Madrid! ... y nada más“ entwickeln wird – „Vorwärts Madrid! ... und nichts anderes“

und 1928 die Meisterschaft unter sich ausmachen. Unter Trainer Juan de Cárcer dominieren die „Madrileños" zwar gemeinsam mit Lokalrivale Athletic die Regionalmeisterschaft, bleiben aber auf nationaler Ebene titellos. 1924 reicht es immerhin zum Einzug ins Finale, das jedoch am 4. Mai in San Sebastián mit 0:1 gegen Real Unión Irún (wo inzwischen René Petit spielt) verloren geht. Ein Jahr später reist die Mannschaft erstmals ins „Mutterland des Fußballs", aber sportlich klafft eine Lücke zwischen den Spaniern und den britischen Profis. Das erste Spiel, am 31. August 1925, verliert Real mit 1:6 bei Newcastle United, und auch gegen Birmingham City (0:3) sowie Tottenham Hotspur (2:4) setzt es Niederlagen. Auf dem Rückweg macht die Mannschaft noch im französischen Lille, in Dänemarks Hauptstadt Kopenhagen sowie in Paris Station und kann sich wenigstens bei diesen Spielen ein paar Erfolgserlebnisse verschaffen.

Die lukrativen Auslandsauftritte spülen nicht nur Geld in die Kasse, sondern geben den Verantwortlichen auch einen Einblick in die unterschiedlichen Spielstile und organisatorischen Strukturen anderer Fußballländer. Gelegentlich verstärken sich die Madrilenen in Freundschaftsspielen inzwischen sogar durch Akteure anderer Spitzenvereine wie Bilbao oder Stadtrivale Athletic. Das geht zurück auf Real-Präsident Parages, der Spaniens Nationalmannschaft 1924 bei den Olympischen Spielen in Paris gemeinsam mit dem englischen Bilbao-Trainer Freddie Pentland betreut hat und während seiner Ägide als Vereinsvorsitzender wichtige Impulse für die Entwicklung der „Königlichen" setzt. Im Mai 1926 wird Parages von Luis de Urquijo abgelöst, der bis 1930 amtieren und nach dem Zweiten Weltkrieg spanischer Botschafter in Deutschland sein wird. 1927 rückt auch Santiago Bernabéu, der seine Spielerlaufbahn verletzungsbedingt inzwischen beendet hat, in die Klubführung auf.

Bernabéu organisiert im selben Jahr eine dreimonatige Freundschaftsspieltournee auf den amerikanischen Kontinent, wo die „Königlichen" zu überzeugen wissen. Man bezwingt in Buenos Aires die Boca Juniors mit 2:1, trennt sich in Montevideo 0:0 von Peñarol und feiert in Lima (Peru), Havanna (Kuba) sowie Mexiko zum Teil deutliche Siege. Abschließend trifft Real in New York auf den von galizischen Emigranten gegründeten Galicia SC (1:1).

1928
SANTIAGO BERNABÉU UND DIE PRIMERA DIVISIÓN

Während die politische Lage im Land angespannt bleibt und vor allem Barcelona zum explosiven Schmelztiegel wird, bereiten Spaniens führende Fußballfunktionäre die Bildung einer Nationalliga vor. Das System des Campeonato de España mit den lokalen bzw. regionalen Vorrunden und einer K.-o.-Endrunde der Regionalmeister befriedigt niemanden mehr. Der sportliche Wert ist zweifelhaft (eine Niederlage bedeutet das Aus), die internationale Entwicklung des spanischen Fußballs stagniert. Dennoch profitiert das Land sogar von der schleppenden Etablierung des Fußballs in den 1910er Jahren. Denn während es in Frankreich oder Deutschland zu erbitterten Auseinandersetzungen zwischen Amateurbefürwortern und Anhängern des Berufsfußballs kommt, beherrschen in Spanien ambitionierte Großvereine wie Real, Barça und Athletic Bilbao gemeinsam mit Vertretern der Wirtschaftselite die Diskussion. Spaniens Spitzenfußball ist klar kommerziell ausgerichtet, die führenden Klubs verfolgen nicht zuletzt finanzielle Interessen und wollen einen Wettbewerb mit regelmäßigen Duellen der renommierten Mannschaften. Nur in Katalonien und dem Baskenland ist man zunächst reserviert – man will die vielen lukrativen Regionalderbys nicht verlieren. Real Madrid wiederum hat ein besonderes Interesse an einer Nationalliga, die das auf die unterschiedliche regionale Fußball-Entwicklung zurückgehende Ungleichgewicht bei den Zuschauerzahlen und somit den Einnahmen durch Ticketverkäufe nivellieren könnte. Denn während Fußballspiele im Baskenland und in Katalonien schon seit vielen Jahren Kulissen von bis zu 45.000 Zuschauern anlocken, fallen sie an peripheren Standorten wie Madrid zumindest bei gewöhnlichen Partien deutlich geringer aus.

Eine moralische Diskussion um den bezahlten Fußball wie in Deutschland oder Frankreich gibt es in Spanien nicht, und so wird ausgerechnet Europas Fußball-Nachzügler am 21. Juni 1926 zur ersten angehenden großen Fußballnation nach England, die das Profitum freigibt. Damit verschwindet der „profesionalismo marrón" („dreckige" Profifußball), wird es legal, Spieler zu bezahlen. Gehaltsobergrenzen wie beispielsweise in England gibt es nicht, denn die Liga ist am freien Wettbewerb und an der Förderung der populärsten Teams interessiert. Die Entscheidung wird auch nicht, wie noch jahrzehntelang in Deutschland, durch regionale Amateurverbände beeinflusst, sondern ist von der Funktionärselite der Spitzenvereine gefällt worden. Dieser spanische Sonderweg wird angeführt von Real Madrid, einem Klub mit starker Wirtschaftskraft und großem Einfluss, sowie vom Nationalverband RFEF um Präsident Julián Olave Videa bzw. dessen Nachfolger Antonio Bernabéu.

Real Madrid verstärkt sein Team in der Folge über eine aggressive Personalpolitik, um endlich in die Erfolgsspur zurückzukehren. In den Reihen der „Königlichen" steht mit José Maria Peña alsbald ein umworbener Nationalspieler, der 1926 vom Arenas Club aus Guecho, einer Vorstadt von Bilbao, kommt und 17.000 Peseten für den Vereinsübertritt kassiert. Sein Wechsel markiert für viele Beobachter den Beginn des Profifußballs in Spanien.

Der erfahrene Mittelläufer kann im Halbfinale des Campeonato de España 1927 gegen Real Unión Irún das Aus der Madrilenen allerdings auch nicht verhindern. Das Endspiel zwischen Irún und dem Arenas Club gilt dann als das letzte „Amateurfinale" und Irúns Pokalsieg (1:0 n. V.) zudem als letzter, der gleichbedeutend mit dem Gewinn der spanischen Meisterschaft ist. Denn am 22. Mai 1927 haben sich die führenden Funktionäre des Landes in den Geschäftsräumen von Real Madrid geeinigt, nach der Einführung des Profitums nun auch eine Nationalliga zu gründen. Spaniens Eisenbahnnetz ist inzwischen deutlich ausgeweitet, womit eine praktikable Anreise auch zu entfernteren Spielorten möglich wird. Weil es zu Streitigkeiten über die Strukturen des Spielbetriebs kommt, geht die Profiliga letztlich allerdings erst im Februar 1929 mit über einem Jahr Verspätung an den Start. Es gibt nun eine landesweite erste und zweite Liga, der Primera División gehören dabei zehn Teams an: Real Madrid, Athletic Club Bilbao, FC Barcelona, Real Unión Irún, Arenas Club de Guecho, Real Sociedad San Sebastián, Athletic Madrid, CD Europa Barcelona, RCD Español Barcelona sowie Real Santander.

Geografisch ist es also nur eine nordspanische Liga, was die Kräfteverhältnisse allerdings auch spiegelt. Brisant wird es auf der politischen Ebene, denn acht Jahre vor Beginn des blutigen Bürgerkriegs fällt die Ligagründung in eine Zeit der wachsenden Spannungen. Madrid als Regierungssitz gilt im nach Autonomie strebenden Katalonien sowie im Baskenland als Symbol des rechtsgerichteten Nationalismus und ist entsprechend verhasst. Auch die lokalen Fußballkonflikte zwischen Barça (katalanisch) und Español (zentralistisch) bzw. die regionalen zwischen Bilbao und San Sebastián sowie Basken und Katalanen heizen die Stimmung an. Als der autoritäre Regimechef und Putschist von 1923, Primo de Rivera, im Januar 1930 gescheitert zurücktritt, atmet Spanien auf. Doch es ist nur eine kurze Atempause für das politisch und gesellschaftlich zerrissene Land.

1929–1931
DIE ERSTEN SUPERSTARS KOMMEN

Real Madrid startet unter Trainer José Berraondo mit einem 5:0-Sieg über den CD Europa aus Barcelona in seine erste Profisaison. Vierfacher Torschütze an jenem 10. Februar 1929 ist Jaime Lazcano, der ein Jahr zuvor für 6.000 Peseten aus Osasuna gekommen ist. Erster Meister wird der FC Barcelona, während sich die „Königlichen“ nach einer abschließenden Niederlage gegen Athletic Bilbao mit Platz zwei zufriedengeben müssen. Auch in der Copa del Rey hat es bereits am 3. Februar 1929 im als „final del agua“ (Wasserfinale) bekannt gewordenen Endspiel in Valencia bei Dauerregen und auf völlig aufgeweichtem Boden durch ein 1:2 gegen Español Barcelona nur zum Vizetitel gereicht. Eine Runde zuvor hat Real immerhin den „Fluch von Bilbao“ gebrochen und erstmals seit 1913 im Athletic-Stadion San Mamés gewonnen. Triana (2), Rubio und Lazcano sind die Torschützen beim legendären 4:1.

Der 15. Mai 1929 ist dann ein historischer Tag für den spanischen Fußball. Im Stadium Metropolitano von Athletic Madrid trifft die „Selección“ (Spaniens Nationalmannschaft) vor 45.000 Zuschauern auf England. Nach 20 Minuten steht es 2:0 für den Favoriten, ehe die Madrilenen Gaspar Rubio und Lazcano zum 2:2 ausgleichen. Nach dem Seitenwechsel geht England erneut in Führung, doch in den letzten zehn Minuten drehen Rubio und Goiburu die Partie zu einem sensationellen 4:3-Sieg für Gastgeber Spanien, gleichbedeutend mit der ersten Niederlage Englands gegen einen kontinentalen Gegner. Ein Riesenerfolg für die Mannschaft von José Maríqa Mateos, der die Auswahl seit 1929 betreut. Den Kern der Selección stellt Real Madrid mit Quesada, Prats, Peña, Lazcano sowie dem zweifachen Torschützen Gaspar Rubio. Dazu kommen Padrón und Torsteher Zamora von Español Barcelona, Marculeta und Yurrita aus Santander, Goiburu vom CA Osasuna Pamplona sowie Quincoces von der CD Alavés. Zamora und Quincoces werden bald ebenfalls für Real auflaufen.

1929/30 hat mit Athletic Bilbao die überragende Mannschaft der Epoche in der Meisterschaft die Nase vorn und sichert sich auch gleich das erste „Double“ der spanischen Fußballgeschichte. Unter dem charismatischen Engländer Freddie Pentland praktizieren die Basken einen britischen Spielstil. Real wird unter seinem neuen ungarischen Trainer Lippo Hertzka lediglich Fünfter und kassiert acht Niederlagen, darunter ein 1:8 bei Español Barcelona. Das Pokalfinale zwischen Bilbao und Real, am 1. Juni 1930 anlässlich der Einweihung des bereits ein Jahr zuvor inoffiziell eröffneten Estadio Montjuic in Barcelona ausgetragen, ist überschattet von Anfeindungen seitens des baskischen und katalanischen Publikums. Auf der Tribüne sitzt das spanische Königspaar, doch die Wut des Volkes bekommt vor allem Real Madrid zu spüren. Nachdem die „Königlichen" zweimal ausgeglichen haben, trifft Triana zehn Minuten vor Schluss zum vermeintlichen 3:2, aber der katalanische Schiedsrichter Comorera verweigert dem Treffer die Anerkennung. In der Verlängerung markiert Unamuno den 3:2-Endstand für Athletic, und nach dem Schlusspfiff kommt es zu tätlichen Übergriffen von Zuschauern auf die Real-Spieler Triana, Quesada und Peña.

Die Klubführung um Präsident Luis Usera Bugallal, der 1930 die Nachfolge von Luis de Urquijo antritt, und Santiago Bernabéu schraubt unterdessen weiter an der Personalpolitik bei den „Königlichen", die sich ihr Team nun regelrecht zusammenkaufen. Zur Saison 1930/31 kommt Nationaltorhüter Ricardo Zamora, für den Real seinerzeit atemberaubende 150.000 Peseten Ablöse an Español Barcelona zahlt. So viel Geld floss bis dahin noch nie für einen Fußballer! Zamora ist eine der schillerndsten Figuren des spanischen Fußballs der 1920er und 1930er Jahre. 16-jährig hat er 1917 bei Español Barcelona debütiert, ist wenig später zum Nachbarn FC Barcelona gewechselt und schafft 1920 bei den Olympischen Spielen den internationalen Durchbruch, ehe er zu Español zurückkehrt. Der Sohn eines Arztes ist ein sportliches Multitalent, das auch im Boxen, Schwimmen und in der Leichtathletik reüssiert und seine legendäre Reaktionsfähigkeit dem baskischen Spiel Pelota verdankt. Groß und kräftig, verfügt Zamora zudem über eine für einen Torhüter seiner Generation ungewöhnliche Spielauffassung. Wie ein früher Libero organisiert er die Abwehr und leitet gefährliche Konter ein. Der uruguayische Schriftsteller und Fußballfan Eduardo Galeano schreibt: „Er verbreitete Angst und Schrecken unter den Stürmern. Sahen sie in seine Richtung, waren sie verloren: Mit Zamora im Tor schrumpfte das Netz zusammen, und die Pfosten wurden ganz klein am Horizont." Zamora ist aber nicht nur ein ausgezeichneter Fußballer, sondern macht auch sonst eine gute Figur. Mit Tweedmütze und weißem Rollkragenpullover steht er stets tadellos gekleidet zwischen den Pfosten und wird abseits des Spielfeldes zum schillernden Star der High Society. Drei Schachteln Zigaretten täglich, dazu ein oder zwei Cognac – „El Divi“ (Der Göttliche) versteht es, die „goldenen Zwanziger“ zu leben, und gilt als Frauenschwarm.

Sein Wechsel von Español Barcelona nach Madrid begründet jene Tradition, die sich später durch Verpflichtungen wie Alfredo Di Stéfano, Luis Fígo, Zinédine Zidane oder David Beckham fortsetzt: Real beansprucht die nationale Führungsrolle. Als Zamora in der Hauptstadt ankommt, hält er auf dem Bahnsteig eine spontane Rede: „Ich habe noch immer gute Freunde in Barcelona, aber jetzt habe ich das Gefühl, dies ist der beste Ort, an dem ich sein könnte – wo die Fans den Fußball verstehen und ich die Wärme der Menschen sehr genieße.“ Der neue Keeper ist eben kein autonomiesuchender „Catalanista“, sondern sieht sich als Spanier und rechter Zentralist. Und er ist ein geschickter Geschäftsmann. Von den 150.000 Peseten Ablösesumme landen 40.000 in Zamoras Taschen.

Als er am 5. Oktober 1930 zum ersten Mal zwischen den Real-Pfosten steht, ist das Estadio Chamartín gegen Stadtrivale Racing überfüllt, muss berittene Polizei einschreiten, weil immer mehr Fans ins Stadion drängen. Dass Zamora in der zweiten Halbzeit bei einer Attacke von Buiría so schwer verletzt wird, dass er erst in der Rückrunde wieder aufs Feld zurückkehrt, gibt dem gefeierten Debüt allerdings einen tragischen Beigeschmack.

Zamora ist Reals erster eingekaufter „Superstar“, und es ist Santiago Bernabéu, der diese offensive Personalpolitik forciert, um die „Königlichen“ vom Mitläufer zum nationalen Führungsklub zu machen. In Madrid ist Real dabei sportlich längst unumstrittene Nummer eins und lockt auch deutlich mehr Publikum an als Athletic oder Racing, das unter dem Bauunternehmer Alejandro Miró-Trepat eine Zeit lang sehr ambitioniert aufgetreten ist. Reals Kassen sind dadurch merklich besser gefüllt als die der lokalen Konkurrenz. Zudem nutzt Rechtsanwalt Bernabéu seine politischen und gesellschaftlichen Kontakte insbesondere zum nationalen Bankenwesen, um den Verein weiter nach vorne zu bringen und in der höheren Gesellschaft zu etablieren. Im Gegensatz zum baskischen Athletic Club Bilbao, dominierendes Team bis zum Beginn des Bürgerkriegs, pflegt Real darüber hinaus keine ethnische Einschränkung hinsichtlich der Bestückung seines Kaders. Im 1929er-Pokalfinale gegen Español zum Beispiel steht eine Mannschaft auf dem Platz, aus der lediglich vier Spieler aus Madrid stammen.

Was den Verein außerdem auszeichnet, ist seine bemerkenswerte Kontinuität. Pedro Parages, Luis de Urquijo und Santiago Bernabéu, die führenden Funktionäre der 1920er bis 1930er Jahre, haben zunächst als Spieler das weiße Trikot getragen und sind anschließend auf die Vorstandsebene gewechselt. Es ist eine Philosophie, die vor allem von Bernabéu ausgeht: Führungspersonal kommt aus dem Herzen des Vereins und hat die DNA von Real Madrid verinnerlicht.

1931–1933
DER PROTOTYP DER „GALÁCTICOS“

Sportlich wird es 1930/31 trotzdem nicht besser. Nur sieben Siege in 18 Spielen, ein 0:6-Debakel im Estadio Charmartín gegen Titelverteidiger Athletic Bilbao – auch im dritten Profijahr enttäuscht die Real-Mannschaft ihre Anhänger. Im Pokal kommt bereits im Viertelfinale gegen den mit allerlei Basken bestückten Zweitligisten Betis Balompié Sevilla das Aus. Dabei stehen mit Peña, Lazcano, Quesada und Zamora inzwischen ausgewiesene Spitzenkräfte im Team von Madrid-Trainer Hertzka.

Zwei Wochen vor dem Pokalaus gegen Betis hat der Klub auch noch sein Attribut „Real“ verloren. Nach der Gemeindewahl im April 1931, bei der die progressiven Kandidaten trotz erheblicher Benachteiligungen 40 Prozent der Stimmen für sich und damit ein klares Votum für eine Republik verbucht haben, geht König Alfonso XIII. ins Exil. Die daraufhin ausgerufene Zweite Spanische Republik verbannt umgehend alle monarchischen Relikte, womit die Krone ebenfalls aus dem Klubemblem verschwindet. Im Estadio Chamartín legt man zugleich seine englischen Wurzeln ab und tritt fortan unter dem spanischen Namen Madrid Fútbol Club auf.

Ungeachtet der Turbulenzen sondiert der finanzstarke Verein weiter den Spielermarkt und verstärkt sich mit externen Kräften. Aus Irún kommt Nationalspieler Luis Regueiro, von Deportivo La Coruña Eugenio Hilario und vom CD Europa Barcelona Tomás Bestit. Gleich drei Spieler holt man vom baskischen Aufsteiger Deportivo Alavés aus Vítoria: Stürmer Manolo Olivares sowie das Innenverteidigerduo Ciriaco Errasti und Jacinto Quincoces, für das Madrid 60.000 Peseten überweist.

Basierend auf der dank Quincoces und Ciriaco sichtlich verstärkten Defensive (nur 15 Gegentore gegenüber 27 in der Vorsaison) gelingt nun der Durchbruch. Zwischen dem 1:1 gegen Athletic Bilbao am ersten Spieltag 1931/32 und dem 1:1 gegen den FC Barcelona am letzten Spieltag liegen zehn Saisonsiege und keine einzige Niederlage. Nach 17 Jahren ohne Trophäe sind die „Merengues" erstmals spanischer Profimeister. Trotzdem muss Trainer Hertzka anschließend gehen – er sei „zu weich" gegenüber den Spielern, wird dem Ungarn vorgeworfen.

Unterdessen kommt das Land auch weiterhin nicht zur Ruhe, und die zahlreichen ungelösten politischen wie sozialen Probleme gefährden die Zweite Republik in ihrer Existenz. 1932 versuchen rechte Militärs unter General José Sanjurjo einen Putsch, doch noch hält die Demokratie.

Beim Madrid FC übernimmt zur Saison 1932/33 der Engländer Robert Firth gemeinsam mit „Paco" Brú die Trainingsleitung. Firth arbeitet bereits seit 1930 in Spanien und hat 1931 mit Racing Santander nur knapp die Meisterschaft verpasst. Darüber hinaus sorgen die Madrilenen auch auf dem Transfermarkt mit der Verpflichtung von Josep Samitier wieder für Aufregung. Der Katalane, 1919 als 17-Jähriger vom FC International Barcelona zum FC Barcelona gewechselt und ein Jahr später mit der Selección zu den Olympischen Spielen ins belgische Antwerpen gereist, ist ein ungemein vielseitiger Offensivspieler, der ständig die Position wechselt und Fußball damit modern interpretiert. Eigentlich „El Sami" genannt, erhält er zudem den Kosenamen „El Mag" (Der Magier). Wie Ricardo Zamora, Spaniens anderer Topstar jener Zeit, ist er dabei nicht nur ein exzellenter Fußballer, sondern auch Bestandteil des kulturellen Lebens. Eduardo Galeano: „Samitier war der Topspieler der Mannschaft, und seine Biografie war an Zeitungsständen in der ganzen Stadt zu haben. Sein Name lag auf den Lippen von Kabarettsängerinnen, wurde auf den Bühnen verbreitet und ebenso in den Sportkolumnen geehrt, wo man den ‚mediterranen Stil' pries, den er erfunden hatte." Im Gegensatz zum rechts bzw. zentralistisch eingestellten Zamora gilt der bereits 31-jährige Samitier allerdings als Anhänger der katalanischen Unabhängigkeitsbewegung, weshalb sein Wechsel von Barça nach Madrid auch politisch eine Sensation ist, die in Barcelona – wie später bei Luis Fígo – Entsetzen und Protest auslöst.

Sportlich läuft es weiterhin rund für die stargespickten „Blancos" (Die Weißen) – quasi ein Prototyp der späteren „Galácticos" –, die 1932/33 zwar drei Saisonspiele verlieren, ihren Titel aber mit zwei Punkten Vorsprung auf Verfolger Bilbao verteidigen. Zudem spielt das Team nun offensiver und gefälliger. Das entspricht der Philosophie von Santiago Bernabéu, der nicht nur Erfolg sucht, sondern dabei auch noch gut aussehen will. Die beiden Topteams des Landes stehen sich am 25. Juni 1933 im Pokalfinale erneut gegenüber. Diesmal hat Bilbao die Nase vorn und verhindert mit einem 2:1-Sieg das „doblete" durch die Hauptstädter.

Unterdessen findet in Europa eine Zeitenwende statt. Im Januar 1933 hat Adolf Hitler in Deutschland die Macht übernommen. Neben Italien ist damit ein weiteres Land im Herzen des Kontinents zur rechten Diktatur geworden. Auch in Spanien verschärft sich der Konflikt zwischen Rechten und Linken. Als die vereinte Rechte aus den Wahlen vom 19. November 1933 als Sieger hervorgeht, wird das katalanische Autonomiestatut von 1932 wieder aufgehoben, was insbesondere in Barcelona für böses Blut sorgt.

1933–1936
AM VORABEND DES BÜRGERKRIEGS

1933/34 holt die Mannschaft des Madrid FC aus den ersten fünf Saisonspielen neun von zehn Punkten und führt damit die Tabelle an. Verfolger Athletic Bilbao steht mit bereits drei Punktverlusten vor dem direkten Duell am 10. Dezember im heimischen San Mamés gehörig unter Druck – und fegt den amtierenden Meister mit 5:1 vom Platz. Der historisch hohen Niederlage folgen ein 0:1 daheim gegen Betis Balompié sowie ein 2:3 in Oviedo. Drei Pleiten nacheinander – aus dem souveränen Tabellenführer ist ein Verfolger geworden. In der Rückrunde gelingt beim 3:0 gegen Bilbao zwar die Revanche, der Titel geht am Ende aber dennoch ins Baskenland.

Im Pokal, nach Abdankung des Königs statt „Copa del Rey" nun „Copa de la República" genannt, rehabilitiert sich die Firth-Elf dafür und erreicht über Osasuna, Bilbao und Betis das Finale. Der 2:1-Erfolg über Valencia am 6. Mai 1934 beschert „Los Blancos" erstmals seit 16 Jahren wieder die nationale Pokaltrophäe. Überschattet ist die Partie allerdings erneut von den politischen Spannungen: In Barcelona wird die Hauptstadtelf gegen das Team aus der republikanischen Hochburg Valencia gnadenlos niedergepfiffen, und als Ricardo Zamora kurz vor Schluss einen Elfmeter hält, droht die Stimmung sogar in Gewalt umzuschlagen. Bei der Rückkehr nach Madrid wiederum wird die siegreiche Elf im Bahnhof Atocha mit der „Himno de Riego" begrüßt, der Nationalhymne der republikanischen Regierung seit dem Ende der Diktatur Primo de Riveras. An der Spitze des Madrid FC steht inzwischen Rafael Sánchez Guerra, der als moderater Republikaner gilt.

1934 erlebt die Spanische Republik eine Reihe von linken bzw. anarchistischen Revolten, die allesamt blutig niedergeschlagen werden. Vor allem Anarchisten und rechte Paramilitärs stehen sich unversöhnlich gegenüber. Dessen ungeachtet debütiert Spanien im Sommer des Jahres auf der ganz großen Fußballbühne: Erstmals ist die „Selección" bei einer WM dabei. Im Kader von Auswahltrainer Amadeo García de Salazar für das vom Mussolini-Regime in eine Propagandaveranstaltung verwandelte Turnier in Italien stehen fünf Akteure des Madrid FC: Torhüter Ricardo Zamora, die Verteidiger Jacinto Quincoces und Ciriaco Errasti sowie die Offensivspieler Luis Regueiro und Juan Marrero Hilario. Mit einem 3:1 über Brasilien erreicht die Mannschaft das Viertelfinale und trifft dort auf Gastgeber Italien. Einem überragenden Zamora ist es zu verdanken, dass nach 120 Minuten noch immer keine Entscheidung gefallen ist. Der *Kicker* lobt: „Die Spanier haben sich ganz hervorragend geschlagen. Sie haben gezeigt, dass der Fußballstandard auf der iberischen Halbinsel nicht zurückgegangen ist, wie man in den meisten Ländern vermutet hat." Doch das rüde Einsteigen beider Mannschaften hat Folgen: Als es 24 Stunden später zum Wiederholungsspiel kommt, fehlt u. a. Ricardo Zamora, der wegen einer Attacke von Schiavio im ersten Spiel mit geschwollenem Auge auf der Tribüne sitzt. Die „Selección" verliert unglücklich mit 0:1 und scheidet aus.

In der Liga wird es für den MFC bis zum Beginn des Bürgerkriegs 1936 nicht mehr zur Rückkehr auf den Titelthron reichen. 1934/35 und 1935/36 läuft man unter dem nun allein verantwortlichen Trainer „Paco" Brú, wie Zamora und Samitier Katalane, jeweils als Vizemeister ein. 1935 hat überraschend Betis Balompié aus Sevilla die Nase vorn und holt die spanische Landesmeisterschaft erstmals in den Süden, 1936 zieht der MFC gegen den alten Rivalen aus Bilbao den Kürzeren. Aus den direkten Duellen holen „Los Blancos" lediglich einen Punkt. Das 1:1 gegen Betis Balompié am 19. April ist dann das letzte Ligaspiel des Madrid FC vor Beginn des Bürgerkriegs. Sañudo bringt die Madrilenen in der ersten Halbzeit in Führung, Adolfo gleich nach dem Seitenwechsel für Betis aus.

Danach steht nur noch der Pokalwettbewerb an, in dem die Brú-Elf erneut das Finale erreicht. Gegner am 21. Juni 1936 im Estadio Mestalla von Valencia ist der FC Barcelona. Erstmals stehen sich die beiden Rivalen damit im Pokalendspiel gegenüber, drei Wochen vor Beginn des Bürgerkriegs. Eugenio und Lecue bringen Madrid in den ersten zwölf Minuten mit 2:0 in Führung, während Barça an Schlussmann Ricardo Zamora verzweifelt und bis zur Halbzeit durch Escolà lediglich auf 1:2 verkürzen kann. Drei Minuten vor Schluss wird Zamora endgültig zum Matchwinner, als er seinem ehemaligen Kurzzeitarbeitgeber mit einer in Spanien bis heute legendären Glanzparade den Ausgleich verwehrt. Es ist die letzte große Szene des spanischen Fußballs für viele Jahre.

KAPITEL 3

DER BÜRGERKRIEG (1936–1942)

1936–1939 ZWEI VERBÄNDE, ABER KEIN LIGASPIELBETRIEB

Anfang 1936 senkt sich die Stille des Bürgerkriegs über die Fußballfelder. Nach den Parlamentswahlen vom 16. Februar, aus denen die aus linksliberalen, sozialistischen und kommunistischen Parteien bestehende Fronte Popular (Volksfront) als Sieger hervorgegangen ist, hat sich die Lage zugespitzt. Die Spaltung zwischen Links und Rechts gerät zunehmend außer Kontrolle, und auf den Straßen breitet sich Gewalt aus.

Rechte Politiker weigern sich, den Verlust der Macht anzuerkennen, und ihre Verbündeten im Militär starten Vorbereitungen für einen Staatsstreich. Am 17. Juli 1936 beginnt die bewaffnete Rebellion von General Francisco Franco und anderen Generälen der spanischen Armee gegen die Republik. Die Rebellion der Faschisten hat ihren Ausgangspunkt in einer Militärrevolte in Spanisch-Marokko. Die Fremdenlegion („Tercio") wechselt per Luftbrücke aufs europäische Festland – mit Hilfe von Hermann Görings Luftwaffe. Es ist der erste deutsche Kriegseinsatz seit der Niederlage von 1918.

Der Putsch der Militärs scheitert zunächst in Katalonien mit Barcelona, in Valencia, Madrid, Andalusien, Asturien und im nördlichen

Teil des Baskenlandes. Doch aus dem Putsch wird ein Bürgerkrieg, der fast drei Jahre toben und schätzungsweise eine halbe Million Todesopfer fordern wird.

Unter den Putschisten in Madrid ist mit General Adolfo Meléndez ein ehemaliger Spieler und Präsident des Madrid FC. Während Meléndez nach Niederschlagung des Putsches in Madrid aus der Stadt flieht, wird Santiago Bernabéu, der in die französische Botschaft geflohen ist, von republikanischen Kräften festgenommen. Carlos Alonso, der Chef der Verwaltung des Klubs, hat Bernabéu den republikanischen Behörden gemeldet. Erst auf Intervention von Álvaro de Albornoz, Spaniens sozialistischem Botschafter in Frankreich und Anhänger des MFC/Real, kommt er wieder in Freiheit.

Noch ist der Madrid FC ein republikanischer Klub, wie auch Madrid alles andere als eine Hochburg der Faschisten ist. Seit dem 31. Mai 1935 ist der Anwalt und konservativ-liberale Republikaner Rafael Sánchez Guerra Präsident des Vereins. Er ist ein Sohn von José Sánchez Guerra, dem ehemaligen Ministerpräsidenten Spaniens. Während der Militärdiktatur von Miguel Primo de Rivera gehörte José Sánchez Guerra zu dessen entschiedensten Gegnern und musste 1927 ins Exil nach Frankreich gehen. Zwei Jahre später führte er eine erfolglose Militärrevolte gegen den Diktator an. Nach dem Ende der Diktatur 1931 beauftragte ihn König Alfonso XIII. mit der Bildung einer Regierung. Aus gesundheitlichen Gründen musste er diesen Auftrag zurückgeben.

Sein Sohn Rafael pflegt von Kindesbeinen an zwei Interessen: Politik und Fußball. Seine Liebe zum Fußball entwickelt sich während seiner Zeit als Schüler des Colegio del Pilar, wo er sich mit René Petit anfreundet, der schon mit 15 Jahren in der Herrenmannschaft debütiert und später französischer Nationalspieler wird, ehe er nach Irún wechselt. Politisch ist Rafael Sánchez Guerra ähnlich wie sein Vater gestrickt. Er bezeichnet sich als „Zentristen, gleichweit entfernt von den Extremisten von links und rechts“. Vom 14. April 1931 bis zum 28. März 1939 gehört er dem Stadtrat von Madrid an.

Als Präsident von Real senkt er die Eintrittspreise, um auch der Arbeiterschaft den Besuch der Spiele zu ermöglichen. Des Weiteren führt er für die Wahlen des Präsidenten das „Ein-Mitglied-eine-Stimme"-System ein. Sánchez Guerra plant zudem den Bau eines neuen Stadions. Der Bürgerkrieg stoppt diesen Plan jedoch.

Im Bürgerkrieg ist Sánchez Guerra Sekretär von Oberst Segismundo Casado, der sich nicht den aufständischen Militärs um General Franco anschließt und sich bis kurz vor Kriegsende loyal gegenüber der republikanischen Regierung verhält. Er kämpft u. a. in der Schlacht am Jarama für die Verteidigung Madrids. Sánchez Guerra ist verantwortlich für den Verteidigungsrat der Truppen der Republikaner. Als sich die Franquisten Madrid nähern, wird ihm angeboten, die Stadt zu verlassen. Nur zwei Mitglieder des nationalen Verteidigungsrates bleiben in Madrid, einer von ihnen ist Sánchez Guerra. Er wird gefangen genommen, eingesperrt und zum Tode verurteilt. Etwas später wird das Urteil in eine lebenslange Haftstrafe umgewandelt. Sánchez Guerra verbringt ein Jahr im Gefängnis, ehe ein Verwandter dafür sorgt, dass er freikommt. 1946 gelingt es ihm, einer erneuten Verhaftung durch Flucht nach Paris zu entgehen, wo er Mitglied der republikanischen Exil-Regierung wird. In dieser ist er unter dem Ministerpräsidenten José Giral Pereira Minister ohne Geschäftsbereich. Nach dem Tod seiner Frau Rosario (1959) zieht sich Sánchez Guerra aus der Politik zurück. Den Rest seines Lebens darf er in Spanien verbringen, wo er ins Kloster Santo Domingo de Pamplona einzieht und Fußballspiele zwischen den Mönchen leitet. Kurz vor seinem Tod am 2. April 1964 wird er von Santiago Bernabéu sowie den Spielern Amancio und Ferenc Puskás besucht. Zur großen Überraschung der anderen Insassen des Klosters, denen Sánchez Guerra von seiner Vergangenheit nichts erzählt hat. Zu seiner Beisetzung schickt der Verein einen Kranz. Anschließend gerät der republikanische Präsident jedoch in Vergessenheit.

Während des Bürgerkriegs führen zwei andere Republikaner den Klub: zunächst Juan José Vallejo, anschließend Antonio Ortega.

Ortega ist ein überzeugter Kommunist und Anführer einer linken Miliz, welche die strategisch wichtige Grenzstadt Irún besetzt. Einige Monate später beteiligten sich Ortega und seine Freiwilligen an der Verteidigung Madrids. Gegen Ende des Krieges wird Ortega verhaftet, vor ein Militärtribunal gestellt und am 15. Juli 1939 in Alicante exekutiert. Auch MFC-Vizepräsident Gonzalo Aguirre sowie Schatzmeister Valero Rivera werden von den Faschisten ermordet. Die Starspieler Zamora und Samitier setzen sich nach Frankreich ab. Santiago Bernabéu indes kämpft an Francos Seite und wird den Klub 1943 als Präsident übernehmen.

Nach der Saison 1935/36 stellt die Nationalliga ihren Spielbetrieb ein. In einem Land, das in eine republikanische und eine anti-republikanische Zone geteilt ist, erscheint ein gemeinsamer Spielbetrieb undurchführbar.

Im Februar 1937 verlegt der spanische Fußballverband sein Hauptquartier von Madrid nach Barcelona. Im Juni desselben Jahres bilden die Anhänger Francos in San Sebastián einen Alternativverband, der sich für allein rechtmäßig erklärt.

Die FIFA steht vor einem Dilemma, da ihre Statuten nur die Anerkennung eines Verbandes pro Land vorsehen. Der Weltverband lässt die etablierte und von republikanischen Kräften dominierte RFEF im Regen stehen und erteilt beiden Organisationen ihre Anerkennung, um sich für den Ausgang des Bürgerkriegs alle Optionen offenzuhalten. Nach Kriegsende setzt der italienische Vertreter im Exekutivkomitee der FIFA, der Faschist Giovanni Mauro, ein öffentlicher Unterstützer der Franco-Bewegung, einen Alleinvertretungsanspruch des Fußballverbandes in San Sebastián durch.

Am 16. November 1938 verlieren die Republikaner eine entscheidende Schlacht am Ebro. Einige Wochen später beginnt die Invasion Kataloniens. Am 16. Januar 1939 ziehen Francos Truppen in Barcelona ein. Falangistische Schlägertruppen marodieren durch die Straßen und bedrohen Passanten: „Bell nicht, katalanischer Hund, sprich christlich!“ Und die „christliche Sprache“ ist Kastilisch.

Am 28. März 1939 fällt auch Madrid in Francos Hände. Zu den ersten Gratulanten gehört Papst Pius XII.: „Der katholische Glaube hat soeben den Anhängern des materialistischen Atheismus unseres Jahrhunderts den erhabensten Beweis dafür geliefert, dass die ewigen Werte der Religion und des Geistes über allem stehen."

1939–1942
WIEDERAUFNAHME DES SPIELBETRIEBS

Das Regime verbietet politische Parteien. Einzig zugelassene Formation ist die faschistische „Falange", die zur Staatspartei mutiert (ab 1958 als „Movimiento Nacional"). Trotz Anbindung an die Achse Rom-Berlin und Beitritt zum Antikomintern-Pakt bleibt Spanien im Zweiten Weltkrieg neutral.

Diktator Franco ist durchaus an Fußball interessiert – aber nicht übermäßig. Das Spiel ist nicht seine erste Passion, denn dem Angeln und Jagen ist der Diktator mehr zugeneigt. Laut dem spanischen Sportjournalisten Santiago Segurola war Franco sehr mürrisch, langweilig und blutrünstig. „Er unterzeichnete lieber Todesurteile, als Fußball zu spielen oder sich ein Spiel anzusehen." Franco zeichnet den Tod durch die Garotte gewöhnlich bei einer Tasse Kaffee ab, im Beisein seines persönlichen Priesters José Maria Bulart.

Unter der Diktatur wird der spanische Sport zentralisiert. Verbände und Vereine verlieren jegliche Autonomie und unterliegen fortan der Kontrolle durch die Delegación Nacional de Deportes (DND), die als autonome Körperschaft der einzigen erlaubten Partei „Falange Española Tradicionalista y de las Juntas de Ofensiva Nacional Sindicalista" angehört, an deren Spitze wiederum Francos Bürgerkriegsheld General José Moscardó steht. Nicht nur die Leitung vieler staatlicher Institutionen, sondern auch die der Organisationen des Sports wird mit Militärs besetzt. Bei den Olympischen Spielen 1948 und 1952 trainiert Moscardó die spanische Fußball-Auswahl.

1947 ist er zudem dafür verantwortlich, dass die Nationalmannschaft fortan wieder im der Nationalflagge entnommenen Rot aufläuft, wie schon beim Debüt 1920 bei den Olympischen Spielen in Antwerpen. Die Franquisten hatten dies 1936 zunächst in Weiß und ab 1939 dann in Blau geändert, da Rot die Farbe der Kommunisten ist. Nach der Rückkehr zum traditionellen Rot wird Blau 1947 zur Ersatzfarbe bei den Trikots.

Am 15. Januar 1941 muss sich der Futbol Club (FC) Barcelona in Club de Fútbol (CF) Barcelona umbenennen. Auch das Klubemblem wird geändert: Zwei der vier Streifen der katalanischen Fahne im Kopf des Emblems entfallen, sodass dieser Teil nun nur noch als Wiedergabe der spanischen Fahne erscheint. Alle Vereine müssen ihre Namen hispanisieren. So wird aus dem Athletic Club de Bilbao Atlético Bilbao, aus dem Valencia FC der CF Valencia und aus dem Madrid FC der Real Club de Fútbol Madrid, dessen Wappen zudem die Krone zurückerhält.

Aus dem nationalen Pokalwettbewerb, bis zur Gründung der Nationalliga so etwas wie die Landesmeisterschaft und zunächst „Copa del Rey" genannt bzw. nach Ausrufung der Zweiten Republik und Abdankung von König Alfonso XIII. „Copa del Presidente de la República", wird nun die „Copa del Generalísimo".

Nach dem Sieg der Faschisten gehört Real zunächst nicht zu den Profiteuren der neuen politischen Verhältnisse. Der Verein liegt in Trümmern. Wichtige Funktionsträger sind im Bürgerkrieg gefallen, ebenso einige Spieler. Andere Spieler sind ins Exil gegangen, darunter das baskische Trio Luis und Pedro Regueiro sowie Emilio Alonso, das in der Saison 1938/39 mit einer baskischen Auswahl durch Mexiko tourte. Andere Spieler haben ihre Karriere beendet. Zu denen, die übrig geblieben sind, gehören drei Akteure aus jener Mannschaft, die 1936 zuletzt den Pokal gewann: Simón Lecue, Torschütze im Pokalfinale, Innenverteidiger Jacinto Quincoces, der am Ende des Bürgerkriegs zwar schon fast 34 ist, aber noch bis 1942 für Real spielt, sowie der Mittelfeldspieler José Ramón Sauto, der erste Mexikaner im Trikot von Real.

Die Infrastruktur des Klubs ist zerstört. Das Klubhaus fiel Bombenangriffen zum Opfer, die Tribünen des Estadio de Chamartín wurden im belagerten Madrid zu Brennholz verarbeitet. Präsident des Klubs wird zum zweiten Mal Adolfo Meléndez, unter dessen Führung die Rekonstruktion von Klub und Infrastruktur erfolgt. Ihm assistieren mit Pedro Parages und Santiago Bernabéu zwei erfahrene Kräfte der „Königlichen".

Noch Mitglied des Klubs ist auch Carlos Alonso, Kommunist und bei Beginn des Bürgerkriegs Koordinator der Klubverwaltung. Er war es, der Bernabéu an die republikanischen Behörden ausgeliefert hatte. Alonso steht unter dem persönlichen Schutz von Reals Generalsekretär Pablo Hernández Coronado. Als sich Alonso und Bernabéu auf dem Flur der Klubverwaltung erstmals begegnen, grüßt er diesen mit einem knappen „Buenos días, Don Santiago". Worauf der zukünftige Präsident antwortet: „Mach dir keine Sorgen. Ich verzeihe dir. Ich verzeihe allen." Alonso bleibt bis zur Rente ein Angestellter des Klubs, aber ohne Kompetenzen.

Am 22. Oktober 1939 wird erstmals wieder im Chamartín gespielt. Für dessen Wiederaufbau hat Real keine staatliche Förderung erhalten. Zur Wiedereröffnung empfängt man den Stadtrivalen Atlético und gewinnt mit 2:1. Atlético heißt nun allerdings offiziell Athletic Aviación Club. Vor Beginn der Saison 1939/40 musste man feststellen, dass die finanziellen Mittel nicht ausreichten, um eine Mannschaft in den Spielbetrieb zu schicken. Daraufhin kam es zum Zusammenschluss mit dem Club Aviación Nacional, der 1937 von drei Offizieren der Luftwaffe gegründet worden war. 1938 hatte die mit dem Klub verbundene Luftwaffeneinheit wegen des Bürgerkriegs nach Saragossa umziehen müssen. Dort gewann Aviación Nacional die Regionalmeisterschaft von Aragón und qualifizierte sich für die Copa del Generalísimo, wo man im Viertelfinale am FC Sevilla scheiterte. Anschließend kehrte der Klub nach Madrid zurück, wurde aber vom Verband nicht in die erste Liga gelassen. Somit hatten sowohl Atlético als auch der Club Aviación Nacional ein Problem, das sie durch die Fusion zum Athletic Aviación Club gelöst haben.

Die Fliegerelf hatte sich dabei zunächst um eine Fusion mit Real bemüht, jedoch zu Bedingungen, bei denen die „Königlichen“ abwinkten. Der Luftwaffen-Klub beanspruchte die Hälfte der Vorstandsposten, und auch das Wappen sowie die Vereinsfarben sollte Real übernehmen.

In den nächsten Jahren ist Atlético nicht nur in Madrid Nummer eins. 1940 erringt der Klub die erste Post-Bürgerkriegsmeisterschaft und verteidigt diese im Jahr darauf. Ganz Spanien spricht von den „Colchoneros – der Spitzname bedeutet „Matratzenmacher“ und geht zurück auf die meistverkaufte Matratzenmarke in Spanien, die ebenso rot-weiß gestreift ist wie die Trikots von Atlético – Spaniens erster Post-Bürgerkrieg-Meister. Eine Spielzeit später verteidigen die „Matratzenmacher“ den Titel.

KAPITEL 4

DIE „KÖNIGLICHEN" EROBERN EUROPA (1942–1960)

1942/43–1944/45 DUBIOSER KANTERSIEG GEGEN BARCELONA

In der Saison 1942/43 entgeht Real als Zehnter nur knapp der Relegation. Im Pokal kommt es im Halbfinale zum Duell mit dem FC Barcelona. In der katalanischen Metropole fegt Barça die mit Schmähungen und Pfiffen überschütteten Madrilenen mit 3:0 aus dem Stadion. Zwar gibt es noch ein Rückspiel, angesichts des klaren Resultats erscheint Barças Finaleinzug aber als gesichert.

Vor dem Anpfiff des Rückspiels betritt José Finat y Escrivá de Romaní, Chef der Staatssicherheit, die Barça-Kabine und gibt den Spielern zu verstehen, dass einige von ihnen nur deshalb auflaufen, weil das „großzügige" Regime ihnen ihre „unpatriotische Haltung" aus dem Hinspiel verziehen habe. Als die Katalanen den Innenraum des Stadions betreten, fliegen Gegenstände aufs Spielfeld, und der Lärm der Trillerpfeifen, die an die Fans der „Königlichen" ausgegeben wurden, schmerzt in den Ohren. Barça-Keeper Luis Miró ergreift die Flucht. Er steht weit vor seinem Tor, während die Angriffe auf ihn zurollen und beinahe jeder Schuss im Netz zappelt. Zugleich beobachtet er die Bemühungen seiner Stürmer, die stets vom Schiedsrichter zurückgepfiffen werden. Alles riecht nach einer abgekarteten Partie.

Über das Spiel berichtet u. a. auch der Journalist Antonio Samaranch, ein Anhänger Francos und Mitglied der faschistischen Partei Movimiento Nacional, der später dem Regime als Staatssekretär für Sport dient und 1980 Präsident des Internationalen Olympischen Komitees wird. Der Katalane beobachtet: „Es ging nicht um die Frage, ob Barça nun gut oder schlecht spielte. Barça hat am Ende gar nicht gespielt. Einzelne Spieler hatten Angst davor, selbst die harmlosesten Tacklings zu machen."

Zur Halbzeit führt Real mit 8:0. Gedemütigt schleichen die Barça-Spieler in die Kabine – und weigern sich, wieder aufzulaufen. Doch sie werden von einem Uniformierten mit gezogener Pistole und unter Androhung ihrer Verhaftung aufs Feld gescheucht. Am Ende gewinnt Real mit 11:1. Es ist bis heute der höchste Sieg über den Rivalen. Und es ist, so sagt man, die Initiation des „Clásico" – ein Fußballspiel, das der *Guardian* Jahrzehnte später als „die größte Show auf Erden" bezeichnet, und ein Duell, das seine Brisanz aus den Dekaden nach dem spanischen Bürgerkrieg zieht.

Nach dem Skandalspiel zwingt das Regime die Präsidenten von Real und Barça zum Rücktritt. In Madrid wird am 15. September 1943 ein alter Bekannter zum neuen Klubpräsidenten gewählt: Santiago Bernabéu.

Francos klerikalfaschistisches Regime richtet sich nicht nur gegen das „atheistische Gesindel" aus Kommunisten, Anarchisten und Sozialisten, sondern auch gegen die autonomistischen Bestrebungen in Katalonien und im Baskenland. Der CF Barcelona avanciert nach der Zerschlagung katalanischer Strukturen „zum sichtbaren Zeichen bürgerlichen Widerstands gegen diktatorische Herrschaft" (Manuel Vásquez Montalbán). Fakt ist aber zugleich: Wie alle Klubs wird Barça nicht von Oppositionellen geführt, sondern von Franquisten.

Der Fußball dient den unterdrückten Katalanen als Ventil. Wobei der Klub auch durchaus Trophäen gewinnen darf. Allein, er soll seine Triumphe nicht politisieren. Was das bedeutet, hat er an jenem 13. Juni 1943 demonstriert bekommen.

Bis zu dieser Begegnung spielte Real für Barça keine bedeutende Rolle. Die Konkurrenten der Katalanen sind in den ersten Jahren nach dem Bürgerkrieg andere, etwa Valencia oder Bilbao. Die Copa del Generalísimo gewinnt in der Saison 1942/43 dann auch nicht Real, sondern Athletic Bilbao. Im mit 50.000 Zuschauern gefüllten Estadio Metropolitano, Spielstätte von Atlético, seit der erwähnten Fusion Athletic Aviación Club genannt, behalten die separatistisch gesinnten Basken nach 120 Minuten mit 1:0 die Oberhand.

1945/46–1947/48 „LOS GALÁCTICOS 1.0" UND DAS STADIONPROJEKT IN CHAMARTÍN

Real gewinnt den Pokal erst in der Saison 1945/46 wieder. Das Finale findet in Barcelona statt, im Estadio Montjuic, wo vom 16. bis 26. Juli 1936 eigentlich eine Volksolympiade (Olimpiada Popular) hatte stattfinden sollen, die gedacht war als Antwort auf die Nazi-Spiele im selben Jahr in Berlin. 6.000 Sportler aus 22 Ländern waren angemeldet. Nach dem Putsch der Franco-Faschisten musste die Veranstaltung jedoch abgesagt werden. Zum Pokalfinale zehn Jahre später kommen 60.000 ins Stadion auf dem Montjuic-Hügel. Real schlägt den FC Valencia mit 3:1

1946 knüpft Santiago Bernabéu an eine bewährte Strategie an, die man retrospektiv als „Los Galácticos 1.0" etikettieren kann: Wie in den frühen 1930er Jahren, als u. a. Zamora und Samitier kamen, sollen wieder die besten Spieler bei Real gegen den Ball treten. Bernabéus Kalkül: Stars füllen das Stadion, und die Zuschauer spülen jenes Geld in die Kasse, das notwendig ist, um das Starensemble zusammenzustellen und zu finanzieren. Dafür braucht es aber ein größeres

Stadion, denn der Ticketverkauf bildet damals die mit Abstand wichtigste Einnahmequelle von Fußballklubs.

Während Pläne für einen Stadionneubau reifen, ringen Real und Barça um das 19-jährige Sturmtalent Luis Molowny vom CD Teneriffa. Santiago Bernabéu sitzt im Zug nach Barcelona. Dieser hält an zahlreichen Stationen. So in Reus im Süden Kataloniens, wo sich der Präsident am Bahnhofskiosk eine Zeitung kauft. Bernabéu erfährt, dass Barças Technischer Direktor unterwegs zu den Kanaren ist, um Molowny zu verpflichten. Barças Emissär reist jedoch mit dem Schiff, und das dauert. Umgehend ruft der Real-Boss in Madrid an und alarmiert Jacinto Quincoces, einst vom baskischen Klub CD Alavés nach Madrid gekommener Verteidiger und inzwischen Technischer Direktor der „Königlichen". Er soll sich sofort mit einem Koffer voller Geld nach Las Palmas begeben – und zwar per Flugzeug. Der Coup gelingt. Als Quincoces katalanischer Kollege auf den Kanaren ankommt, befindet sich Molowny längst in Madrid und trainiert bei Real.

Am 27. Oktober 1944 hat Real mit dem Bau eines neuen Stadions begonnen, das im Zentrum von Chamartín unmittelbar neben dem bisherigen Estadio Chamartín entsteht. Die finanzielle Basis für das ehrgeizige Projekt bilden Spenden der Mitglieder. Das Fassungsvermögen der Arena beträgt zunächst 75.145 Plätze. Davon sind 27.645 Sitz- und 47.500 Stehplätze. Von den Sitzplätzen sind 7.125 überdacht. Wie Real an die Unmengen von Zement kommt, die für den Bau der riesigen Arena notwendig sind, ein Baustoff, der damals in Spanien streng rationiert war, bleibt ungeklärt. Vermutlich helfen Bernabéus gute Beziehungen zum Regime. Es heißt, dass der Zement für das Stadion aus demselben Kontingent stammte, mit dem Franco die faschistische Gedenkstätte Valle de los Caídos (Tal der Gefallenen, seit 2022 offiziell Valle de Cuelgamoros) in der Sierra de Guadarrama errichten ließ, wo der Diktator nach seinem Tod beigesetzt wurde. Während der Bauarbeiten muss Real ins Stadion des Stadtrivalen Atlético ausweichen. Als Gegenleistung haben die Mitglieder Atléticos freien Eintritt zu den Spielen Reals.

1949 wird Chamartín nach Madrid eingegliedert. In den nächsten Dekaden wächst die Stadt und schließt den Vorort an das Zentrum an. Zum Zeitpunkt des Stadionbaus zählt die Provinz Madrid etwa 1,8 Millionen Einwohner, heute sind es etwa 6,4 Millionen. Mit Folgen für den Bodenpreis: Das Grundstück, auf dem das Stadion steht, erfährt bis 1962 eine Wertsteigerung um 19.900 Prozent.

Am 14. Dezember 1947 wird das Stadion, das zunächst offiziell „Estadio Real Madrid Club de Fútbol" heißt, bei den Fans aber als „Nuevo Estadio Chamartín" firmiert, mit einem Testspiel gegen den portugiesischen Klub Belenenses Lissabon eingeweiht. Das erste Tor in der neuen Spielstätte köpft nach 15 Minuten Sabino Barinaga. Der Stürmer markiert auch den letzten Treffer beim 3:1-Sieg der Madrilenen. 14 Tage später wird im neuen Stadion erstmals ein Meisterschaftsspiel angepfiffen. Real schlägt Athletic Bilbao mit 5:1. Den Torreigen eröffnet nach nur vier Minuten der in Havanna geborene Mittelfeldspieler Jesús Alonso Fernández – nach Vorarbeit von Barinaga. In der Saison 1947/48 droht Real dennoch der Abstieg in die Zweitklassigkeit. Um diesen zu verhindern, engagiert man im Februar 1948 den englischen Ex-Profi Michael Keeping (Southampton, Fulham) als Trainer. Am Ende trennen die „Königlichen" nur zwei Punkte vom Abstieg.

1948/49–1951/52 DIE „KÖNIGLICHEN" WERDEN GLOBAL

In der Spielzeit 1948/49 sind Miguel Muñoz und der Mittelstürmer Manolo Pahiño neu dabei. Der nur 1,65 Meter große Mittelfeldspieler Muñoz ist gebürtiger Madrilene und kickte zunächst für den Nachwuchs kleinerer lokaler Amateurklubs, zuletzt für den Imperio CF. Beim Eintritt ins Seniorenalter bot er sich Real an, aber der Verein wollte ihn nicht. Muñoz ging nach Santander, von dort zu Celta de Vigo, von wo Real ihn – nun für viel Geld, es ist von drei Millionen

Peseten die Rede – wieder nach Madrid holt. Dort steigt Muñoz bald zum Kapitän der „Königlichen“ auf.

1950 und 1951 heißt Spaniens Meister Atlético Madrid. Am dritten Spieltag der Saison 1950/51 wird Real im Barça-Stadion Les Corts geradezu gedemütigt, die Katalanen gewinnen 7:2. Gegen Stadtrivale Atlético unterliegt man 3:6 und 0:4.

In der Saison 1951/52 feiert Real sein 50-jähriges Bestehen. Aus aller Welt treffen Glückwünsche ein. Auch das Regime meldet sich. Diktator Franco und General José Moscardó schicken dem Klub Bilder von sich mit persönlicher Widmung.

Santiago Bernabéu weitet seine Verpflichtungspolitik aus. Der spanische Markt reicht nicht mehr. Real schaut nach Südamerika. Mit Antonio Imbelloni und Roque Olsen stehen nun auch zwei Argentinier im Kader von Real. Der aus Nizza gekommene Imbelloni geht jedoch nach nur wenigen Monaten zurück in sein Heimatland. Olsen, ein schussstarker Stürmer, kommt vom Racing Club Avellaneda und wird in den nächsten sieben Jahren in 123 Pflichtspielen für Real 66 Tore erzielen. Von Real Santander hat sich Real zudem mit dem Halbstürmer José Iglesias Fernández, kurz: „Joseíto“, verstärkt. Meister in Reals Jubiläumssaison wird der FC Barcelona. Die „Königlichen“ landen auf Platz drei.

Real begeht seinen 50. Geburtstag mit einem Turnier. Eingeladen sind IFK Norrköping aus Schweden und die Millonarios aus Bogotá. Bei den Kolumbianern, die Real mit 4:2 schlagen, stürmt ein blonder Argentinier namens Alfredo Di Stéfano. Der Sohn italienischer Einwanderer wird in seiner Heimat „La Saeta Rubia“ (Der blonde Pfeil) genannt. In Di Stéfano paart sich wie in kaum einem Spieler in der Geschichte des Weltfußballs traumwandlerische Treffsicherheit mit überragender Spielkunst.

Zusammen mit anderen Spielern hat Di Stéfano Argentinien 1949 verlassen, als die dortigen Profis streiken, um Mindestgehälter durchzusetzen. Das beeinträchtigt den Spielbetrieb der Liga. Ein Jahr zuvor hat sich in Kolumbien die Profiliga „Dimayor“ gegründet, die unab-

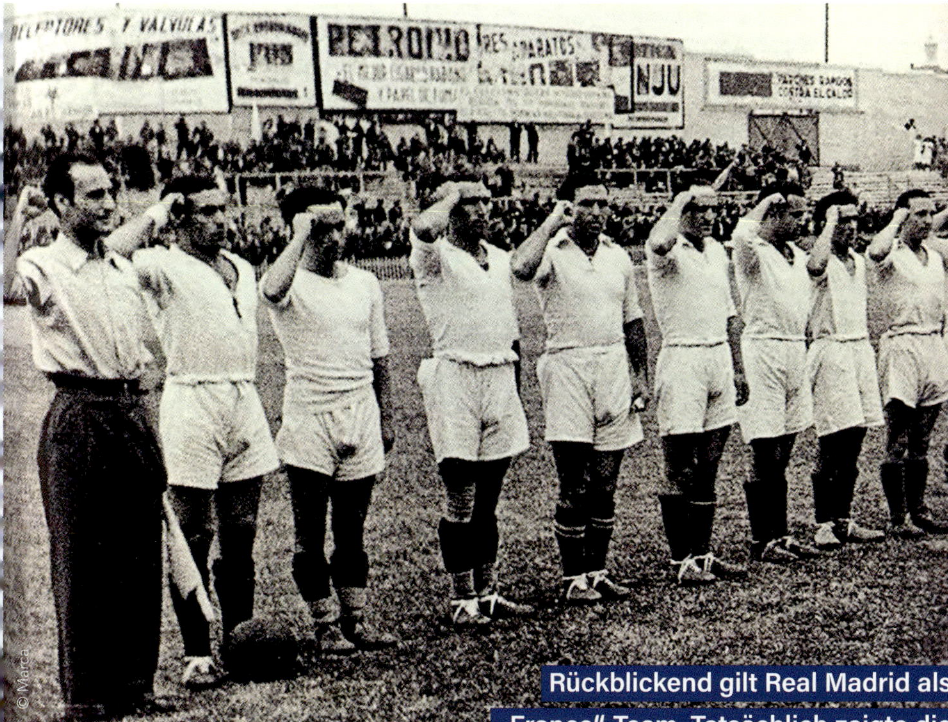

© Marca

Rückblickend gilt Real Madrid als „Franco"-Team. Tatsächlich zeigte die Mannschaft zu Beginn des Bürgerkriegs aber Sympathien für die Gegenseite.

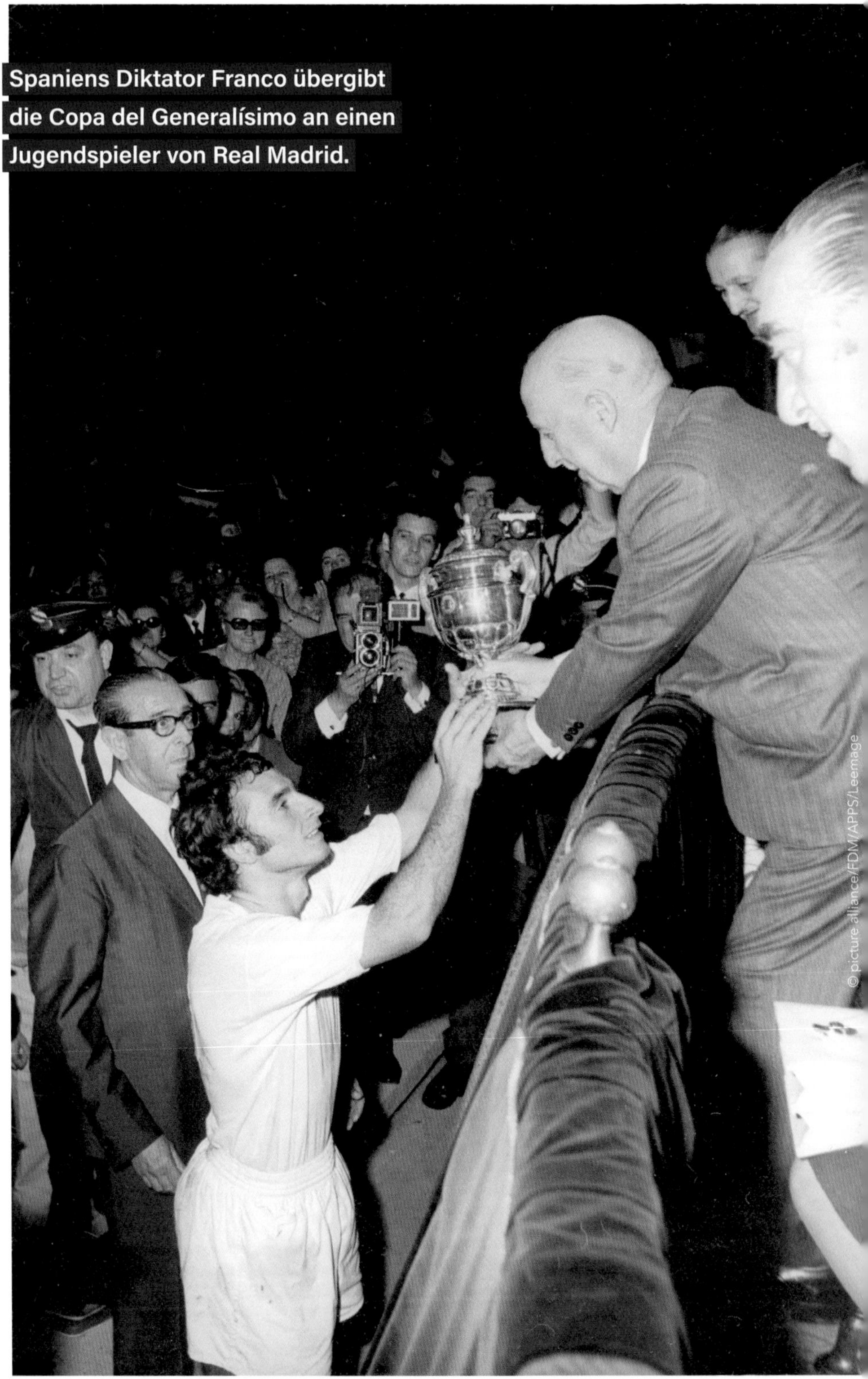

Spaniens Diktator Franco übergibt die Copa del Generalísimo an einen Jugendspieler von Real Madrid.

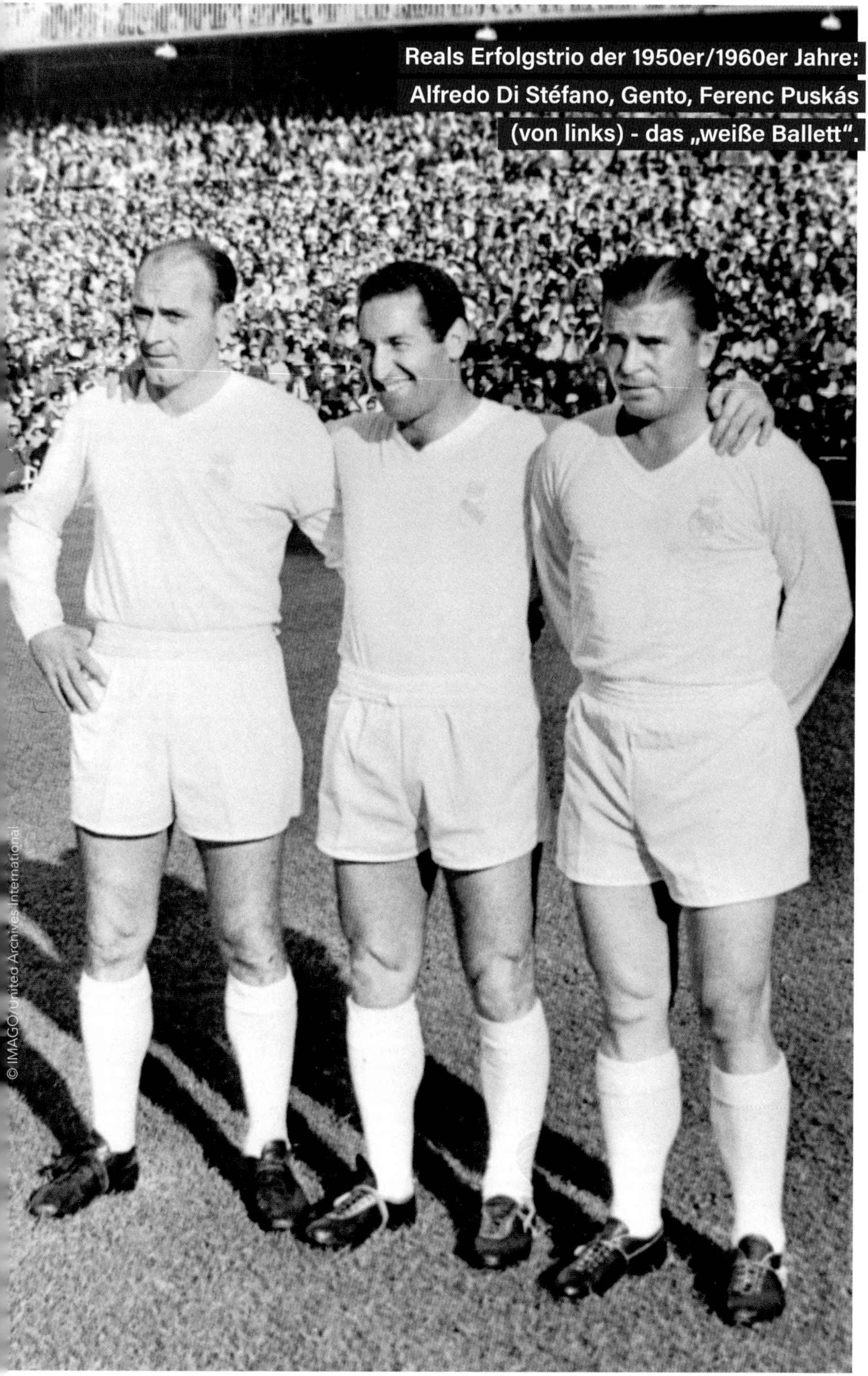

Reals Erfolgstrio der 1950er/1960er Jahre: Alfredo Di Stéfano, Gento, Ferenc Puskás (von links) - das „weiße Ballett“.

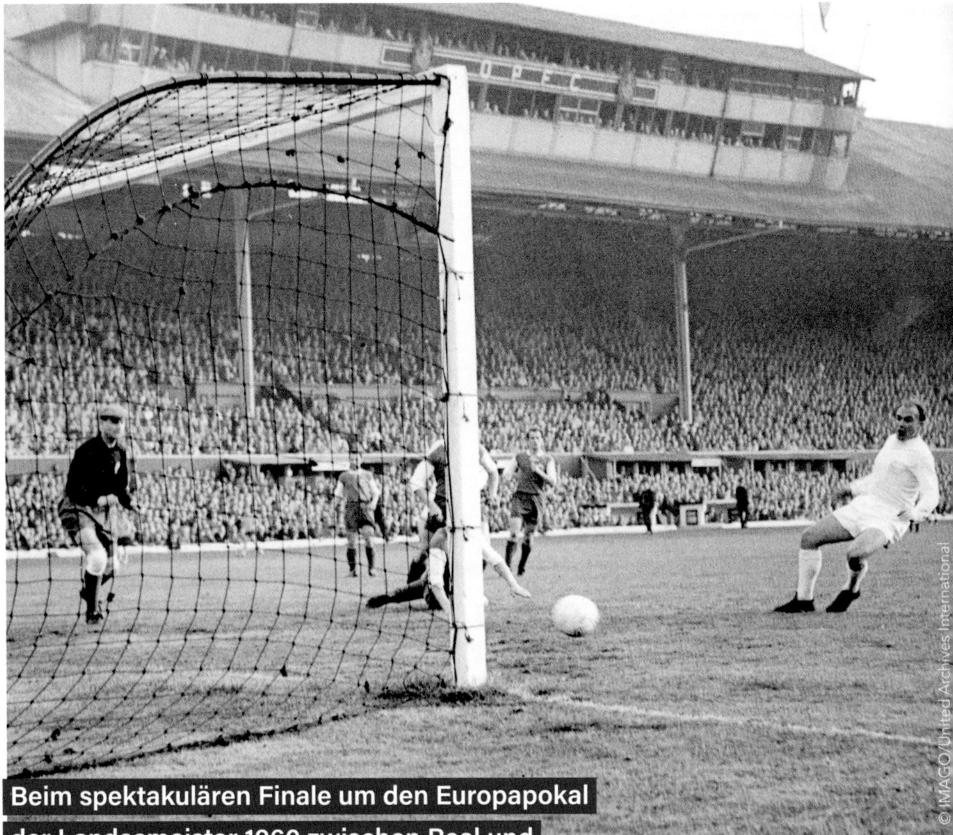

Beim spektakulären Finale um den Europapokal der Landesmeister 1960 zwischen Real und Eintracht Frankfurt fallen insgesamt zehn Tore. Hier trifft Alfredo Di Stéfano zum 1:1-Ausgleich. Endstand: 7:3 für die „Königlichen".

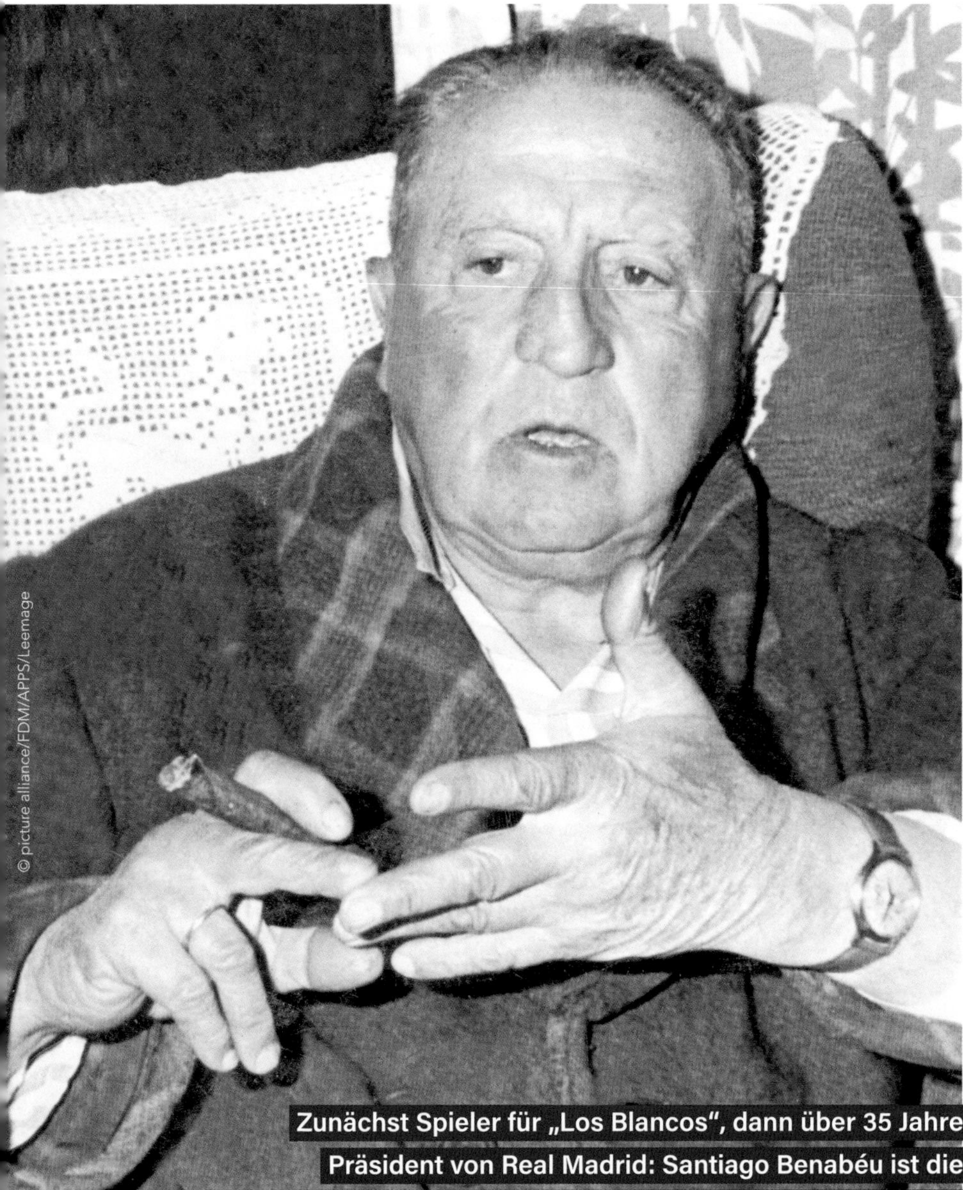

Zunächst Spieler für „Los Blancos", dann über 35 Jahre Präsident von Real Madrid: Santiago Benabéu ist die prägende Figur in der Geschichte des Vereins. Heute ist das Stadion nach dem 1978 verstorbenen Klubpatron benannt.

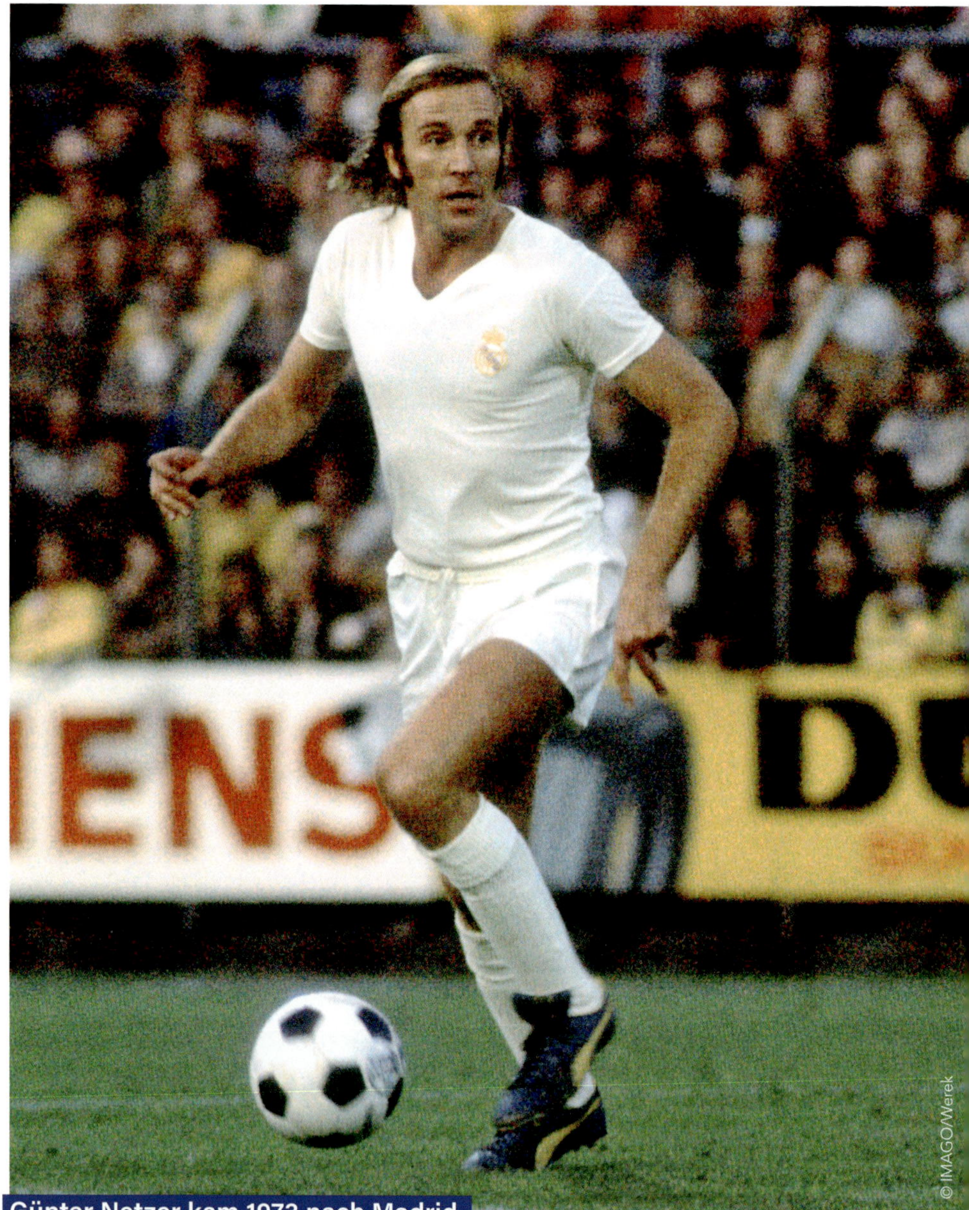

Günter Netzer kam 1973 nach Madrid, nachdem die Primera División wieder für ausländische Spieler geöffnet worden war.

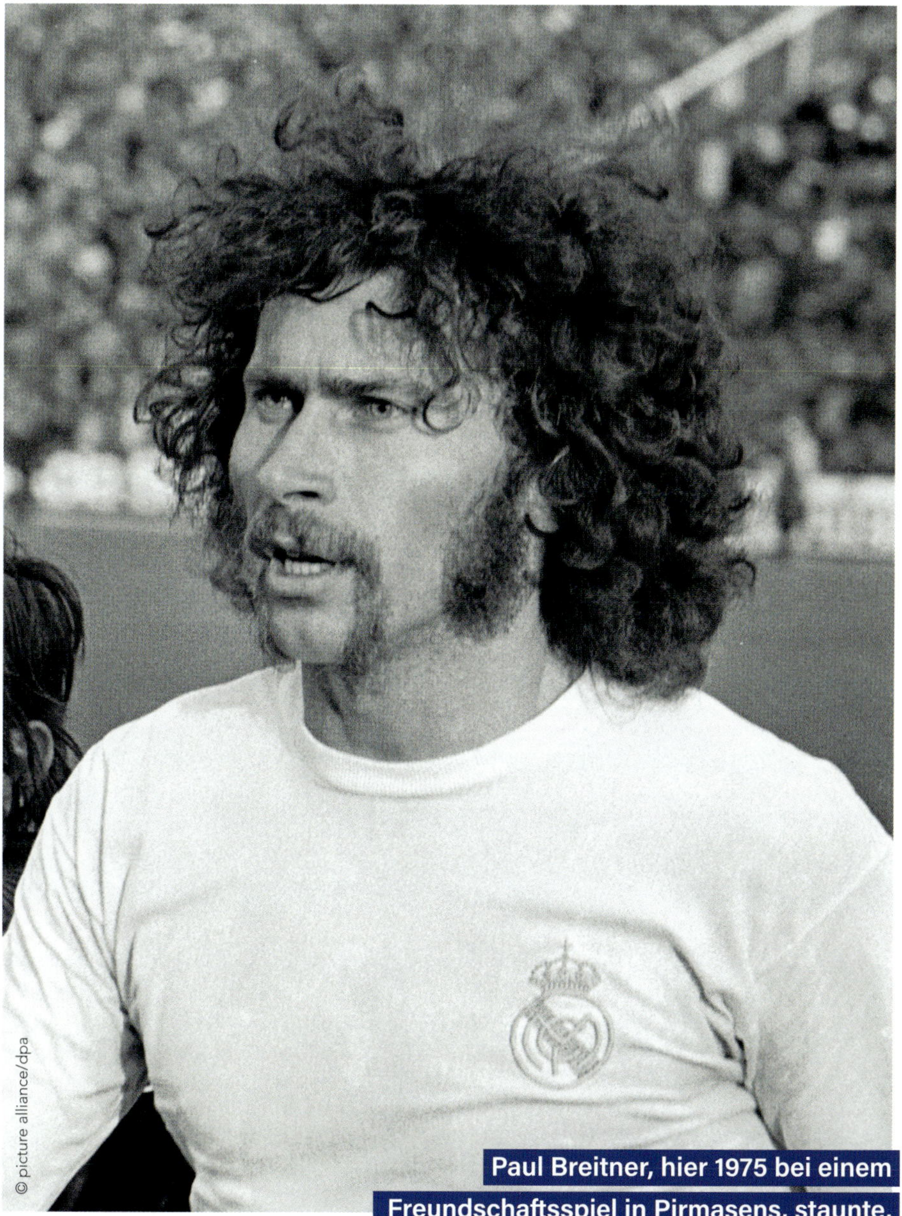

Paul Breitner, hier 1975 bei einem Freundschaftsspiel in Pirmasens, staunte, wie professionell und ausschließlich auf den Fußball ausgerichtet in Madrid alles war.

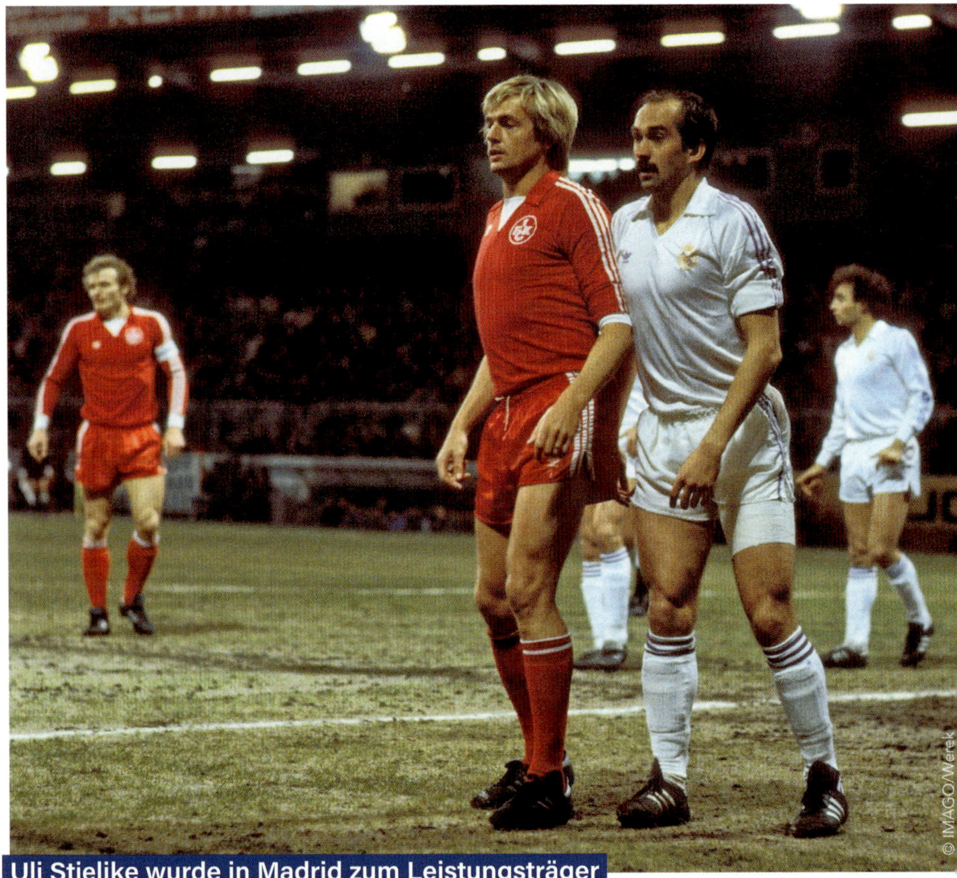

Uli Stielike wurde in Madrid zum Leistungsträger bei den „Königlichen". Im UEFA-Pokalspiel 1982 beim 1. FC Kaiserslautern kassierten die Spanier allerdings ein historisches 0:5.

hängig vom Nationalverband existiert und damals übliche Modalitäten wie fristgerechte Freigaben, Ablösezahlungen etc. ignoriert. Kolumbien wird deshalb zeitweise von der FIFA ausgeschlossen. Im August 1949 unterschreibt Di Stéfano bei den Millonarios, einem erst im Juni 1946 gegründeten Klub, dessen Mäzen der steinreiche Unternehmer Alfonso Senior Quevedo ist. Das Team beeindruckt mit einem gediegenen Kurzpassspiel und geht als „Ballet Azul“ (Blaues Ballett) in die Annalen ein.

Beim Jubiläum wird aber nicht nur Fußball gespielt. Auch Reals Basketballabteilung hat sich längst einen Namen gemacht. Treibende Kraft der Abteilung und Organisator eines Basketball-Jubiläumsturniers ist der 26-jährige Raimundo Saporta, der seit fünf Jahren Schatzmeister des spanischen Basketball-Verbands ist. Saporta stammt aus einer galizischen Familie, die über großen Grundbesitz verfügt. Bernabéu ist von dem jungen, hochgewachsenen Mann dermaßen beeindruckt, dass er ihm den Posten des Schatzmeisters von Real Madrid anbietet. Saporta gibt zu bedenken, dass er viel von Basketball verstehe, aber nur wenig vom Fußball. Der Real-Boss lässt das nicht gelten. So steigt Raimundo Saporta zum neben Santiago Bernabéu wichtigsten Mann in der Real-Führung auf. Seine erste Mission: Er soll dafür sorgen, dass Alfredo Di Stéfano ein Madrilene wird. Bernabéu: „Diesen Mann will ich haben!“

1952/53
GERANGEL UM DI STÉFANO

Auch in der Saison 1952/53 heißt der Meister FC Barcelona, der wie schon im Vorjahr auch den Pokal gewinnt. Real wird erneut nur Dritter. Barcelonas Dominanz in den frühen 1950er Jahren trägt vor allem einen Namen: László „Ladislao“ Kubala. 1950 hat der Ungar mit einem Teams namens Hungaria in Spanien vorgespielt. Hungaria ist eine Auswahl von Spielern, die vor dem Stalinismus in Osteuropa geflüchtet sind. Sowohl Real wie auch Barça interessieren sich für den Weltklassefußballer, aber das Rennen machen die Katalanen.

Für seinen Entdecker, Barça-Legende (und Ex-Real-Spieler) Josep Samitier, nun Technischer Direktor, markiert Kubala den Übergang des Fußballs „von der Operette zur Oper". Dass er bei den Katalanen landet, ist seiner Liebe zum Alkohol und dem Geschick Samitiers zu verdanken. Der legt dem betrunkenen Kubala einen Vertrag vor, den dieser in der Annahme unterschreibt, er weise ihm den Weg nach Madrid. Gut möglich, dass Samitier auch sein mittlerweile sehr gutes Verhältnis zu Franco hilft, dem er schon mal über den Wanst streichelt. Verbunden mit einer Ermahnung: „Das Bäuchlein muss aber wieder runter, General!"

Nach Kubalas Ankunft räumt Barcelona mit seiner grandiosen Offensivreihe Kubala, Basora, César, Moreno und Manchón eine Trophäe nach der anderen ab. In der Saison 1952 gewinnt Barça die Meisterschaft, die Copa de Generalísimo, den Eva-Duarte-Pokal, den Martini-Rosso-Pokal und die Copa Latina. Kubala und Co. lösen einen Zuschauerboom aus. Bald wird deutlich: Les Corts, das alte Stadion, ist für dieses Team zu klein. Pläne für ein neues Stadion entstehen und münden schließlich im Bau von Camp Nou. Noch heute firmiert die Schüssel als „Das Haus, das Kubala gebaut hat".

1953 scheinen Samitier und der FC Barcelona mit Alfredo Di Stéfano ihren nächsten Coup zu landen. „Der blonde Pfeil" hat den Katalanen bereits mündlich zugesagt. Barça überweist vier Millionen Peseten an River Plate, den eigentlichen Besitzer des Millionarios-Spielers. Die FIFA erteilt dem Wechsel grünes Licht, doch in Spanien stellt ein alarmierter General Moscardó die Ampel auf Rot – ein eilig verabschiedetes Gesetz untersagt den weiteren Import ausländischer Akteure.

In der Zwischenzeit ist Real-Boss Santiago Bernabéu nicht untätig und kontert Barcelonas Werben um den Argentinier mit einer Zahlung von 1,5 Millionen Peseten an dessen Verein Millonarios. Es beginnt ein bizarres Tauziehen. Di Stéfano bestreitet zunächst drei Freundschaftsspiele für Barça, in denen er auffallend lustlos wirkt. Das Spiel der Katalanen ist stark auf Kubala zugeschnitten, was dem

Argentinier nicht behagt. Kubala ist ein Künstler und Naturtalent, Di Stéfano erscheint zunächst nur als der „Urtyp eines Athletenfußballers, der seine Erfolge seiner Schnelligkeit und seiner Widerstandskraft verdankte", wie sein Weggefährte Néstor Rossi später schreibt. Di Stéfano wird zwar als Stürmer bezeichnet. Tatsächlich ist er aber überall auf dem Feld zu finden.

Für den damaligen Bundestrainer Sepp Herberger ist Di Stéfano „genauso gut Abwehrspieler. Er kurbelt das Spiel an, macht das Spiel, schießt Tore." Für den jungen Franz Beckenbauer war er „mein Vorbild, er war ein Genie". Und der Autor Hans Blickensdörfer schreibt später über ihn: „Alfredo Di Stéfano ist beispiellos. Er lässt sich weder mit Puskás noch mit Fritz Walter oder Pelé vergleichen, und lange habe ich nach dem Wort gesucht, das der eigenwiligen und doch so ungewöhnlichen Konzeption seines Spiels gerecht werden würde. Schließlich fiel mir der französische Begriff ‚omniprésence' ein, den zu übersetzen ich freilich zögere, weil ‚Allgegenwärtigkeit' im Deutschen die Bedeutung des Göttlichen hat. Aber tatsächlich ist dieses ‚Überall sein' das recht einfache Geheimnis des außergewöhnlichen Erfolgs eines Mannes, der über Systeme und ausgeklügelte Taktiken nicht nur lachte, sondern auch imstande war, sie lächerlich zu machen. Systeme kann man kopieren, einen Di Stéfano nicht."

Di Stéfano läuft übrigens auch jetzt bereits für Real auf – in einem Freundschaftsspiel gegen Nancy, das die Spanier mit 2:4 verlieren. 80.000 Zuschauer sind ins Stadion gekommen, rümpfen aber beim Anblick des angeblichen „Wunderstürmers" die Nase. „La Saeta Rubia" bremsen satte sechs Kilo Übergewicht.

Unterdessen unterbreitet der spanische Fußballverband einen skurrilen Vorschlag: Der Argentinier soll für vier Jahre eine Spielerlaubnis erhalten, aber in dieser Zeit sowohl für Barça als auch für Real spielen. Die Klubs können sich jedoch nicht einigen, bei wem er die ersten beiden Jahre verbringen soll. „Bei uns, weil wir die argentinischen Papiere haben und mehr bezahlt haben", sagt Barça. „Bei uns, weil wir die kolumbianische Autorisation haben", entgegnet Real.

Am 15. September 1953 unterzeichnen die Klubbosse Bernabéu und Marti Carretó ein Abkommen, das einen jährlichen Wechsel vorsieht: In den Spielzeiten 1953/54 und 1956/57 soll Di Stéfano die Farben des FC Barcelona tragen, 1954/55 und 1957/58 dann die von Real Madrid. In der katalanischen Metropole löst dieser Deal allerdings einen Sturm der Entrüstung aus. Carretó erklärt daraufhin seinen Rücktritt und eine entnervte Barça-Führung ihren Verzicht auf Di Stéfano. Real zahlt dem Rivalen die vier Millionen Peseten, die Barça an River Plate überwiesen hat, und Di Stéfano ist fortan Madrilene. Das neue Ausländergesetz wird kurzerhand modifiziert: Spieler, mit denen vor dem Inkrafttreten verhandelt wurde, sind vom Importstopp ausgenommen.

1953/54–1954/55
NACH 21 JAHREN ZURÜCK AUF DEM MEISTERTHRON

Di Stéfanos Eintreffen in Madrid markiert einen Wendepunkt in der Fußballgeschichte der Hauptstadt und Spaniens. Am 25. Oktober 1953, nur wenige Tage nach Barças Verzichtserklärung, besiegt Real den Rivalen mit 5:0. Debütant Di Stéfano, der seine Formschwäche in kürzester Zeit auf wundersame Weise überwunden hat, erzielt das erste und das letzte Tor. In seiner ersten Saison bei „Los Blancos" trifft er in 28 Ligaspielen 27-mal. Ein anderer Neuzugang, der Real-Geschichte schreiben wird, geht hingegen noch leer aus: Francisco Gento. Der 19-jährige Linksaußen kommt von Racing Santander und wird aufgrund seiner Schnelligkeit „Galerna del Cantábrico" (Der kantabrische Sturmwind) getauft. In Madrid erzählt man, Gento sei so schnell, dass der Ball hinter ihm herlaufe. Für einen Außenstürmer ungewöhnlich, verfügt er zudem über einen harten Schuss. Francisco Gento wird in Madrid zum Lieblingsspieler von Francisco Franco, der ihn bei Empfängen mit „Wie geht es meinem Namensvetter?" begrüßt.

Am Ende der Saison 1953/54 ist Real erstmals seit der Saison 1932/33 bzw. 21 Jahren wieder Meister. Eine Spielzeit später, 1954/55, verteidigen die „Königlichen" den Titel. Mit dem Stürmer Héctor Rial, der vom uruguayischen Klub Nacional Montevideo kommt, ist nun ein weiterer Argentinier an Bord. Wie Di Stéfano wird auch Rial später eingebürgert. Der Input aus Südamerika führt zu einer „Lateinamerikanisierung" des Real-Spiels. Die Vorträge der „Königlichen" kennzeichnen Flair, an Artistik grenzende technische Raffinesse, die manchmal zur großen Show gerät, sowie Angriffslust und Individualismus.

1955/56
VORREITER BEI DER EINFÜHRUNG DES EUROPAPOKALS

In die Saison 1955/56 startet Real mit einem Stadion, das mit einem dritten Rang aufgestockt worden ist. Die Kapazität beträgt nun 125.000 Plätze. Am 4. Januar 1955 hat die Mitgliederversammlung zudem die Umbenennung der gigantischen Arena in „Estadio Santiago Bernabéu" beschlossen – zu Ehren des amtierenden Präsidenten des Klubs.

In der Meisterschaft wird Real nur Dritter. Neuer Champion sind die Basken von Athletic Bilbao – mit zehn Punkten mehr als die „Königlichen", die aber dafür einen viel größeren Triumph feiern können.

Im Dezember 1954 hat Englands Meister Wolverhampton Wanderers das große Honvéd Budapest mit Puskás, Czibor und Kocsis empfangen und mit 3:2 geschlagen. Die Begegnung vor 55.000 Zuschauern im Wanderers-Stadion Molineux fand unter Flutlicht statt, was ihr zusätzliches Flair verlieh. Anschließend behauptete der *Daily Express*: „Englischer Fußball, dieser authentische, genuine und unschlagbare Artikel, ist noch immer der beste seiner Art in der Welt." Der *Daily Mirror* kürte die Wanderers sogar kurzerhand zur weltweit besten Vereinsmannschaft, zumal sie vorher bereits die Moskauer Teams Spartak und Dinamo bezwungen hatten.

Der Sieg der „Wolves" über Puskás und Co. war aber bei Weitem nicht so sensationell, wie ihn die Boulevardpresse darstellte. Zwei Wochen zuvor hatte Partizan Belgrad, zu diesem Zeitpunkt Siebter der jugoslawischen Liga, Honvéd mit dem gleichen Ergebnis geschlagen. Und als die Ungarn in Wolverhampton eintrafen, steckte einigen von ihnen noch ein Länderspiel gegen Schottland in den Knochen. Außerdem profitierten die Gastgeber von den miserablen Bodenverhältnissen. Das tiefe, schlammige Spielfeld des Molineux-Stadions kam ihrer Spielweise entgegen, während es das ungarische Kurzpassspiel blockierte.

Die Euphorie des englischen Boulevards blieb folglich nicht unwidersprochen. In der französischen Sportzeitung *L'Équipe* äußerte der einflussreiche Journalist Gabriel Hanot arge Zweifel an der Behauptung, die Wolverhampton Wanderers seien die weltweit beste Vereinsmannschaft. Gemeinsam mit Jean Bernard Lévy, dem legendären Präsidenten des Racing Club de Paris, hatte Hanot bereits in den 1930er Jahren einen K.-o.-Wettbewerb für europäische Klubs vorgeschlagen, war damit aber besonders in England auf Widerstand gestoßen.

Auch die neuen Überlegungen kommen beim Management Committee der englischen Football League nicht gut an. Die Funktionäre sehen in internationalen Begegnungen unter der Woche eine Konkurrenz zum heimischen Wettbewerb. Die Klubs würden Probleme bekommen, ihren ohnehin schon vollen Spielplan einzuhalten. Der Europapokal könnte zum Entstehen einer europäischen Elite innerhalb der Football League führen, die sich bald mehr für internationale Begegnungen als für die eigenen nationalen Wettbewerbe interessieren würde. Die Funktionäre befürchten außerdem, dass der Anblick ausländischer Top-Teams den Geschmack des heimischen Publikums verderben könnte – mit Auswirkungen auf den Zuschauerzuspruch. Begegnungen mit kontinentalen Klubs könnten verdeutlichen, dass es doch noch besseren Fußball gibt als den, der auf der Insel gespielt wird. Und Alan Hardacker, der Sekretär der League, hat noch einen ganz persönlichen Grund, den Europapokal zu meiden: „Da sind mir zu viele Kaffer und Kanaken."

Wie 1930 bei der Einführung der Fußball-Weltmeisterschaft geht man im Mutterland davon aus, dass der Europapokal ein totgeborenes Kind sei. Hanots Idee wird als „Witz" bezeichnet. Doch wie schon im Falle der WM irrt man sich auch diesmal gewaltig. Zunächst kostet dieser Irrtum den FC Chelsea die Teilnahme an der europäischen Premiere 1955/56. Als dessen Klub-Boss Joe Mears die Football League um grünes Licht bittet, legt diese ihm nahe, dem Europapokal fernzubleiben – „im besten Interesse des Liga-Wettbewerbs".

Real-Boss Santiago Bernabéu ist leidenschaftlicher Befürworter der Idee einer „Europameisterschaft für Vereinsmannschaften". Der in der Saison 1955/56 erstmals ausgespielte Europapokal der Landesmeister ist das Projekt einiger großer Klubs (namentlich Real Madrid) und der französischen Fachzeitschrift *L'Équipe*. Die Verbände, allen voran die gerade erst gegründete UEFA, haben zunächst nichts damit zu tun. Schon damals geht es aber nicht nur um den sportlichen Wettbewerb, sondern auch um Geld. Ein Event unter der Woche, das zusätzliche Einnahmen in die Klubkassen spülen soll. Der Europapokal der Landesmeister, Vorläufer der heutigen Champions League, wird letztendlich gegen den Willen diverser nationaler Verbände etabliert, die um eine Entwertung ihrer nationalen Ligen fürchten. Auch ist der Wettbewerb zunächst als Liga gedacht und nicht als K.-o.-Wettbewerb.

Während das Land Spanien politisch wie wirtschaftlich in Rückständigkeit verharrt und beim beginnenden Einigungsprozess Europas außen vor bleibt, sind sein Fußball – allen voran Real und dessen Präsident – in ein europäisches Netzwerk eingebunden und gehören zu den treibenden Kräften beim Aufbau der kontinentalen Institution Europacup.

Zugleich ist der Professionalismus in Spanien weiter gediehen als in den meisten anderen europäischen Ländern. Folglich ist Real Madrid für den neuen Wettbewerb auch besser gerüstet als viele ausländische Konkurrenten. Am 8. September 1955 bestreitet Real vor 7.000 Zuschauern in Genf sein erstes Europapokalspiel. Gegner ist der

Schweizer Meister Servette. Für die Madrilenen ein unbeschriebenes Blatt – sieht man vom Trainer ab: Karl Rappan, Erfinder eines nach ihm benannten, extrem defensiven Spielsystems, das als „Schweizer Riegel" in die Taktikgeschichte eingeht. Die ersten 45 Minuten verlaufen torlos. In der 74. Minute gelingt Kapitän Miguel Munoz Reals erstes Tor im europäischen Landesmeistercup. Eine Minute vor Schluss erzielt José Hector Rial das 2:0. Das Rückspiel ist eine klare Angelegenheit. Zum ersten europäischen Heimauftritt kommen 40.318 Besucher ins Bernabéu und sehen einen 5:0-Sieg. Di Stéfano trifft zweimal.

In der Pause bekommen die von der harten Gangart der Schweizer gezeichneten Real-Akteure hohen Besuch, ohne dass dies den meisten bewusst ist: In Begleitung von Raimundo Saporta betritt der Prinz von Asturien die Kabine, der spätere König Juan Carlos I. Der 17-Jährige wirkt verlegen, als er auf Di Stéfano zugeht, dessen Hand schüttelt und ihn begrüßt: „Blonder Pfeil, die Emigranten hoffen auf einen Sieg." (Auf der Suche nach Arbeit wandern viele Spanier und Spanierrinnen in andere europäische Länder aus, allein zwischen 1960 und 1975 sind es ca. zwei Millionen, Anm. d. A.). Di Stéfano nickt nur, und der Prinz schiebt, auf den Spieler zeigend, nach: „Nur dieser Mann ist der wahre König!" Am Morgen des Spiels hat die Mannschaft in Lausanne bereits der exilierten spanischen Monarchin Victoria Eugenia ihre Aufwartung gemacht. Der Kontakt der „Königlichen" mit dem Königshaus kommt bei Franco allerdings nicht gut an.

Rückblick. Nach den spanischen Gemeinderatswahlen von 1931, bei denen die Republikaner siegten, hatte König Alfonso XIII. Spanien verlassen und war ins Schweizer Exil gegangen. Auf seinen Thronanspruch verzichtete er jedoch nicht. 1947 hat Franco Spanien nach 16 Jahren ohne Monarchie zwar wieder zum Königreich erklärt. Der Thron bleibt aber zunächst unbesetzt. Franco betrachtet sich als eine Art Reichsverweser, der allein das Recht besitzt, seinen Nachfolger zu ernennen. In seinem Testament bestimmt er schließlich Juan Carlos I. aus dem Haus Borbón dazu.

1956
ERSTMALS EUROPAS FUSSBALLKÖNIGE

Deutlich höhere Hürden als Servette Genf sind die folgenden Gegner Partizan Belgrad und AC Mailand. Franco möchte nicht, dass Real ein Team aus dem „kommunistischen" Jugoslawien empfängt, dazu noch eines, das sich „Partizan" nennt. Der Hintergrund des Vereinsnamens: Am 20. Oktober 1944 war Belgrad durch Partisanen der jugoslawischen Volksbefreiungsarmee von der deutschen Wehrmacht befreit worden. Ein junger Partisan mit dem Namen Svetozar Vukmanović hatte die Idee, in Belgrad einen Fußballklub für Armeeangehörige zu gründen, was dann am 4. Oktober 1945 auch geschah. Vor der ersten Begegnung mit den Jugoslawen trifft sich nun Reals Schatzmeister Raimundo Saporta mit Franco und überzeugt den Diktator, dass es dem Image des Regimes nutze, ließe man die „Roten" ins politisch weitgehend isolierte Land.

Gegen die Belgrader kommen zum ersten Mal über 100.000 Zuschauer zu einem Europapokalspiel ins Bernabéu: exakt 105.532. Real gewinnt deutlich mit 4:0. Ehe den „Königlichen" ihr erstes Tor gelingt, haben die Partisanen bereits zwei Treffer erzielt, die beim französischen Schiedsrichter Dean Harzic jedoch keine Anerkennung finden. Im Rückspiel wird Real phasenweise überrollt. Partizan gewinnt mit 3:0, womit Real gut bedient ist, dennoch ins Halbfinale einzieht. Gegen den AC Mailand kommen dann sogar 129.690 Zuschauer ins Bernabéu. Real geht zweimal in Führung, Milan gleicht zweimal aus, dann schießen Olsen und Di Stéfano einen 4:2-Sieg heraus. In Mailand gewinnt der Gastgeber durch zwei verwandelte Strafstöße mit 2:1.

Im ersten Finale um den Europapokal der Landesmeister stehen sich am 13. Juni 1956 Real und Stade de Reims gegenüber. Herausragender Akteur der Franzosen ist der 24-jährige Stürmer Raymond Kopa. Der nur 1,68 Meter messende Straßenfußballer und französische Nationalspieler, von den Medien zum „Napoleon des Fußballs" gekürt, stammt aus dem nordfranzösischen Bergbaumilieu, ist polnischer Herkunft und kam als Raymond Kopaszewski zur Welt. Bevor er Profifußballer geworden ist, hat er zweieinhalb Jahre unter Tage gearbeitet. Nach einem Arbeitsunfall haben ihm Daumen und Zeigefinger der linken Hand teilamputiert werden müssen. Kopa ist schnell, wendig, technisch stark und taugt sowohl als Mittelstürmer wie als Rechtsaußen. Später spielt er vorwiegend auf der halbrechten Position.

Das Finale findet im Pariser Parc des Princes statt, der mit über 40.000 Zuschauern hoffnungslos überfüllt ist. Die Franzosen führen nach nur zehn Minuten bereits mit 2:0. Es riecht nach einer Sensation. Stades knüppelharter Stopper und Kapitän Robert Jonquet hat Di Stéfano in Eins-gegen-eins-Duellen fest im Griff, weshalb sich der „blonde Pfeil" darauf verlegt, seine Mitspieler mit intelligenten Zuspielen in Szene zu setzen. Und dies ziemlich erfolgreich. Den Anschlusstreffer erzielt Di Stéfano selbst, als es ihm in der 14. Minute endlich mal gelingt, an Jonquet vorbeizuziehen. Héctor Rial markiert nach einer halben Stunde den Ausgleich. Nach einer guten Stunde bringt Michel Hidalgo Stade erneut in Führung, doch nur fünf Minuten später egalisiert Abwehrspieler Marquitos, 1954 aus Santander zu Real gestoßen, zum 3:3. Elf Minuten vor dem Abpfiff trifft Rial zum zweiten Mal und bringt Real erstmals in Führung. Das 4:3 ist zugleich der Endstand. *France Soir* ist danach der Auffassung, dass Di Stéfano den Unterschied zwischen den beiden Teams gemacht hat: „Der hauptsächliche Grund für Reals Sieg war Di Stéfano, der Reims' Abwehrsystem auseinandernahm."

Real-Coach José Villalonga findet derweil, dass seine Stürmer zu wenig Tore schießen. Deshalb bemüht sich Real nun auch um den Rémois Raymond Kopa. Da Di Stéfano inzwischen die spanische Staatsbürgerschaft erworben hat, ist ein „Ausländerplatz" frei.

„REGIME-KLUB" REAL?

Den Ruf eines „Regime-Klubs" erwirbt Real erst unter Santiago Bernabéu. Bis dahin ist der Verein politisch nicht eindeutig positioniert.

Vom Ende des Bürgerkriegs 1939 bis zum Ende der Saison 1952/53 gewinnt Barcelona fünfmal die Liga. Atlético wird viermal Meister, der FC Valencia dreimal und Athletic Bilbao immerhin einmal. Real Madrid geht in diesen Jahren leer aus. Den Pokal gewinnt Bilbao viermal und Barça dreimal. Real kann die Copa immerhin zweimal holen, steht aber bis 1953 klar im Schatten des FC Barcelona, des FC Valencia und von Athletic Bilbao.

Seinen Status als „Regime-Team" muss sich Real erst hart erarbeiten. Denn wenn ein Verein in der ersten Phase der Diktatur von dieser besonders profitiert, dann ist es eher der Stadtrivale Atlético, der eng mit Francos Luftwaffe verbunden ist und zeitweise den Namen Athletic Aviación Club trägt. Den fußballerischen Aushängeschildern der separatistisch gesinnten Regionen, Barcelona und Bilbao, geht es ebenfalls besser als Real. Sie sind in den ersten Jahren nach dem Bürgerkrieg auch wichtiger für das Regime – als Instrumente der Integration und Befriedung der aufmüpfigen Regionen. Real ist noch unbedeutend, kann noch keine nennenswerten Erfolge vorweisen, ist nach dem Bürgerkrieg nicht einmal mehr in der eigenen Stadt die Nummer eins. Dass das Regime Real beim Bau des Stadions nicht unter die Arme greift, wohl aber später Barça, ist vermutlich schlicht und einfach diesem Umstand geschuldet.

Unter Bernabéu werden die „Königlichen" schrittweise zum Tummelplatz von Funktionären der Franco-Administration – parallel zu ihrem sportlichen Aufstieg. Kaum im Amt, hat Bernabéu General Moscardó ein Telegramm gesandt, in dem es u. a. heißt: „Mit Ehre erfülle ich meine erste Amtshandlung als Präsident dieses Klubs, indem ich diese Grußbotschaft an unseren berühmten Sportchef, einen heldenhaften Soldaten des Vaterlandes, sende." Phil Ball schreibt in „White Storm – 101 Years

Of Real Madrid“: „Die Botschaft hätte nicht klarer sein können. Bernabéu nutzte die Gelegenheit, um seinem Klub neue franquistische Referenzen zu verschaffen, die Verbindungen zu allen Überresten seiner republikanischen Vergangenheit zu brechen und Moscardó einzuladen, Teil des Projektes zu sein.“

Real wird in erster Linie nicht deshalb zum „Regime-Team“, weil die Politik den Klub bevorteilt oder protegiert. Stattdessen ist die Politik Real zugewandt, weil der Klub sportlich aufsteigt und zum Aushängeschild des politisch isolierten Landes avanciert, zur diplomatischen Brücke zum Rest Europas. Bernabéu ist politisch rechts, unterstützt das Regime, ist aber mehr Monarchist als Franquist. Mit José Millán Astray, dem Gründer und ersten Führer der spanischen Fremdenlegion und einem der radikalsten Propagandisten des Franquismus, legt er sich schon mal öffentlich an. Ebenso mit dem Diktator, den er kritisiert, als das Regime die Kosten für den Bau des neuen Stadions nur zu vier Prozent subventionieren will. Aber wenn Real in Europa auf Reisen geht, hat Bernabéu eine Aufnahme der franquistischen Nationalhymne und die franquistische Nationalfahne im Gepäck – für den Fall, dass die Gastgeber die Hymne der Republik spielen und auf den Rängen spanische Emigranten die Fahne der Republik schwingen.

Zum Image des „Regime-Klubs“ trägt auch Bernabéus Abneigung gegenüber den Katalanen bei. Bernabéu: „Ich mag Katalonien sehr, nur die Katalanen mag ich nicht.“ Seine anti-katalanische Rhetorik erweckt den Eindruck, als betrachte er den Aufstieg Reals als Teil des franquistischen Feldzugs zur Rückeroberung Kataloniens.

Im antifaschistischen Podcast „Alerta“ erzählt der Historiker Julian Rieck, dass es in Madrid in Nachbarschaft zum Königspalast ein Gelände gebe, wo ursprünglich ein Parteitagsgelände der Falange entstehen sollte. Der Plan wurde aber nie verwirklicht. Die einzige Massenveranstaltung der Falange habe im Oktober 1953 im Estadio Bernabéu stattgefunden, „weil dort hunderttausend Menschen Platz finden. Es gab sonst keinen Ort, wo ein solcher Massenaufmarsch möglich gewesen wäre."

Rieck warnt dabei vor einer Vereinfachung – hier das faschistische Madrid mit dem „Regime-Klub" Real, dort das antifaschistische Katalonien mit dem „Republikaner-Klub" Barça. Es sei eine „völlig undifferenzierte Sichtweise, so zu tun, als sei Katalonien immer antifaschistisch gewesen und die Madrilenen seit jeher faschistisch. (….) Wenn man sich den Bürgerkrieg anschaut, dann war gerade Madrid die Frontstadt, wo die Bevölkerung sich organisiert und den franquistischen Truppen entgegentrat und kurz vor der Stadt auch stoppte. Drei Jahre lang musste die franquistische Propaganda Erklärungen finden, warum der Putsch in der Hauptstadt Spaniens nicht erfolgreich war. Die Antwort war dann, dass es sich um ein ‚rotes Madrid' handle, wo die Russen ihren Einfluss geltend machen konnten." Real Madrid sei während der Republik „ein republikanischer Klub" gewesen, der bei Pokalsiegen mit der republikanischen Hymne empfangen wurde.

Allerdings: So wie eine Stadt sich ändert, kann sich auch ein Klub ändern. Das Real Madrid der Jahre vor 1939 ist nicht identisch mit dem Real Madrid nach dem Amtsantritt von Santiago Bernabéu, und der korrekte Verweis auf Reals republikanische Vergangenheit sagt nur eingeschränkt etwas über das Real in Bernabéus Amtszeit aus. Den Vorwurf, Real sei das „Regime-Team" gewesen, kann man nicht damit kontern, dass man darauf verweist, dass Real vor Franco ein republikanischer Klub gewesen sei. Auch vor dem Ende des Bürgerkriegs bestand Real nicht ausschließlich aus Republikanern, wie die Biografien von Bernabéu und Adolfo Meléndez zeigen.

Man kann es vielleicht so formulieren: Mit den politischen Rahmenbedingungen ändert sich auch die Politik von Klubs, zumal dann, wenn diese Rahmenbedingungen autoritären und totalitären Charakters sind. Auch der FC Barcelona war in den Jahren der Diktatur keineswegs nur sauber – konnte er in einer

Diktatur auch gar nicht sein. Das Regime hätte niemals eine katalanische Führung geduldet. In der Amtszeit von Santiago Bernabéu besaß Real also durchaus Züge eines „Regime-Klubs".

Die Anhängerschaft Reals war in den Jahren der Diktatur mitnichten geschlossen faschistisch, vermutlich noch nicht einmal mehrheitlich. Und ein oppositioneller Aktivist konnte es sich nicht leisten, Real und die Begeisterung der Madrider Arbeiterschaft für das Team zu ignorieren. Jorge Semprún ist hierzulande durch seinen autobiografischen Roman „Die große Reise" bekannt. 1994 erhielt er den Friedenspreis des Deutschen Buchhandels. Im KZ Buchenwald hatte er sich 1944 am Aufbau des kommunistischen Widerstands beteiligt. Von 1953 bis 1962 koordinierte er von Paris aus die Untergrundarbeit der Partido Comunista de España (PCE) gegen das Franco-Regime. Mehrfach hielt er sich unerlaubt in Madrid auf. Die Autorin Franziska Augstein erzählt in ihrer Semprún-Biografie „Von Treue und Verrat" folgende Geschichte: „In den Madrider Cafés las Semprún die Zeitung, manchmal beteiligte er sich an Tresengesprächen. Einmal unterlief ihm ein Patzer. Semprún: ‚Die Männer unterhielten sich angeregt über einen Typen namens Di Stéfano. Den Namen kannte ich nicht und habe mich erkundigt, wer das sei. Das hätte ich besser bleiben lassen. Alfredo Di Stéfano war damals ein großer Spieler.'" Semprún lernte, dass seine Arbeit im Untergrund auch ein gewisses Wissen in Sachen Fußball erforderte – zumindest Real Madrid betreffend. Der Kommunist und Literat wurde zu einem begeisterten Fußballfan. Franziska Augstein: „Die Erzählung, wie er zum Fußballfan wurde, gehört zu den Anekdoten, mit denen er bei jedem Publikum Anklang findet. Während des französischen Literaturfestivals zu Ehren von Günter Grass erschien er ein einziges Mal verspätet zum allgemeinen Aufbruch in der Hotelhalle. Der Mann, der stets überpünktlich ist und im Untergrund ‚Genosse Uhr' tituliert wurde, hatte sich im Fernsehen ein Spiel zwischen der Schweiz und Frankreich angesehen."

Zur wenig differenzierten Beurteilung des Klubs in den Franco-Jahren trug und trägt Real aber auch selbst bei. Bernabéu machte der republikanischen Vergangenheit den Garaus. Während der Diktatur und unter Bernabéu war es nicht möglich, an diese zu erinnern. Und nach dem Ende der Diktatur sah man sich nicht bemüßigt, die Geschichte aufzuarbeiten und die republikanischen Funktionäre in diese zurückzuschreiben. Während Barça seinen Ex-Präsidenten Josep Sunyol feiert, ein aus einer wohlhabenden, katalanistisch gesinnten Familie stammender Anwalt und aktiver Republikaner und Sozialist, der am 6. August 1936 von falangistischen Milizionären ermordet wurde, hüllt sich Real bezüglich seiner Opfer des faschistischen Terrors in Schweigen. Die republikanische Geschichte ist kein Grund zum Stolz – vielleicht auch, weil Santiago Bernabéu, die überragende Figur der Vereinsgeschichte, auf der anderen Seite stand. Fast hat man den Eindruck, als würde sich der Klub ihrer schämen. Auch die Auftritte rechtsextremer Fans sorgen dafür, dass das Image vom „Regime-Klub" erhalten bleibt – zumindest in Katalonien und im Baskenland, aber auch international.

Bedeutender als die Unterstützung, die Real während der Diktatur durch das Regime erfährt, ist die Hilfe, die Real dem Regime „anbietet". Real-Legende Ignacio Zoco: „Franco profitierte mehr von Real Madrid als Real von Franco. Keiner seiner Minister hatte die Bedeutung, die Real hatte." Der Diktator habe dies gewusst. „Er war vieles, nur kein Idiot. Er wusste alles." Dank seiner Auftritte auf der europäischen Bühne besitzt der Klub bald etwas, wonach die politische Führung des Landes vergeblich lechzt: internationale Strahlkraft und Anerkennung. Dass Francos Spanien im Zweiten Weltkrieg nicht gemeinsam mit dem faschistischen Italien und dem nationalsozialistischen Deutschland auf dem Misthaufen der europäischen Geschichte endet, hat es seiner Politik der Neutralität zu verdanken. Doch bei Kriegsende ist auch Spaniens Faschismus diskreditiert. Im re-demokratisierten

Westeuropa sind Spanien und sein iberischer Nachbar Portugal politische Schmuddelkinder, zu denen man besser eine gewisse Distanz hält. Dazu wirtschaftlich arm und kulturell rückständig. Manuel Vázquez Montalbán: „Spanien und seine Stadien rochen nach billigem Anislikör. Die Leute liefen in calcetines a cuadros herum, hässliche, viereckig gemusterte Socken. Bis 1978 hatten wir keine Blue Jeans. Es war ein armes Land, auch geistig."

Real hingegen stellt das Kontrastprogramm dar: nicht provinziell, sondern weltmännisch, international bewundert und gefeiert. Für Francos Außenminister Fernando María Castiella ist Real dementsprechend „der beste Botschafter, den wir je hatten".

Und noch ein Faktor trägt dazu bei, dass Real bis heute in der öffentlichen Wahrnehmung vielfach als „Regime-Klub" gilt: In den Franco-Jahren sind es immer wieder die Referees, die aufseiten des sportlichen Gegners für Unmut sorgen. Einige von ihnen scheinen – ob angewiesen oder in vorauseilendem Gehorsam – für Real zu pfeifen, und wiederholt kommt es vor allem bei Spielen gegen Vereine aus Katalonien – insbesondere den FC Barcelona – zu fragwürdigen Entscheidungen der Unparteiischen.

1956/57
DAS VOLK MURRT, DIE „KÖNIGLICHEN" FEIERN

Fast zeitgleich mit Reals Betreten der europäischen Bühne regt sich in Spanien Protest gegen das Regime. Auslöser ist der Tod des Philosophen, Soziologen und Essayisten José Ortega y Gasset, für Jorge Semprún „der einzige spanische Philosoph des 20. Jahrhunderts von Weltrang". Als der Bürgerkrieg ausbrach, hatte sich Ortega auf keine der beiden Seiten geschlagen, sondern das Land verlassen. Dem Regime blieb er stets fremd – so wie das Regime ihm. Bei seiner Rückkehr 1955 plädiert Ortega für eine Öffnung Spaniens gegenüber

Europa. Er versammelt einige Schüler um sich und gründet eine private Akademie. Dass das Regime ihn in Ruhe lässt, hat er seiner internationalen Reputation zu verdanken. Als Ortega am 18. Oktober 1955 stirbt – Real hat soeben im Europapokal die erste Hürde Servette Genf genommen –, liest man in der franquistischen Presse, der Gelehrte habe sich im Einklang mit Gott und der Kirche aus dem Leben verabschiedet. Dem war allerdings mitnichten so. Als ein Geistlicher ungerufen zur letzten Ölung erschien, soll Ortega gesagt haben: „In diesem Land lässt man einen nicht einmal in Frieden sterben."

Studenten der Universität von Madrid veröffentlichen nun eine Todesanzeige, in der Ortega als Philosoph und Liberaler gewürdigt wird – es fehlt dabei jedoch das obligatorische Kreuz, für das klerikalfaschistische Regime eine Provokation. Einige Wochen nach Ortegas Tod kommt die Umfrage eines Meinungsforschungsinstituts unter 20.000 Studenten zu dem Ergebnis, dass 80 Prozent von ihnen eine republikanische Staatsform befürworten. Etwa zur gleichen Zeit wird ein „Kongress junger Schriftsteller" untersagt, und der Primas von Spanien, Dr. Enrique Pla y Deniel, verkündet, die Lektüre der Schriften von Ortega y Gasset würde „die Jugend verderben". Im Februar 1956 prügeln sich falangistische Studenten zunächst mit Anhängern der Monarchie und anschließend mit linken Kommilitonen. Franco reagiert auf die wachsenden Proteste von Studenten, Akademikern und Künstlern mit einer Verschärfung der Repression. Am 10. Februar setzt der Diktator zwei der wenigen verbliebenen Grundrechte außer Kraft: die freie Wahl des Wohnsitzes und dass niemand ohne Haftbefehl festgenommen werden darf. Des Weiteren lässt er in Madrid die Universität Complutense schließen, die größte Präsenzuniversität des Landes.

In der Saison 1956/57 wird Real vor dem FC Sevilla Meister. Im Europapokal ist mit Manchester United erstmals ein Vertreter des „Mutterlands des Fußballs" vertreten. Uniteds Manager Matt Busby lässt sich von den weiter ablehnenden Funktionären der Football League nicht aufhalten. Der Schotte kann mit deren reaktionärer und engstirniger „Little England"-Mentalität nichts anfangen. Busby:

„Allein schon aus Gründen des Prestiges sollte die kontinentale Herausforderung angenommen und nicht vermieden werden." Busbys Ambitionen gehen über die Grenzen der britischen Inseln hinaus. Nach dem Gewinn der englischen Meisterschaft 1956 sollen seine „Babes" zum besten Team Europas heranwachsen. Der Europapokal verspricht bewährten „make it or break it"-Pokalfußball – nur nun eben auf internationaler Ebene. Für Busby eine willkommene Ergänzung zum Ligaalltag. Zumal er im Molineux-Stadion der „Wolves" schon hat erleben können, welche Massen europäische Flutlichtspiele unter der Woche mobilisieren – und damit zusätzliche Einnahmen.

Im Halbfinale kommt es erstmals zu einem Kräftemessen zwischen Real und den aufstrebenden Engländern. Der Journalist Ludger Schulze schreibt später über das Hinspiel in Madrid: „Zum ersten Mal zeigte sich, welch ein gigantisches Geschäftsunternehmen dieser Wettbewerb sein kann. Das Bernabéu-Stadion platzt aus allen Nähten, 135.000 Menschen drängen sich auf den Rängen, bis heute die größte Kulisse, vor der United aufgetreten ist. Tausende müssen an den Eingangstoren abgewiesen werden, ein Teil der Enttäuschten liefert sich mit der Polizei eine Straßenschlacht. Die Einnahme von 650.000 Mark bildete bis dato einsame Spitze in der Welt, das spanische Fernsehen feierte mit der Übertragung eines ganzen Spiels Premiere, und sogar Hörer in Südamerika konnten den europäischen Fußball-Hit verfolgen."

Matt Busbys „Red Devils" schlagen sich tapfer und halten eine Stunde lang ein torloses Remis. Der Nordire Jackie Blanchflower macht Alfredo Di Stéfano das Fußballspielen schwer. Aber mit der Zeit verlassen United die Kräfte. Auch die unerwartet ruppige Gangart des „weißen Balletts" bereitet den Engländern Probleme. Am Ende gewinnen die „Königlichen" mit 3:1.

Das Rückspiel ist Uniteds erstes Europapokalspiel im Old Trafford, wo zu diesem Anlass auch erstmals das neue Flutlicht eingeschaltet wird. Granada TV zahlt United 2.500 Pfund für die Übertragung. Die Rückkehr ins eigene Stadion gestattet es Busby, sämtliche Register zu ziehen: Der Manager lässt den Rasen unter Wasser setzen. Die ungewohnten

Bedingungen sollen das „weiße Ballett" aus dem Rhythmus bringen. Vor 65.000 Zuschauern geht Real durch Tore von Kopa und Rial dennoch zunächst mit 2:0 in Führung. Taylor und Bobby Charlton sichern Hausherr United noch ein 2:2-Remis. Mehr als dieser Achtungserfolg ist gegen die „Königlichen" jedoch nicht drin. Trotz des Ausscheidens scheint eines aber offenkundig: „Manchester United würde in Zukunft mit noch größerem Selbstbewusstsein und Elan gegen die Vorherrschaft der Madrilenen anrennen" (Schulze). Doch es wird anders kommen.

Im Finale spielt Real gegen die AC Florenz. Austragungsort ist das Estadio Bernabéu. Europapokal bedeutet Flutlichtfußball, und im März 1957 wurde im Bernabéu eine Flutlichtanlage installiert. Erstmals eingeschaltet wurde sie am 18. Mai bei einem Freundschaftsspiel gegen Sport Recife aus Brasilien. Real gewann die Begegnung mit 5:3.

Das Finale wird auf Verlangen des AC Florenz dennoch am Nachmittag angepfiffen. Die Florentiner sind der Meinung, dass Real bereits den Trumpf eines Heimspiels genießen würde. Ein Anpfiff unter Flutlicht würde den Gastgebern einen weiteren Vorteil einräumen.

130.000 Zuschauer sehen letztlich einen recht glanzlosen 2:0-Sieg der „Königlichen". Erst nach 70 Minuten gelingt es Di Stéfano, das italienische Abwehrbollwerk zu brechen – vom Elfmeterpunkt. Ein Florentiner hatte Enrique Mateos etwa einen Meter vor dem Strafraum zu Fall gebracht. Zuvor hatte der Linienrichter eine Abseitsstellung des Gefoulten angezeigt, was der niederländische Schiedsrichter Leo Horn jedoch ignorierte. Florenz wird somit Opfer einer doppelten Fehlentscheidung. Sechs Minuten nach dem 1:0 trifft Gento zum 2:0.

1957/58
DIE DRITTE KRONE

1957 bekommt Alfredo Di Stéfano als erster Real-Spieler der Geschichte den Ballon d'Or verliehen, eine von der französischen Fachzeitschrift *France Football* vergebene Trophäe für den besten Fußballer des Kalenderjahres. Auch der Ballon d'Or geht auf eine Initiative von Gabriel Hanot zurück. Die Jury besteht aus Vertretern der europäischen Fußball-Fachblätter. Zunächst stehen nur Spieler zur Wahl, die Europäer sind und für europäische Klubs spielen. Ab 1995 dürfen dann alle Fußballspieler, die bei einem europäischen Verein spielen, seit 2007 sämtliche Fußballspieler unabhängig von ihrer Nationalität und ihrer Liga gewählt werden. Die Auszeichnung haben bis heute dennoch nur Akteure erhalten, die in Europa kicken. 1959 wird Di Stéfano die Trophäe als erster Spieler ein zweites Mal gewinnen. 1989 bekommt er auch noch den „Super Ballon d'Or" überreicht, ausgelobt für den besten Spieler der letzten drei Jahrzehnte.

Im Sommer 1957 verstärkt Real seine Abwehr mit zwei Argentiniern. Der Stopper José Santamaría kommt von Nacional Montevideo, Torwart Rogelio Domínguez vom Racing Club Avellaneda.

Real gewinnt die Liga, unterliegt aber im Pokalfinale Athletic Bilbao mit 0:3. Im Europapokal der Landesmeister überwindet die Mannschaft die ersten beiden Hürden problemlos. Gegen Royal Antwerpen sowie den FC Sevilla, Reals erstes innerspanisches Duell im Europapokal, stehen nach vier Begegnungen drei Siege, ein Remis und 18:3 Tore zu Buche. Sevilla – als Vizemeister dabei, da Titelverteidiger Real automatisch teilnahmeberechtigt ist – wird mit 8:0 aus dem Bernabéu gefegt.

Viele neutrale Beobachter hoffen bereits jetzt auf ein Finale Real gegen Manchester United. Die „Busby Babes" gewinnen ihr erstes Viertelfinalspiel gegen Roter Stern Belgrad mit 2:1. Das Rückspiel endet unentschieden (3:3), womit auch United das Halbfinale erreicht hat und ein Endspiel zwischen dem englischen und dem spanischen Champion näher rückt. Aber am 6. Februar 1958 um 15.04 Uhr, 16 Stunden nach dem Abpfiff der Begegnung in Belgrad, zerschellt der Traum der „Busby Babes" vom Gewinn des Europapokals. Bei einem Unglück auf dem Flughafen in München-Riem kommen acht Spieler ums Leben, darunter das überragende Talent Duncan Edwards.

Reals Tormaschine läuft auch im ersten Halbfinale gegen Vasas Budapest auf Hochtouren. Madrid gewinnt mit 4:0, Di Stéfano trifft dreimal. Das Rückspiel geht vor 100.000 Zuschauern im Budapester Népstadion mit 0:2 verloren.

Eine ganz andere Herausforderung als die vorausgegangenen Gegner ist im Finale der AC Mailand. Vor 67.000 Zuschauern im Brüsseler Heysel-Stadion erzielen die ersten vier Tore ausnahmslos Spieler südamerikanischer Herkunft. Zweimal gehen die „Rossoneri" in Führung, in der 59. Minute durch Julian Alberto Schiaffino aus Uruguay und 18 Minuten später durch Ernesto Grillo aus Argentinien. Für Real gleichen die Argentinier Di Stéfano (74.) sowie Rial (79.) aus. 2:2 steht es nach Ablauf der regulären Spielzeit. Erstmals in der Geschichte des Wettbewerbs muss ein Finale in die Verlängerung. Hier spricht mit Gento (107.) dann ein Spanier das letzte Wort für Real.

Nicht nur Spanien, auch der FC Barcelona wirkt neben Reals großen Erfolgen zusehends provinziell. Zugleich profitieren alle – Regierung, Real und Barça – von der Eskalation des Ost-West-Konflikts, durch den der Antikommunismus ins Zentrum westlicher Politik gerückt ist. Seit 1956 in Ungarn die Stalinisten mit Hilfe sowjetischer Truppen einen Volksaufstand niederschlugen, haben sich rund 240 ungarische Erst- und Zweitligaspieler in den Westen abgesetzt, wo nicht nur die Freiheit lockt, sondern auch der Status eines gut bezahlten Profis. Franco-Spanien, das „seine" Andersdenkenden einsperrt, foltert und ermordet, präsentiert sich nun also als Zufluchtsort für politisch Verfolgte und sucht den Schulterschluss mit den liberalen Demokratien Westeuropas im Kampf gegen den „kommunistischen Totalitarismus".

Zum Zeitpunkt des Volksaufstands befand sich Ungarns Vorzeigeklub Honvéd Budapest gerade in Bilbao, wo die Armeeelf im Achtelfinale des Europapokals der Landesmeister Athletic mit 2:3 unterlag. Die Ungarn beschlossen, nicht in die Heimat zurückzukehren. Das Rückspiel fand in Brüssel statt, wo sich Honvéd und Athletic unentschieden (3:3) trennten, womit die Ungarn ausgeschieden waren. Die Mannschaft mochte nun noch immer nicht nach Ungarn zurückkehren, zumal dort die Stalinisten die Oberhand behalten hatten. Emil Östreicher, ihr Manager, organisierte daraufhin eine Reihe von Privatspielen in Italien, Portugal und Spanien, die man sich ordentlich bezahlen ließ und mit Hilfe derer die Spieler ihren Lebensunterhalt bestreiten konnten. Im Dezember 1956 traten die Exilanten dann auch im Bernabéu an. Laut Ferenc Puskás wurde dieses Ereignis von der Frau Francos organisiert.

Die Begegnung zwischen zwei kompromisslos auf Angriff spielenden Teams endete mit einem torreichen Unentschieden – vor 100.000 Zuschauern hieß es nach 90 Minuten 5:5. Anschließend las Emil Östreicher den Ungarn in der Kabine eine Botschaft aus Budapest vor: Die Mannschaft habe sofort zurückzukehren! Das Team war jedoch in zwei Lager gespalten. József Bozsik war der Anführer der „Heimkehrer", Ferenc Puskás jener der „Rebellen" – unterstützt von Emil Östreicher zählte. Bozsik und seine Unterstützer kehrten daraufhin nach Ungarn zurück. Mexiko bot dem zurückbleibenden Rest der Mannschaft anschließend politisches Asyl und einen Startplatz in der dortigen Liga. Puskás, Zsoltán Czibor, Sándor Kocsis und einige andere Spieler schlugen das Angebot jedoch aus und reisten im Januar 1957 lieber zu einem hochkarätig besetzten Turnier nach Brasilien sowie weiteren Spielen in Südamerika, von wo sie erst im März zurückkehrten.

Die FIFA hat Honvéd seit diesen Ereignissen von jeglichem Spielverkehr ausgeschlossen. Auf Druck des ungarischen Fußballverbands sind zudem die im Westen verbleibenden Spieler von der FIFA für 18 Monate gesperrt worden. Puskás würde gerne in Italien kicken, ist aber nach Meinung der meisten dortigen Klub-Manager mit seinen gut 30 Jahren zu alt und darüber hinaus zu dick.

1958/59
MIT PUSKÁS IST DAS DREAM-TEAM KOMPLETT

Im Februar 1958 wird Emil Östreicher ein Madrilene. Santiago Bernabéu hatte ihn anlässlich des Gastspiels der Honvéd-Exilanten kennen und schätzen gelernt. Für Östreicher beginnt nun „meine schönste und erfolgreichste Zeit". Zunächst sorgt er dafür, dass auch Puskás ein Madrilene wird – ausgestattet mit einem bestens dotierten Vertrag.

Im Sommer 1958 ist der Mann, der aus den Ideen Di Stéfanos bald Tore machen wird und „im linken Fuß mehr Gefühl hatte als die meisten Menschen in Händen und Beinen zusammen" (Ludger Schulze), endlich für Real spielberechtigt. Mit Puskás, Di Stéfano, Kopa und Gento ist nun die wohl genialste Sturmreihe in der Geschichte des europäischen Fußballs komplett. Puskás' Landsleute Czibor und Kocsis kommen derweil beim FC Barcelona unter.

Bei einer Größe von nur 1,69 Metern bringt der ungarische Vizeweltmeister von 1954 beeindruckende 81 Kilo auf die Waage. In Madrid gelingt es ihm, sein Gewicht auf 73 Kilo zu reduzieren. Die Schule hat er zwar im Alter von nur 14 Jahren verlassen, aber dank des Fußballs spricht er trotzdem bereits drei Sprachen, neben Ungarisch auch Deutsch und Italienisch. Mit Hilfe eines Sprachlehrers lernt er nun relativ schnell auch noch Spanisch.

Vor allem aber weiß Puskás damit umzugehen, dass bei Real – ganz anders als bei Honvéd – nicht er, sondern ein anderer der Anführer ist. Reporterlegende Hans Blickensdörfer: „Reals Spiel wird von Alfredo Di Stéfano getragen, dem unermüdlichen Wandler zwischen den Strafräumen, und Puskás ist ein viel zu schlauer Fuchs, um nicht sofort zu begreifen, dass ein Machtkampf mit dem großen Alfredo das Letzte wäre, das er sich erlauben kann. Er bewundert die Klasse Di Stéfanos, ohne deshalb Minderwertigkeitskomplexe zu bekommen, und, was wichtiger ist, er erkennt dessen brennenden Ehrgeiz. Es ist in dieser Mannschaft kein Platz für zwei Dirigenten. (...) Er ist pfiffiger denn je, und mit subtiler Geschmeidigkeit passt er sich dem Stil seiner neuen Kameraden an." Bei seinem dritten Auftritt im Real-Trikot, die „Königlichen" besiegen Oviedo mit 4:0, erzielt Puskás seinen ersten Hattrick in der Liga. Die Fans feiern ihn als „Man of the Match", was Di Stéfano nicht gefällt. Puskás registriert dies. In den folgenden Spielen überlässt er Di Stéfano so manche Einschussmöglichkeit und „beweist ihm damit besser als mit tausend Worten, was das Zweigespann Puskás/Di Stéfano zu leisten vermag", schreibt Blickensdörfer. Und weiter: „Diese Allianz mit Di Stéfano, die beispielsweise der Franzose Raymond Kopa nicht erreichte, weil ihm sein gallischer Stolz im Wege stand, ist das tiefere Geheimnis der sehr schnell wachsenden Madrider Popularität von Ferenc Puskás. Psychologie und List gehören dazu, und von beiden hat Puskás einen solchen Sack voll, dass man ein paar Mannschaften damit ausrüsten kann."

In der Saison 1958/59 gewinnt dennoch der FC Barcelona sowohl die Meisterschaft als auch den Pokal. Trainer der Katalanen ist der Argentinier Helenio Herrera. „El Mago" (Der Magier) stößt sich an Kubalas Trinkgewohnheiten, die die Form des 31-Jährigen arg beeinträchtigen. Herrera betreibt schrittweise die Demontage des Idols. Später sagt er: „Kubala war der größte Spieler, den ich je kannte. Aber seine Technik machte seinen mangelhaften Einsatz nicht wett." Die Kapitänsbinde hatte er dem Ungarn bereits einige Jahre zuvor entzogen. In der Verteidigung lässt Herrera „meine großen Katalanen" spielen, im Angriff die fintenreichen Ausländer. „Zu den Katalanen sagte ich: ‚Farben von Katalonien, spielt für euer Land', und den Ausländern sagte ich etwas über Geld", verrät Herrera später.

Im Halbfinale des Europapokals kommt es zum Stadtderby zwischen Real und Atlético. Real gewinnt die erste Partie mit 2:1. Die Sieger bieten dem Stadtrivalen an, auch das Rückspiel im Bernabéu auszutragen, wo über 50.000 Zuschauer mehr hineinpassen als in das Metropolitano von Atlético. Aber wichtiger als eine höhere Einnahme ist den „Colchoneros" die Unterstützung durch die eigenen Anhänger. Puskás muss im Rückspiel zuschauen, weil er gesperrt ist, nachdem er einen am Boden liegenden Gegenspieler getreten hat. Nun fehlt er den „Königlichen" an allen Ecken und Enden. Real verliert mit 0:1.

So muss eine dritte Begegnung die Entscheidung bringen. Austragungsort ist die kleine Arena in Saragossa. Puskás ist nun wieder dabei. Vor 30.000 Zuschauern bringt Di Stéfano Real nach 16 Minuten in Führung, doch nur zwei Minuten später gleicht Collar aus. In der 42. Minute trifft Puskás zum 2:1-Endstand.

Im Finale gibt es für Real ein Wiedersehen mit Stade de Reims. Im Team von Trainer Albert Batteux steht u. a. der WM-Torschützenkönig von 1958, Just Fontaine. Erstmals findet ein europäisches Finale auf deutschem Boden statt. 72.000 Zuschauer kommen ins Stuttgarter Neckarstadion. Geleitet wird die Partie vom Deutschen Albert Dusch. Puskás muss verletzt zuschauen, aber Real hat das Spiel trotzdem jederzeit im Griff. Matteo bringt die „Blancos" bereits in der ersten Spielminute in Führung. Zwei Minuten nach dem Seitenwechsel erhöht Di Stéfano auf 2:0, was auch der Endstand ist.

1959/60
SHOWGESCHÄFT „MODERNER FUSSBALL"

Nach der Saison 1958/59 geht Raymond Kopa zurück nach Reims. Neu im Kader ist Brasiliens Mittelfeld-Regisseur Didí, der bei der WM 1958 zum besten Spieler des Turniers gewählt wurde. Doch bei den „Königlichen" gibt es keinen Platz für einen dritten Superstar. Didí kommt auf nur 19 Einsätze (sechs Tore) in der Liga, auf der europäischen Bühne spielt er nicht eine Minute. Reals Kader ist für die damalige Zeit ungewöhnlich groß, in der Regel sind es 25 bis 30 Spieler. Santiago Bernabéu sagte später auf die Frage, warum er immer teure Spieler importiere, auch auf die Gefahr hin, dass diese nicht reüssieren und die Bank drücken: „Ich habe mich bemüht, das Beste, was es auf dem Markt gab, zu Real zu bringen. Der moderne

Fußball hat manche Eigenart aus dem Showgeschäft übernommen. Man mag das beklagen, ändern kann man das nicht."

Der FC Barcelona gewinnt auch in der Saison 1959/60 wieder die Meisterschaft. Barças Verteidigung der nationalen Spitze wird jedoch von Reals europäischen Triumphen überstrahlt. Allerdings liegen bei Real zunächst die Spieler mit Coach Fleitas Solich, einem ehemaligen paraguayischen Internationalen, über Kreuz. Sie stoßen sich an den Trainingsmethoden des 59-Jährigen und fordern einen jüngeren Trainer. Als Solich im Saisonverlauf den Wunsch äußert, nach Südamerika zurückzukehren, legt ihm der Klub keinen Stein in den Weg. Für Solich übernimmt ein ehemaliger Spieler: Miguel Muñoz, erst 37 Jahre alt. Zu diesem Zeitpunkt ahnt noch niemand, dass er 14 Jahre Reals Trainer bleiben wird.

Real ist in ganz Europa heiß begehrt – und lässt es sich gut bezahlen. Für ein Freundschaftsspiel verlangt 100.000 Mark. Geld, das der Verein für die Unterhaltung seines teuren Kaders aber auch benötigt. Allein 1959 trägt Real 18 Freundschaftsspiele aus. Bei sechs Spielen ist Real der Gastgeber, fünfmal tritt man in Süd- bzw. Nordamerika an, zweimal in Nordafrika und einmal in Hamburg, wo die „Königlichen" gegen den HSV spielen. 1960 besuchen sie dann u. a. Köln, Berlin, Kopenhagen, Göteborg und Stockholm.

Fast zeitgleich mit Barças Hegemonie in der Liga beginnt sich die Anti-Franco-Opposition wieder zu regen und erreicht wachsende Teile der Gesellschaft. Barças Camp Nou avanciert zum „Parlament" des katalanischen Widerstands gegen das Regime und den kastilischen Zentralismus. Die riesige Betonschüssel wird zum unkontrollierbaren Raum für Gespräche und Gesänge in der unterdrückten katalanischen Sprache. Der spätere Barça-Trainer Carles Rexach: „Da die Katalanen keine politischen Parteien hatten oder eine regionale Regierung oder das Recht, ihre eigene Sprache zu sprechen, investierten sie ihren kulturellen Stolz in Barça."

Im April 1960 wird „El Clásico" erstmals auf europäischer Bühne aufgeführt. Im Halbfinale des Landesmeistercups stehen sich Real und Barça gegenüber. Helenio Herrera kommandiert ein hochkarätiges Ensemble, mit Spielern wie den Ungarn Kubala, Czibor und Kocsis, den Spaniern Suárez und Villaverde sowie dem Brasilianer Evaristo. Vor dem Hinspiel im Bernabéu streiten sich Kubala und Czibor mit dem Präsidium über die Prämienzahlung. Barça hat sich finanziell übernommen, der Kader von 25 bestens dotierten Profis ist nicht mehr finanzierbar. Die beiden Ungarn sind im Bernabéu dann nicht dabei, sodass die Show allein Di Stéfano und Puskás gehört, die Real zu einem 3:1-Sieg schießen. Für Herrera ist der Zwei-Tore-Rückstand jedoch kein Problem. Dieser sei leicht aufzuholen. Für das Rückspiel bzw. den Einzug ins Finale lobt die Barça-Führung angesichts der klammen Kasse eine Prämie von lediglich 1.500 Mark aus, für spanische Verhältnisse eine lächerliche Summe. Im Camp Nou fehlen Kubala und Czibor erneut, Star des Abends wird ihr Landsmann Ferenc Puskás. Gegen lustlose Katalanen gewinnt Real auch in Barcelona mit 3:1, die Tore erzielen Puskás (2) und Gento. Herrera wird von den Barça-Fans mit Sitzkissen beworfen und muss seinen Hut nehmen. Der Technische Direktor Josep Samitier hat Barça schon vorher verlassen, er geht nach einem heftigen Streit mit dem Trainer nach Madrid – wie bereits 30 Jahre zuvor.

Im zweiten Halbfinale hat sich überraschend Eintracht Frankfurt gegen die Glasgow Rangers durchgesetzt und dabei ein Dutzend Tore geschossen. Im Waldstadion gewinnt die Eintracht mit 6:1, im Ibrox Park mit 6:3.

1960
SPEKTAKULÄRES FINALE GEGEN EINTRACHT FRANKFURT

Die Austragung des Endspiels ist zunächst gefährdet. Nach dem WM-Finale von 1954 hatte Puskás behauptet, die deutsche Elf sei im Berner Wankdorfstadion gedopt aufgelaufen. Veröffentlicht wurde dies in der französischen Fachzeitschrift *France Football.* Der DFB drohte daraufhin mit einer Klage gegen den Ungarn, der seinerseits *France Football* verklagen wollte. Aber Puskás strengte die Klage nie an – auf Anraten seines Wiener Rechtsanwaltes. Demgegenüber untersagte der DFB seinen Vereinen Spiele gegen Teams, in denen der Ungar mitwirkte.

Vor dem Landesmeisterpokalfinale setzt Puskás nun also ein Entschuldigungsschreiben auf, bei dem ihm wohl Real-Schatzmeister Saporta die Hand führt. Zwei Jahre später, 1962, wird es auf dem Frankfurter Flughafen zu einer versöhnlichen Umarmung zwischen Puskás und Bundestrainer Sepp Herberger kommen, dem „Vater des Wunders von Bern".

Vor 130.000 Zuschauern im Glasgower Hampden Park geht Real als hoher Favorit ins Spiel, schließlich besteht das Team des Gegners nur aus Halbprofis. Real betritt mit vier Spielern den Rasen, die aus Südamerika stammen: Domínguez, Santamaría, Di Stéfano und Canário. Die folgenden 90 Minuten werden nur selten durch Fouls und Abseitsstellungen unterbrochen, was den Genuss erhöht.

Zunächst nimmt der Außenseiter das Heft in seine Hände. Zwei Minuten nach dem Anpfiff trifft Frankfurts Erich Meier die Torlatte, 16 Minuten später bringt Richard Kreß die Hessen in Führung. Die ersten 20 Minuten der Partie gehören der Eintracht. In der 27. Minute gleicht dann Alfredo Di Stéfano aus und legt nur drei Minuten später das 2:1 nach. Kurz vor dem Halbzeitpfiff nutzt Puskás eine Unstimmigkeit in der Eintracht-Abwehr und erhöht aus spitzem Winkel auf 3:1. Nach dem Wiederanpfiff geht die Puskás-Show weiter. In der 56. Minute wird Gento angeblich gefoult – so sieht es jedenfalls der schottische Referee Mowat, während der „Gefoulte" selbst eher verwundert wirkt. Puskás nimmt das Geschenk an und verwandelt den Strafstoß zum 4:1.

Auch die nächsten beiden Tore gehen aufs Konto von Puskás – das 5:1 (60.) erzielt er mit dem Kopf, das 6:1 (71.) aus der Distanz. Bei beiden Treffern macht Eintracht-Keeper Egon Loy keine gute Figur. Eine Minute später verkürzt Erwin Stein auf 2:6, was Di Stéfano umgehend mit dem 7:2 beantwortet. Das letzte Wort hat dann die

Eintracht. In der 75. Minute ist es erneut Stein, der zum Endstand von 7:3 für Real verkürzt.

Dass die „Königlichen" im zweiten Durchgang ein Schaulaufen veranstalten und die 130.000 Zuschauer einem der besten Spiele der Fußballgeschichte beiwohnen, ist auch der Eintracht zu verdanken. Nicht etwa, weil diese auseinanderfällt. Anstatt die Defensive zu stärken, versucht sie eifrig mitzuspielen, verzichtet dabei aber auf ein defensives Mittelfeld, womit Puskás und Di Stéfano unendlich viel Raum haben. Ludger Schulze: „Der große Alfredo hetzte über das ganze Spielfeld, ordnete hier, zauberte dort, und Puskás folgte den Gedanken des genialen Meisters messerscharf. In der Flut der Angriffswellen ging die Eintracht völlig unter, sie wurde zum Spielball Reals." Schulze hat aber auch Lob für die Eintracht übrig: „Andere hätten vermutlich ihr Heil darin gesucht, das eigene Tor mit Mann und Maus zu verbarrikadieren, was bekanntlich zu Lasten der Lebendigkeit eines Fußballspiels geht."

Auf der anschließenden Pressekonferenz erklärt Ferenc Puskás in vier Sprachen das Geheimnis der sieben Tore und liefert einen Einblick in sein Zusammenspiel mit Di Stéfano: Die Eintracht habe geglaubt, dass alle Gefahr von ihm ausginge. Deshalb habe der Gegner gleich zwei Sonderbewacher auf Puskás angesetzt. „Die Burschen haben mich buchstäblich zugedeckt, aber Alfredo hat sofort begriffen, was zu tun war. Er, der sonst auf dem ganzen Feld herumkam, bildete sofort die Angriffsspitze." Nach der 2:1-Führung durch die beiden Di-Stéfano-Tore sei seine Periode als „Köder" beendet gewesen. „Jetzt stürzten sich die Deutschen zu zweit und zu dritt auf Di Stéfano und ließen mich in Frieden. Resultat: Ich schoss vier Tore!" Eines davon habe ihm aber keine Freude bereitet, „denn der Elfmeter wäre in Spanien nie gepfiffen worden". Puskás erzielt in dieser Saison in 36 Spielen 47 Tore. In Europa sind es ein Dutzend in sieben Spielen.

Eintracht-Coach Paul Oswald ist trotz der deutlichen Niederlage keineswegs niedergeschlagen. Schließlich habe er „die beste Fußballmannschaft der Welt" gesehen. Seine Spieler applaudieren dem Sieger.

Die Zuschauer sind von dem Gesehenen dermaßen betäubt, dass auch eine halbe Stunde nach dem Abpfiff niemand den Hampden Park verlassen hat.

Was besonders haften bleibt, ist die Kunstfertigkeit des Real-Vortrags. Manchester Uniteds Bobby Charlton erzählt später, sein erster Gedanke sei gewesen: „Dieses Spiel ist ein Schwindel, geschnitten, ein Film, weil diese Spieler Dinge taten, die nicht möglich sind!" Der englische Nationalstürmer Jimmy Greaves verfolgt das Spiel gemeinsam mit der englischen Nationalmannschaft in Budapest vor dem TV-Bildschirm: „Wir haben niemals so etwas wie das gesehen. Real war wie von einem anderen Planeten. Wir haben alles mit offenen Mündern verfolgt."

Der spanische Schriftsteller Javier Marías war zum Zeitpunkt des Finales neun Jahre alt und damit im „richtigen Alter, um das Spiel mit extremer Leidenschaft zu verfolgen". Dem Magazin *11 Freunde* erzählt er: „Ich sah es im Fernsehen, in Schwarzweiß natürlich. Madrid spielte einfach wundervoll! Vor einigen Jahren habe ich die Aufzeichnung des Spiels bei meinem Freund, dem deutschen Schriftsteller Paul Ingendaay, noch einmal gesehen: Die Geschwindigkeit erstaunt mich immer wieder, ohne jeglichen Tempoverlust marschierten die Spieler über die gesamten 90 Minuten."

Als Champion von Europa hat sich Real für das erstmals ausgetragene Finale um den Weltpokal der Vereinsmannschaften qualifiziert. Gegner ist der Sieger der südamerikanischen Copa Libertadores, Peñarol Montevideo.

Die erste Begegnung findet am 4. Juli statt und endet vor 60.000 Zuschauern im Estadio Centenario, 1930 Austragungsort des ersten WM-Finales, torlos. Zum Rückspiel, das erst zwei Monate später angepfiffen wird, kommen 125.000 ins Bernabéu, die ein Spiel sehen, das bereits nach neun Minuten entschieden ist, weil Puskás und Di Stéfano zu diesem Zeitpunkt schon zwei- bzw. einmal getroffen haben. Kurz vor dem Pausenpfiff schraubt Herrera das Ergebnis auf 4:0. In der 54. Minute erzielt Gento das 5:0. Zehn Minuten vor dem Abpfiff kommt Peñarol immerhin noch zum 1:5-Ehrentreffer.

1960
FRANCO VERHINDERT SCHLAGER GEGEN SOWJETUNION

In diesem Jahr spielen erstmals auch Europas Nationalmannschaften um eine kontinentale Trophäe. Beinahe wäre die Premiere allerdings geplatzt. Lediglich 17 Länder haben sich für den ersten Europa-Nationenpokal angemeldet – gerade mal ein Land mehr, als vom UEFA-Kongress als Mindestzahl gefordert. Anders als viele große westeuropäische Fußballnationen ist das sozialistische Europa fast komplett vertreten: mit der Sowjetunion – Olympiasieger von 1956 –, der Tschechoslowakei, Ungarn, Polen, Rumänien, Jugoslawien und der DDR. Nur das von der Außenwelt nahezu komplett abgeschlossene und strikt stalinistisch regierte Albanien fehlt.

Für das Viertelfinale haben sich vier Ost- und vier Westteams qualifiziert. Das Topspiel ist der Ost-West-Showdown zwischen der UdSSR und Titelanwärter Spanien. Spaniens Nationalmannschaft dieser Jahre ist eine der wohl besten in der Fußballgeschichte des Landes, wenngleich das Team der „cuatro leyendas" (vier Legenden) Kubala, Di Stéfano, Gento und Suárez die Qualifikation für die WM 1958 verpasst hat.

Am 26. Mai 1960 steht die „Selección" zum Abflug bereit auf dem Madrider Flughafen, wohin sich das Team unter Nationaltrainer Helenio Herrera vom Vorbereitungslager aus begeben hat. Zwei Stunden vor dem Abflug erfahren die Offiziellen, dass die politische Führung Spaniens einen Boykott der Begegnungen mit den Sowjets angeordnet hat. Ein aufgebrachter Di Stéfano fragt nach dem Grund und erhält als Antwort: „Befehl von Vega" – damit ist der spanische Innenminister gemeint. Die französische Presseagentur AFP schreibt tags darauf unter der Überschrift „Fußball-Länderspiel fällt Kaltem Krieg zum Opfer": „Der spanische Innenminister, General Vega, hat, unterstützt vom Informationsminister Salgado, Franco auf die Folgen eines solchen Vergleichs aufmerksam gemacht. Eine Gefährdung der öffentlichen Ordnung beim Rückspiel sei das entscheidende Argument gewesen, dem zufolge sich Franco für ein Verbot entschieden habe." Auch eine kurzfristig anberaumte Audienz von Verbandspräsident Alfonso de la Fuente Chaos beim faschistischen Diktator und bei Außenminister Castiella kann das Regime nicht umstimmen. Spanien unterhält keine diplomatischen Beziehungen mit der Sowjetunion und den anderen sozialistischen Staaten, und schon die Achtelfinalspiele mit Polen haben Franco nicht gerade begeistert. Der Diktator hat Moskau die Einmischung in den spanischen Bürgerkrieg auch zwei Dekaden später nicht verziehen, und der Kalte Krieg versorgt seinen militanten Antikommunismus beständig mit frischer Nahrung.

Die UEFA versucht, zwischen den Parteien zu vermitteln. Schließlich droht das Ansehen des neuen Wettbewerbs bereits bei seiner Premiere schweren Schaden zu erleiden. Auch steht die Handlungsfähigkeit der UEFA im gespaltenen Europa zur Disposition. Beiden Verbänden wird die Austragung der Spiele auf neutralem Boden angeboten. Die spanische Regierung stimmt dem Vorschlag zu. Nicht so die UdSSR, denn für sie besteht die Alternative im kampflosen Einzug in die Endrunde.

Dazu kommt es schließlich. Die UEFA disqualifiziert Spanien und verurteilt den spanischen Verband zu einer Geldstrafe von 2.000 Schweizer Franken. In der europäischen Sportöffentlichkeit trifft das Verhalten des Franco-Regimes auf wenig Verständnis. Nebenbei bedeutet es auch noch den Verzicht auf die Austragung der Endrunde, an der Madrid Interesse gezeigt hatte.

KAPITEL 5

JAHRE DES UMBRUCHS (1960–1973)

1960/61–1961/62 NATIONAL ERFOLGREICH, INTERNATIONAL IM HINTERTREFFEN

In der Saison 1960/61 wird Real überlegen Meister – mit 20 Punkten mehr auf dem Konto als der Vierte, der FC Barcelona. Im Europapokal kommt es bereits in der ersten Runde zum Kräftemessen zwischen Madrilenen und Katalanen. Im Hinspiel im Bernabéu führt Real drei Minuten vor Schluss mit 2:1, als Barças Sándor Kocsis mit dem Ball in Richtung Real-Tor aufbricht. Der Linienrichter zeigt eine Abseitsstellung an, was der englische Referee Arthur Ellis aber ignoriert. Als Kocsis im Strafraum fällt, deutet Ellis auf den Elfmeterpunkt. Mit der Folge, dass Barça ausgleicht und Real erstmals ein Europapokalspiel im Bernabéu nicht als Sieger beendet. Auch im Rückspiel meint es die Spielleitung gut mit den Katalanen. Schiedsrichter Reginald Leafe, wie sein Kollege Ellis ein Engländer, verweigert gleich vier Treffern der Madrilenen die Anerkennung. Santiago Bernabéu spottet anschließend, Barças bester Spieler sei Mister Leafe gewesen. Barça gewinnt mit 2:1 und ist damit weiter, während Real, der Titelverteidiger und Seriensieger in diesem Wettbewerb, bereits nach der ersten Runde die Segel streichen muss. Es ist das erste Mal, dass Real im Europapokal weder Hin- noch Rückspiel gewinnt. Doch der „Henkelpott“ bleibt am Ende dennoch auf der iberischen Halbinsel. Der neue Besitzer heißt Benfica Lissabon. Im Finale schlagen die vom Ungarn Béla Guttmann trainierten Portugiesen den FC Barcelona mit 3:2.

Real gewinnt auch in der Saison 1961/62 die Liga. Im Finale des Europapokals kommt es erneut zu einem iberischen Derby. Dieses Mal muss sich Real Titelverteidiger Benfica beugen. Im Amsterdamer Olympiastadion führen die „Königlichen“ zur Halbzeit mit 3:2, alle Real-Tore erzielt der 35-jährige Ferenc Puskás. Aber nach der Pause verlassen Puskás, Di Stéfano und Gento zusehends die Kräfte. Benfica dreht das Spiel und gewinnt mit 5:3. Die letzten beiden Tore erzielt ein neuer Stern am europäischen Fußballhimmel: Eusébio.

In seiner „Geschichte des Europapokals“ erkennt Ludger Schulze in diesem Finale erste Anzeichen, „dass Real nicht mehr Real war. Die Spanier nahmen diesmal nicht selbstverständlich das Heft in die Hand, sie orientierten sich nach hinten, suchten aus dem Hinterhalt zum Erfolg zu kommen. Die Spontaneität war weg, bei aller Perfektion war Kalkül an die Stelle von Ursprünglichkeit getreten.“

1962/63
VERJÜNGUNG UND BANGEN UM DI STÉFANO

Coach Miguel Muñoz beginnt nun schrittweise, das Team umzubauen und zu verjüngen. Emil Östreicher kann ihm dabei nicht mehr helfen, denn er hat Real im Februar 1962 verlassen, um General-Manager beim AC Turin zu werden. Die Zusammenarbeit währt aber nur wenige Monate. Später kümmert er sich in Spanien um Español Barcelona und den FC Valencia. Im Frühjahr 1977 gibt er ein extrem kurzes Gastspiel bei Schalke 04, vor der WM 1982 wird er dann Technischer Direktor beim ungarischen Fußballverband.

Vor der Spielzeit 1962/63 verpflichten die „Blancos“ u. a. den Rechtsaußen Amancio Amaro Varela (22) und den defensiven Mittelfeldspieler Ignacio Zoco (23). Amancio kommt für zehn Millionen Peseten von Deportivo La Coruña, mit den Galiziern ist er just in die Primera División aufgestiegen. Schon in seiner Heimatstadt wurde der begnadete Techniker fürstlich entlohnt. Der aus dem kleinen Pyrenäendorf Garde stammende, 1,84 Meter große Blondschopf Zoco wechselt derweil vom Club Atlético Osasuna nach Madrid.

Im Europapokal scheidet Real bereits in der Vorrunde gegen Anderlecht aus. Im Finale besiegt der AC Mailand den Cup-Verteidiger Benfica Lissabon. Die „iberische Ära“ im Europapokal ist zu Ende, es beginnen die Jahre des italienischen Defensivfußballs.

Im Sommer 1963 stößt mit dem Mittelfeldspieler Ramón Grosso, auch „El Obrero“ (Der Arbeiter) gerufen, ein Spieler aus dem hauseigenen Nachwuchs zum Profi-Kader. Im August desselben Jahres muss Real dann allerdings um seinen Superstar Alfredo Di Stéfano bangen. In Venezuela, wo die „Königlichen“ zu einem internationalen Turnier gastieren, wird der „blonde Pfeil“ zum Gefangenen der linksradikalen FALN-Guerilleros, die gegen den Präsidenten Rómulo Betancourt opponierten. Máximo Canales (so der „Kampfname“ des Anführers Paul del Río) und seine Genossen, samt und sonders Studenten, sind ausgesprochen sanfte Entführer, die sich bei ihrem Opfer für die Entführung entschuldigen und mit ihm über Politik diskutieren wollen. Aber das ist nicht Di Stéfanos Spielfeld: „Ich sagte ihnen, dass ich an Politik nicht interessiert sei, sondern nur an Sport.“

Die Entführer hoffen, mit ihrer Aktion das Interesse der internationalen Öffentlichkeit für die politischen Zustände in Venezuela zu wecken. Der Entführte ist verständlicherweise tief beunruhigt: „Ich fragte mich, was wohl passieren würde, wenn die Polizei das Versteck finden würde. Meine Kidnapper waren jung und couragiert. Sie waren bewaffnet. Sie würden sich verteidigen – und ich würde mich möglicherweise mitten im Feuer wiederfinden.“ Die Entführer spielen mit dem Fußballstar Schach und Karten, unterhalten sich mit ihm über

Fußball, fragen ihn nach seinen Essenswünschen der Entführte verspürt aber keinen Hunger – und sorgen sich rührend um seine Ruhe. Di Stéfano: „‚Was wird Real-Manager Muñoz sagen, wenn du nicht schläfst?', sagte mir einer der Entführer immer wieder."

Nach 24 Stunden hat der Spuk ein Ende. Die FALN-Aktivisten sind ausschließlich an internationaler Aufmerksamkeit interessiert. Da sich die Nachricht von der Entführung des prominenten Kickers wie ein Lauffeuer durch die internationalen Medien verbreitet, haben sie ihr Ziel erreicht. Viele Zeitungen platzieren die Aktion der FALN auf ihrer Titelseite. Für Di Stéfano waren seine Entführer „Altruisten, die hatten Ideale. Zu Hause hängt ein Bild, abgezeichnet von einem Entführer. Er schickte es mir, um mich für die Leiden zu entschädigen." Comandante Máximo Canales macht sich in Venezuela später einen Namen als Maler. Seine Bemühungen um ein gemeinsames Abendessen mit Di Stéfano, um über alte Zeiten zu sprechen und sich persönlich bei ihm zu entschuldigen, bleiben allerdings erfolglos.

1963/64
GESCHEITERT AM CATENACCIO

In der Saison 1963/64 erreicht Real im Europapokal erneut das Finale. Gegner ist Inter Mailand. Die Lombarden sind in vielerlei Hinsicht „anders" als Real. Für Hans Blickensdörfer ist Inter „ein teuflisches Produkt aus der Retorte". Der Unterschied zwischen den beiden Klubs lasse sich am leichtesten durch eine Gegenüberstellung der beiden Präsidenten, Santiago Bernabéu und Angelo Moratti, begreifen. Bernabéu sei „kein reicher Mann, aber ein ‚Grande' vom Scheitel bis zur Sohle". Der Real-Boss habe „nie fremdes Geld in den Verein hineingepumpt, wenn man davon absieht, dass er das riesige Stadion, das seinen Namen trägt, mit Hilfe einer Subskriptionsliste baute, die er der Madrider Bürgerschaft vorlegte". Madrids Bürger hätten Bernabéu stets vertraut, denn „er war einer von ihnen, kein reicher Grundbesitzer, wie heute noch vielfach behauptet wird". Bernabéu sei ein Präsident „im gutbürgerlichen und ein wenig altmodischen Anzug des kleinen Grundbesitzers, der einen Sonntagsausflug in die Stadt macht und dabei den breitkrempigen Hut so wenig vergisst wie die Uhrkette über einer Weste, unter der er einen Fußball verstecken könnte, wenn ihm der Bauch nicht im Wege wäre".

Angelo Moratti hingegen sei „einer der reichsten Männer Italiens, einer der größten Wirtschaftskapitäne Europas. Sie nennen ihn den Petroleum-König, aber die Armada von Tankern, die er befehligt, ist nur ein Teil seines Reichtums, den der gewöhnliche Sterbliche getrost als unermesslich bezeichnen darf." Der elegante Mittfünfziger verfehle auch in den Salons der römischen Aristokratie nicht seine Wirkung.

Bernabéu strahle Ruhe, Zufriedenheit, aber auch Gemütlichkeit in so hohem Maße aus, „dass man sich bei der Vorstellung ertappt, wie er abends mit hochgekrempelten Hosen ein Fußbad nimmt, ehe er genüsslich in seine Pantoffeln schlüpft und sich eine Zigarette anzündet". Währenddessen würde Angelo Moratti in den Smoking schlüpfen, „und in der Mailänder Scala schießen die Blicke der Damen mit jener Mischung von Bewunderung und Neid, deren nur das schwache Geschlecht fähig ist, auf die Robe von Signora Moratti".

Auch auf dem Rasen ist Inter anders als Real. Die Mailänder werden von Ex-Barça-Trainer Helenio Herrera trainiert, der die Mannschaft 1960 übernommen hat. Herrera ist der Topverdiener seiner Branche – dank Moratti. Zum Einkauf neuer Spieler stellt der Vereinsboss dem gebürtigen Argentinier einen Blankoscheck aus. Mit seinem gnadenlosen Defensivsystem kopiert Herrera die Spielanlage durchschnittlicher italienischer Mannschaften, die mit einer massierten Abwehr die Zugehörigkeit zur Serie A sicherstellen wollen. Inter ist der erste Spitzenklub Italiens, der auf diese Strategie baut. Herreras „Catenaccio" (Riegel) verbannt den Libero hinter die Abwehr und nimmt die gegnerischen Angriffsspitzen in Manndeckung. Catenaccio bedeutet strikte Ergebnisorientierung und wird zum Synonym für unattraktiven Defensivfußball. In den acht Spielen bis zum Europapokalfinale hat Real 27-mal getroffen, Inter nur 13-mal.

Puskás ist bereits 37, Di Stéfano und Santamaría gehen auf ihren 35. Geburtstag zu und Gento ist auch schon 30. Die 72.000 Zuschauer im Wiener Praterstadion sehen an diesem 27. Mai 1964 eines der schlechtesten Endspiele in der Geschichte des Wettbewerbs, in dem Reals alternde Maestros vergeblich ihrer Vergangenheit hinterherlaufen. Und nicht minder erfolglos das Tor einer Mannschaft berennen, die, so ein frustrierter Di Stéfano später, mit „zehn Verteidigern und einem Torwart" spielt. Inter gewinnt 3:1, aber der neue europäische König wird nur von den eigenen Fans geliebt.

Di Stéfano bestreitet in Wien sein letztes Spiel für Real. Wenige Wochen später wird er 38, und sowohl Miguel Muñoz wie auch Santiago Bernabéu sehen den Zeitpunkt gekommen, einen Strich unter die Ära Di Stéfano zu ziehen. In seiner letzten Saison erzielt der „blonde Pfeil" in insgesamt 34 Spielen immerhin noch 17 Tore. Nur ein anderer Senior, Ferenc Puskás, ist mit 28 Toren in 33 Spielen noch erfolgreicher. Für den englischen Journalisten Phil Ball hat Di Stéfano nicht nur das Gesicht des spanischen Fußballs verändert, sondern „wahrscheinlich auch Franco den Arsch gerettet" – als „Architekt" der den spanischen Nationalstolz schürenden und dadurch von innenpolitischen Problemen ablenkenden europäischen Real-Triumphe

Die Real-Legende läuft anschließend noch zwei Spielzeiten für Español Barcelona auf, wo er kurze Zeit an der Seite der Barça-Legende László Kubala spielt. Am 7. Juni 1967 – ein Jahr nachdem Alfredo Di Stéfano seine Karriere offiziell für beendet erklärt hat – veranstaltet Real Madrid ihm zu Ehren ein Abschiedsspiel.

Gegner ist vor 130.000 Zuschauern im Bernabéu Celtic Glasgow, der frischgebackene Gewinner des Europapokals der Landesmeister. Di Stéfano bestritt 396 Pflichtspiele für Real, in denen er 307 Tore schoss. Erst Raúl wird diese Marke übertreffen – mehr als vier Jahrzehnte später.

1964
EUROPAMEISTER SPANIEN

Nach der Saison 1963/64 findet zum zweiten Mal eine Europameisterschaft für Nationalmannschaften statt. Zum Austragungsland der Endrunde wird Spanien bestimmt, das sich vier Jahre zuvor als Kandidat selbst hinausgeworfen hat, als Franco anordnete, nicht gegen die Sowjetunion aufzulaufen. Da in Spanien allerdings unverändert eine Diktatur herrscht, gibt es gegen die Austragung Bedenken. Im Nachbarland Portugal sieht es nicht anders aus, das Pendant zu Franco heißt hier António de Oliveira Salazar.

Die Veranstaltung geht dennoch wie geplant über die Bühne, und im Finale kommt es dann (endlich) zum Kräftemessen Spanien gegen UdSSR, eine Paarung, die den Hoffnungen vieler Fußballexperten entspricht. In Anbetracht der Erfahrungen aus dem Mai 1960 bemühen sich der spanische Verband und die UEFA, das Ereignis auf ein reines Fußballfest zu reduzieren. Rund um das Estadio Santiago Bernabéu patrouillieren dennoch Polizei und Guardia Civil, die spanische Presse, ansonsten alles andere als zimperlich mit ausländischen Gegnern, ruft zu Besonnenheit und Fairness im Umgang mit den Sowjets auf. Gegenüber der Ehrentribüne im Stadion, auf der natürlich auch Diktator Franco sitzt, flattert sogar die rote Fahne der Sowjetunion.

Inoffiziellen Angaben zufolge sind bis zu 130.000 Zuschauer in der riesigen Arena, die damit erstmals seit Jahren wieder bis auf den letzten Platz gefüllt ist. Aber „nur" 79.115 haben tatsächlich ein Ticket erworben. Die verbleibenden rund 50.000 Plätze werden von Journalisten und Ehrengästen eingenommen.

Spaniens Landesauswahl wird von José Villalonga trainiert, der mit Real 1956 und 1957 den Europapokal gewonnen hat. Villalonga hat die „Selección" einer Verjüngungskur unterzogen und die Real-Altstars Gento, Puskás und Di Stéfano ausgemustert. Zudem berücksichtigt er ausschließlich Spieler, die in Spanien geboren und aufgewachsen sind. Mit Zoco und Amancio lässt Villalonga im Finale lediglich zwei Akteure von Real Madrid auflaufen. Spanien besiegt die UdSSR mit 2:1. Villalongas sowjetischer Kollege Beskow konstatiert einen verdienten Sieg der Gastgeber: „Spaniens Fußball ist schneller, originell und phantasievoll. Sie spielten temperamentvoller, technisch vollendeter und gelöster."

Nach dem Sieg gibt das regimetreue Spanien seine diplomatische Zurückhaltung auf. Die konservative Zeitung *ABC* veröffentlicht einen Cartoon, auf dem Franco zu sehen ist, wie er dem spanischen Team mit den Worten gratuliert: „Sie und ich haben sich als Sieger erwiesen. Wir haben beide die Roten geschlagen." Für das Blatt ist die Begeisterung im Stadion und auf Madrids Straßen Ausdruck des „größten Enthusiasmus", den das Volk „dem Staat, der aus dem Sieg über den Kommunismus hervorging, in diesem Vierteljahrhundert entgegengebracht hat".

Der Gewinn des Nationencups 1964 bleibt bis 2008 der einzige Triumph der „Selección". Nur für einen Moment also kann die Nationalelf aus dem Schatten der großen Klubs ihres Landes heraustreten.

Spaniens anhaltende innere Zerstrittenheit gilt vielen Beobachtern als Grund für das geringe Leistungsvermögen der „Selección" in den folgenden Dekaden. Spanien hat kein Nationalstadion, die Nationalmannschaft gastiert dennoch fast nie in den Fußballhochburgen Bilbao, San Sebastián oder Barcelonas Camp Nou. Sofern die „Selección" in der katalanischen Metropole spielt, benutzt sie die Arena des Barça-Lokalrivalen Español, der das „spanische Element" in der Stadt repräsentiert.

Eine weitere Ursache für das viele Jahre relativ schwache Abschneiden Spaniens dürfte außerdem das Niveau der heimischen Fußballer und die große Zahl ausländischer Stars sein. Einer der wenigen spanischen Kicker, die in den 1960er Jahren das Interesse der italienischen Liga wecken, ist der in Galizien geborene Luis Suárez, der 1961 vom FC Barcelona zu Inter Mailand wechselt. 1960 war Suárez der erste (und bis heute auch einzige!) Spanier, der mit dem Ballon d'Or als „Europas Fußballer des Jahres" ausgezeichnet wurde. Spieler wie Gento, Zarra, Samitier oder Santillana gehören in ihrer aktiven Zeit zwar zum Besten, was der europäische Fußball zu bieten hat, aber internationale Reputation erlangt Spanien vor allem als Herkunftsland großartiger Keeper wie Zamora, Iribar, Arconada und Zubizarreta.

Der Aufstieg von Real Madrid und dem FC Barcelona zu europäischen Spitzenklubs ist vor allem dem Mitwirken ausländischer Stars geschuldet. Kein anderes europäisches Land hat so früh so geringe Probleme mit der Verpflichtung von Ausländern gehabt wie Spanien, wo eine sehr pragmatische Haltung gegenüber Profis aus dem Ausland vorherrscht. Eine Reihe von „Legionären" bereicherte zeitweise sogar die „Selección". Di Stéfano, Puskás, Kubala und Santamaría trugen die spanischen Farben, obwohl sie zuvor bereits für ihre Geburtsländer gespielt hatten. Mitte der 1960er Jahre wurde dies von der FIFA untersagt. Seitdem darf ein Spieler nur noch für ein Land antreten. Zuvor hatten 29 Ausländer für Spanien gespielt: 14 Argentinier, drei Brasilianer, drei Paraguayer, zwei Ungarn, zwei Kubaner, ein Marokkaner, ein Däne, ein Philippine, ein Uruguayer und ein Franzose. Sechs dieser Spieler bestritten mehr als zehn Länderspiele für die „Selección", und Di Stéfano wurde sogar zu einem der erfolgreichsten Torschützen ihrer Geschichte.

1964/65–1965/66 DIE SECHSTE KRONE FÜR REAL

Im Sommer 1964 treibt Miguel Muñoz den Umbau des Kaders weiter voran. Vom Zweitligisten Granada kommt der 19-jährige José Martínez Sánchez. Der kurz „Pirri" genannte Neuzugang ist als Libero sowie im defensiven Mittelfeld verwendbar und avanciert zu einem Liebling des Real-Anhangs. Eine Spielzeit später wechselt der Mittelfeldspieler Manuel Velázquez vom FC Málaga zu Real. Der 22-Jährige ist ein Heimkehrer, denn seine Jugend hat er bei den „Königlichen" verbracht.

Am 7. März 1965 geht eine Serie zu Ende. Im Bernabéu unterliegt Real Atlético mit 0:1. Es ist die erste Heimniederlage in der Liga seit dem 3. Februar 1957, also seit gut acht Jahren. Auch damals hieß der Gegner Atlético. Real verlor mit 0:2.

1965 beschränkt der spanische Verband den Import ausländischer Spieler. Als Kicker darf sich nun nur noch im Land verdingen, wer mindestens einen spanischen Eltern- oder Großelternteil vorweisen kann. Die Regel gilt bis 1973 und hat einen großen Einfluss auf Reals Transferpolitik. Die Importe kommen nun fast nur noch aus Südamerika.

In der Saison 1965/66 muss Real in der Liga Stadtrivale Atlético den Vortritt lassen. Dafür kehrt der europäische „Henkelpott" zurück in Reals Trophäenschrank, was zugleich das Ende der dreijährigen Dominanz der Mailänder Vereine und des Catenaccio markiert. Fußball-Europa kann aufatmen. Das Finale des Europapokals der Landesmeister wird am 11. Mai 1966 im Brüsseler Heysel-Stadion ausgetragen. Mit Partizan Belgrad hat erstmals der Vertreter eines Landes aus dem sozialistischen Block das Endspiel erreicht. Allerdings ist dieser „Block" kein Block mehr, denn Titos Jugoslawien geht mittlerweile einen eigenen Weg und setzt weniger auf Abschottung gegenüber dem Westen. Seit Mitte der 1950er Jahre drängen jugoslawische Spieler ins westliche Ausland. Besonders beliebt sind hier die Bundesrepublik, Österreich und die Niederlande.

Partizan läuft u. a. mit den späteren Bundesligaspielern Milutin Šoškić, Fahrudin Jusufi und Branko Rašović auf und geht in der 55. Minute durch ein Kopfballtor von Velibor Vasović in Führung. Eine Viertelstunde später schlägt Zoco mit dem Außenrist einen 25-Meter-Pass auf Amancio, der Vasović gleich zweimal tunnelt und an Keeper Šoškić vorbei zum Ausgleich einnetzt. In der 76. Minute gelingt dann Fernando Serena das 2:1 – ein Traumtor: 30 Meter vor dem Kasten nimmt der Dribbler den Ball mit der Brust an, lässt ihn zweimal aufticken, um ihn dann mit Vollspann in die Maschen zu dreschen. 2:1 ist auch der Endstand.

Reals erfolgreichste Torschützen im Wettbewerb sind Amancio und der 39-jährige Puskás mit jeweils fünf Treffern. Im Finale ist Puskás nicht dabei, und nach der Saison beendet der Ungar seine Karriere. Im Heysel-Stadion steht von den alten Kämpen nur noch Gento auf dem Platz, der damit zum sechsten Mal den Pokal gewinnt.

1966/67–1972/73 „EL MADRID DE LOS YE-YÉ“

Es wird 19 Jahre dauern, bevor Real wieder eine europäische Trophäe erringt. Den Europapokal der Landesmeister werden die „Königlichen“ das nächste Mal sogar erst 32 Jahre später holen. Das von Muñoz zur Saison 1966/67 ausschließlich aus Spaniern gebildete neue Team geht als „El Madrid de los Ye-Yé“ in die Vereinsannalen ein. Es ist jung, dynamisch und physisch stark. Die Bezeichnung „Ye-Yé“ geht dabei zurück auf den Refrain des Beatles-Songs „She Loves You“. Zuvor hatten vier Mitglieder der Mannschaft mit Beatles-Perücken für ein *Marca*-Foto posiert.

Das neue Team besteht mehr aus Handwerkern als aus Künstlern. Es ist mit der Mannschaft um Di Stéfano nicht zu vergleichen und auch nicht dazu in der Lage, auf der europäischen Bühne eine neue Ära der „Königlichen“ zu begründen. 1966/67 bekommt Real schon im Achtelfinale gegen den Deutschen Meister TSV 1860 München Probleme und scheidet eine Runde später gegen Inter Mailand aus. Im Europapokal der Landesmeister ist die große Zeit der Teams aus den romanischen Ländern aber auch insgesamt vorbei. Die Sieger kommen nun bis einschließlich 1983/84 überwiegend aus Schottland, England, Deutschland und den Niederlanden. Einzige Ausnahme: 1968/69 triumphiert der AC Mailand.

National läuft es für Real auch ohne Ausländer gut. Von 1967 bis 1969 werden die „Königlichen“, angeführt von Pirri, Amancio, Zoco, Grosso und Velázquez, dreimal in Folge Meister. Was die

Liga anbetrifft, sind die 1960er Jahre mit acht Meisterschaften Reals erfolgreichste Dekade. Die 1950er waren zwar international extrem erfolgreich, national ging Real seinerzeit aber nur viermal als Meister durchs Ziel.

In der Saison 1969/70 wird Real in der Liga allerdings nur Sechster und ist damit in der folgenden Spielzeit erstmals seit 15 Jahren nicht im Europapokal der Landesmeister vertreten. Immerhin gewinnt man mit einem 3:1 über den FC Valencia den Pokal – vor 80.000 Zuschauen im Stadion des FC Barcelona – und kann 1970/71 europäisch im Pokalsiegerwettbewerb starten. Dort erreicht das Team schließlich sogar das Finale. In Piräus führt Endspielgegner Chelsea bis zur 90. Minute durch ein Tor von Peter Osgood mit 1:0, dann gelingt Zoco der Ausgleich. In der Verlängerung fallen keine weiteren Tore, sodass sich beide Teams zwei Tage später erneut miteinander messen. Diesmal gibt es einen Sieger: Chelsea behält mit 2:1 die Oberhand. Pirri bricht sich das Schlüsselbein und bestreitet einen Teil des Spiels mit einem Arm in der Schlinge.

Im Sommer 1971 wechselt das 19-jährige Sturmtalent Santillana vom Zweitligisten Racing Santander zu Real. Dort avanciert er schnell zu einer festen Größe im Angriff der „Königlichen". Auch dank ihm wird Real 1971/72 Meister und kehrt zurück in den europäischen Landesmeistercup. In der Saison 1972/73 ist hier allerdings das Halbfinale Endstation. Real verliert beide Begegnungen gegen Ajax Amsterdam, das in diesen Jahren den „Henkelpott" dreimal in Folge gewinnt. Im Zeitraum 1966/67 bis 1990/91 triumphiert auch kein anderes spanisches Team in diesem Wettbewerb – und in der Saison 1991/92 ist es dann nicht Real, sondern der FC Barcelona.

KAPITEL 6

ZWEIKAMPF MIT BARÇA (1973–1990)

1973/74 NETZER KOMMT!

1973 fällt das Verbot ausländischer Kicker in der Primera División, nachdem Nachforschungen ergeben haben, dass 46 von 60 der „naturalisierten" südamerikanischen Akteure mit falschen Dokumenten ausgestattet sind. Außerdem ist Spaniens Nationalmannschaft durch das Verbot nicht besser geworden – wohl aber Spaniens Vereinsfußball schlechter. Die „Selección" kann sich weder 1970 noch 1974 für die WM-Endrunde qualifizieren, und der letzte internationale Erfolg für eine Vereinsmannschaft ist Reals sechster Gewinn des Europapokals der Landesmeister 1966 gewesen. Spanien hat sich auf beiden Ebenen aus dem europäischen Spitzenfußball verabschiedet.

Fortan dürfen pro Team zwei Ausländer auf dem Rasen stehen. Im Sommer 1973 wechselt daraufhin Günter Netzer zu Real Madrid. Es ist der bis dahin spektakulärste Auslandstransfer eines Bundesligaspielers. Gladbach kassiert 720.000 Mark für den „aus der Tiefe des Raumes" operierenden blonden Strategen. Außerdem übernimmt Real die Rückzahlung eines Kredits über 80.000 Mark, den Netzer bei Gladbach aufgenommen hatte. In Madrid beträgt Netzers Jahresverdienst umgerechnet 295.000 Mark – seine Bundesligakollegen können hiervon nur träumen.

Auch der FC Barcelona war an Netzer interessiert gewesen. Die Katalanen werden von Rinus Michels trainiert, dem „Vater des totalen Fußballs“ und Erschaffer des großen Ajax-Teams um Johan Cruyff, das Anfang der 1970er Jahre den europäischen Vereinsfußball dominiert. Michels schätzt Netzer, der aber spürt, dass er für den Niederländer nur zweite Wahl ist: „Der wollte den Cruyff haben. Der hat nur auf den Cruyff gewartet, der hat gesagt: Wenn ich den kriegen kann, verzichte ich auf alle anderen.“ Reals Bemühungen sind ernsthafter. Vizepräsident Raimundo Saporta, Finanzchef des Klubs, der nach dem Ende der Franco-Diktatur als Finanzminister gehandelt werden wird, lässt Netzer nach Madrid einfliegen. Fußballerisch ist die Bundesliga der Primera División überlegen, nicht aber in Sachen Management, Infrastruktur und Betreuung der Spieler. Netzer: „Die haben mir vier Stunden lang das Vereinsgelände gezeigt, das Stadion, Madrid, Restaurants, und überhaupt nicht konkret über einen Vertrag gesprochen. Man hätte dann wieder gehen können und sagen: Ja, wir lassen uns das beide noch einmal durch den Kopf gehen – aber die haben gesagt: ‚Nein, bleiben sie da, morgen ist auch noch ein Tag, da besprechen wir alles noch einmal.‘“ Santiago Bernabéu bringt Netzer in einer ehemaligen Wohnung von Alfredo Di Stéfano unter, die Real gehört. Bernabéu: „Das ist jetzt richtungsweisend.“ Laut Netzer sei sie allerdings „sehr muffig“ gewesen, „viel zu groß und völlig unnötig“.

Einige Wochen nach Netzer wechselt Johan Cruyff zum FC Barcelona. Sein Transfer übertrifft den Netzers um Längen. Die Ablöse soll drei Millionen Gulden betragen, sein Jahresgehalt umgerechnet mehr als zwei Millionen Mark. Santiago Bernabéu mag Cruyff nicht. Dessen niederländische Landsleute stehen bei den Diktatoren und Autokraten in aller Welt unter dem Generalverdacht der Subversion. Zumindest gelten sie als vehementeste Verfechter der liberalen Demokratie. Die Niederlande gehören zu den wenigen Ländern, in denen sich Mitglieder der Regierung offen an Protestaktionen gegen Unterdrückungsregime beteiligen. So 1973 anlässlich des Staatsstreiches gegen die gewählte sozialistische Regierung von Salvador Allende in Chile, so 1974 gegen die drohende Konterrevolution in Portugal und so auch 1975, als das gesamte Kabinett des sozialdemokratischen Ministerpräsidenten Joop van Uyl gegen von der Franco-Diktatur verhängte Todesurteile auf die Straße geht. Bernabéus Abneigung gegenüber Cruyff verhärtet sich, als dieser zur Begeisterung der Katalanen erklärt, er habe sich für den FC Barcelona und gegen Real entschieden, weil er nicht für einen Klub spielen wolle, der mit einem Diktator assoziiert wird.

Als Netzer in Madrid eintrifft, heißt der Trainer dort noch immer Miguel Muñoz. Seit 1959 ist der ehemalige Mannschaftskapitän nun schon im Amt. Muñoz überträgt Netzer das Trikot mit der Nummer zehn, aber in seinem ersten Jahr bei Real funktioniert der blonde Mittelfeldstratege nicht. Bei seinem ersten Auftritt, ein Spiel „gegen irgend so eine Provinzmannschaft" (Netzer), verschießt er einen Strafstoß. Die Begegnung endet torlos. Netzer, den nahezu permanent verschiedene Muskelverletzungen hemmen, gelingt in dieser Spielzeit nicht ein Tor. Real gerät kurzzeitig sogar in Abstiegsgefahr. Mitte Januar 1974 muss die Trainerlegende Miguel Muñoz gehen – nach 14 Jahren, in denen er mit Real neunmal Meister und zweimal Pokalsieger wurde sowie zweimal den Europa- und einmal den Weltpokal gewann. Bis zum Ende der Spielzeit übernimmt Luis Molowny die Mannschaft.

Am 17. Februar 1974 unterliegt Real Madrid im eigenen Stadion dem FC Barcelona mit 0:5. Im Zentrum des spektakulären Auftritts steht Johan Cruyff. Luis Molowny: „An eine Niederlage in dieser Höhe kann ich mich nicht erinnern, und ich habe elf Jahre in der ersten Mannschaft gespielt. Mit Di Stéfano und den anderen Stars. Aber mit 0:5, im Bernabéu-Stadion, haben wir noch nie verloren. Cruyff ist ein Phänomen. Wir haben Netzer, auch einen guten Spieler, und mit ihm wollten wir das verloren gegangene Prestige zurückgewinnen. Aber als Cruyff zu Barcelona kam, da konnten wir diesen Plan vergessen. Netzer ist eben doch kein Cruyff." Der mit Real

Madrid sympathisierende Schriftsteller Javier Marías stößt später in ein ähnliches Horn: „Cruyff war innerhalb und außerhalb des Feldes so intelligent, dass uns nicht einmal unser ausgezeichneter Netzer trösten konnte."

Kein anderes Vereinsspiel im Europa nach dem Zweiten Weltkrieg entwickelt eine so große politische Symbolik wie dieser „Clásico" vom 17. Februar 1974. In den Franco-Jahren gelten Siege über Real stets als verwegene Form politischer Opposition, aber dieses 5:0 ist das Verwegenste schlechthin. Mit diesem Spiel wird Johan Cruyff zum Nationalhelden Kataloniens. Der Spanien-Korrespondent der *International Herald Tribune* berichtet seinen Lesern: „Der Holländer Cruyff ist der Stolz Barcelonas. Von allen Erfolgen, die der FC Barcelona errungen hat, war keiner süßer als dieses 5:0 über Madrid. Niemand kann sich an eine schwerere Niederlage Reals erinnern, und dieser Sieg der Katalanen war ein empfindlicher Schlag gegen den Zentralismus der Hauptstädter." Und der Kollege von der *New York Times* ist davon überzeugt, dass Cruyff in den 90 Minuten auf dem Rasen des Estadio Santiago Bernabéu „mehr für den Geist der katalanischen Nation erreicht" habe als viele Politiker vor ihm. Dieser 17. Februar 1974 wird später zum Anfang vom Ende der Diktatur verklärt.

Am Ende der Saison ist der FC Barcelona erstmals seit 14 Jahren wieder Meister. Real wird nur Achter, schlägt die Katalanen aber im Pokalfinale mit 4:0. Zum letzten Mal überreicht Franco die „Copa del Generalísimo"-Trophäe an Real-Kapitän Zoco. Der 81-jährige Diktator ist schwer erkrankt. Zoco später auf die Frage des Journalisten Richard Fitzpatrick, ob Real das von Franco bevorzugte Team gewesen sei: „Franco hatte mehr Vorteile von Real Madrid als Real Madrid von Franco. Keiner seiner Minister besaß die Bedeutung von Real Madrid. Und er wusste das. Er war vieles, aber er war kein Narr. Er wusste alles."

Wenige Wochen nach dem Pokalsieg wird Ignacio Zoco 35 und beendet seine Karriere.

1974/75
EIN „ROTER" WIRD MADRILENE

Zur Saison 1974/75 übernimmt der Jugoslawe Miljan Miljanić das Training bei Real. Bei der WM 1974 hat er die jugoslawische Nationalmannschaft betreut. Als 14-Jähriger hatte sich Miljanić dem Kampf der Partisanen gegen die Nazis angeschlossen. Neu bei Real ist auch ein weiterer WM-Teilnehmer: Paul Breitner. Der Münchner Linksverteidiger kommt als frischgebackener Weltmeister nach Madrid. Der 23-Jährige hat schon so ziemlich alles gewonnen, was man als Fußballer gewinnen kann – neben dem WM-Titel noch die Europameisterschaft 1972, den Europapokal der Landesmeister 1974 sowie natürlich die Bundesliga und den DFB-Pokal. Gleichzeitig firmiert Breitner als *der* Linke im deutschen Fußball, hat sich sogar vor einem Porträt von Mao und mit der *Peking Rundschau* fotografieren lassen. In Madrid beträgt sein Jahresverdienst umgerechnet 350.000 Mark. Im *Spiegel* beklagt Peter Brügge: „Ausgerechnet der Bayernspieler mit dem berüchtigt unbestechlichen politischen Bewusstsein siedelte vergangenen Mittwoch zum feudalsten Fußballklub des armen, totalitären Spanien über. Wer ihn zum Abschied fragt, wie das zu einem Linken passe, dem flankt er die Behauptung zu, den Roten habe man ohne sein Zutun aus ihm gemacht: ‚Ich wäre auch nach Griechenland gegangen.' (…) Dieser radikale Linke ist in Wahrheit das, was radikale Linke einen Scheißliberalen nennen."

Real bemüht sich auch um Breitners Kumpel Uli Hoeneß. Aber Hoeneß lehnt ab: „Ich war 22 Jahre alt, und es war mir lieber, in München zu bleiben." Doch sei es „eine Riesenehre" gewesen, „dass Real an mir interessiert war".

Mit Breitner wird es für Netzer nun besser bei Real. Miljanić beordert den Verteidiger ins Mittelfeld, wo er den „Achter" spielt, zu einem Leistungsträger avanciert und Netzer entlastet, den der Coach weiter nach vorne schiebt. Netzer läuft jetzt noch einmal zur

Hochform auf, aber unter anderen Voraussetzungen als in Gladbach. Denn Breitner ist mehr als nur ein „Wasserträger" wie dort einst Herbert „Hacki" Wimmer. Netzer erzählt seinem Biografen Helmut Böttiger: „In Gladbach war ja der gesamte Spielaufbau extrem auf mich zugeschnitten. In Madrid gab's viele Spielerpersönlichkeiten, die Ähnliches für sich beanspruchten. Das verteilte sich auf mehrere Schultern. Und das hat einiges für sich. In Gladbach, wo alles auf mich ausgerichtet war, hatte man dann oft so einen Klopper als Gegenspieler, der das unterbunden hat, und schon war unser ganzes Spiel flügellahm gewesen."

In der Liga wird Real mit zwölf Punkten Vorsprung auf „Vize" Saragossa Meister. Im Pokalfinale bezwingt man den Stadtrivalen Atlético im Elfmeterschießen. Aber im Europapokal scheitern die „Königlichen" bereits in der ersten Runde an Miljanićs altem Arbeitgeber Roter Stern Belgrad – ebenfalls im Elfmeterschießen.

Netzer bestreitet in dieser Saison insgesamt 37 Begegnungen, in denen er zehn Tore erzielt. Breitner ist 35-mal dabei und trifft dreimal. Laut Netzer ist das „Double" dem Fitnesscoach Srećko „Felix" Radišić zu verdanken, der im Schlepptau von Miljanić nach Madrid kam. Radišić ist der erste Fitnesscoach in der Geschichte der „Königlichen". Netzer kostet er „zehn Jahre meines Lebens. Schon morgens habe ich immer panische Angst gehabt, wenn Miljanić Konditionstraining angesetzt hatte. (…) Der hat bis zum Erbrechen mit uns trainiert. (…) Zuerst sind wir vier Wochen in den Bergen gewesen, eingesperrt, und haben keinen Ball gesehen. Der ist mit uns zu Anfang nur gelaufen, was selbst dem Breitner, dem Konditionswunder, zu schaffen gemacht hat." Aber diese Vorbereitung habe die Meisterschaft ermöglicht. „Wir waren die einzige Mannschaft in Spanien, die körperlich richtig fit war. Wir waren körperlich allen anderen um Meilen voraus."

1975/76
TOD EINES DIKTATORS, BEGINN DER „TRANSICIÓN"

Am 23. November 1975 stirbt Franco. Im Büro des Barça-Bosses Agustí Montal holt Klubsekretär Joan Granados eine Büste des Diktators von einem Regal herunter und schmeißt sie an die Wand, wo sie in tausend Stücke zerbricht. Die Führung des FC Barcelona steht mittlerweile unter dem Einfluss von Jordi Pujol und seiner katalanisch-nationalistischen Bewegung.

Während bei Barça gefeiert wird, ist die Stimmung bei Real eher gedämpft. Reals Klubzeitung *Boletín* macht mit einem Foto auf, das Franco und seine Gattin gemeinsam mit dem zukünftigen König Juan Carlos und dessen Liebster Sofia zeigt. In der Bildzeile wird vermerkt, dass Santiago Bernabéu den Diktator „viele Male" empfangen habe. In diesen „Stunden des Schmerzes" bekunde Real Madrid seine Trauer über den Tod von Franco, der 40 Jahre die Geschicke des Staates gelenkt und „für den Frieden und die Ruhe gesorgt" habe, die für die soziale Entwicklung des Landes notwendig gewesen seien. Als Spanier und Sportler würde man sich immer „mit großem Respekt" an ihn erinnern, „wie es sich für einen Mann gehört, der sich bis zu seinem letzten Atemzug für Spanien geopfert hat".

Es beginnt nun die Phase der „Transición", des Übergangs von der Diktatur zur Demokratie. Am 22. November 1975 wird der Bourbone Juan Carlos I. zum König proklamiert. Einen Monat später empfängt der FC Barcelona im Camp Nou Real Madrid. Eine gute Gelegenheit für die Katalanen, um im „Transición"-Prozess Flagge zu zeigen. Joan Granados lässt 700 katalanische Fahnen ins Stadion schmuggeln. Barça schlägt die „Königlichen" mit 2:1.

In der Saison 1975/76 kann Real den Titel verteidigen, und im Europapokal der Landesmeister begegnen Netzer und Breitner ihren alten Arbeitgebern. Im Viertelfinale spielt Real gegen Gladbach. In Düsseldorf, wohin die Gladbacher aufgrund des großen Zuschauerinteresses ausgewichen sind, startet der von Udo Lattek trainierte Deutsche Meister furios und führt nach 27 Minuten mit 2:0, wobei Jupp Heynckes noch weitere Chancen vergibt. In der zweiten Halbzeit dreht Real mit einem glänzenden Netzer mächtig auf und schafft den Ausgleich. Das 2:2 durch Pirri bereitet Netzer mit einem Doppelpass vor. Im Rückspiel gehen die Gladbacher nach einer Viertelstunde in Führung. In der 51. Minute markiert Santillana den Ausgleich. Aufgrund der auswärts erzielten Tore reicht Real das 1:1 zum Weiterkommen. Die „Königlichen" dürfen sich beim niederländischen Referee Leonardus van der Kroft und dessen Linienrichter Ben Hoppenbouwer bedanken, die zwei regulären Toren der Gäste die Anerkennung verweigern – zunächst wegen einer angeblichen Abseitsstellung, dann wegen eines angeblichen Foulspiels. Netzer: „Wir Spieler von Real sind beide Male schon zur Mitte gelaufen. Wir haben überhaupt nicht begriffen, dass da plötzlich wieder gepfiffen wurde." In Deutschland ist in der Presse von Bestechung die Rede. Netzer: „Der alte Bernabéu soll jemanden gekauft haben? Das ist unvorstellbar. Das kann sich ein Klub wie Real nicht erlauben." Gladbach-Trainer Udo Lattek vermutet, van der Kroft und sein Linienrichter hätten sich für die Niederlage der niederländischen Nationalelf im WM-Finale 1974 rächen wollen.

Im Halbfinale wartet mit dem FC Bayern der Titelverteidiger auf Real. Im Hinspiel im Bernabéu muss Real ohne den verletzten Breitner auskommen und sich mit einem 1:1-Remis begnügen. Im Rückspiel im Olympiastadion werden Netzer und Breitner vom Bayern-Anhang gnadenlos ausgepfiffen. Die Bayern führen nach nur 31 Minuten durch zwei Müller-Tore mit 2:0, was dann auch der Endstand ist.

1976/77
EIN GLADBACHER GEHT, EIN ANDERER KOMMT

Im Sommer 1976 verlässt Netzer Real, um Platz für einen neuen ausländischen Star zu machen. Netzer, mittlerweile 31 Jahre alt: „Ich war in einem Alter, wo man gesagt hat, sie müssten jetzt langsam etwas anderes versuchen bei Real. Der Miljanić hat mir hinterher gesagt: Es sei einer seiner größten Fehler gewesen, dass er mich hat laufen lassen. Ich hatte mir die Akzeptanz der Mitspieler richtig erkämpft, und ich habe mich auch für die Mannschaft starkgemacht. Das hat ihm danach sehr gefehlt.“ Die Zeit in Gladbach sei seine schönste gewesen, die in Madrid aber seine wichtigste, weil er hier erst einmal um Anerkennung und die Bewältigung des Alltags habe kämpfen müssen. Das Publikum im Bernabéu sei etwas Besonderes gewesen: „Gepfiffen wurde nicht. Dafür aber geschwiegen. Wenn den Zuschauern etwas nicht gepasst hat, dann war es totenstill in diesem riesigen Stadion. Das war fast noch schlimmer.“

Für Netzer kommt ein anderer Ex-Gladbacher: der Däne Henning Jensen, der in der Saison 1974/75 mit der Borussia den UEFA-Pokal gewonnen hat. Jensen ist in diesen Jahren einer der besten Stürmer in Europa, wobei er mehr als lauffreudiger und technisch versierter Vorbereiter denn als Vollstrecker glänzt. Für die Tore sorgt vor allem Jupp Heynckes: „Henning war vier Jahre lang mein Sturmpartner, und wir haben uns blind verstanden.“ Jensen ist der erste Däne im Trikot von Real, dem bis heute nur zwei weitere folgen: Michael Laudrup und Thomas Gravesen.

Eigentlich hat Jensen mit dem Fußball bereits abgeschlossen. Er sitzt in seinem dänischen Ferienhaus in Nordjütland, ohne Licht, ohne Wasser, ohne Telefon. Doch Netzer gelingt es, ihn zu erreichen und von einem Wechsel zu Real zu überzeugen – und entdeckt dabei sein Talent und seine Lust am Job des Managers. Netzer: „Ihn ausfindig zu machen, ist eine meiner größten Leistungen überhaupt gewesen. Und ihn überzeugt zu haben, dass er sein Glück bei Real Madrid machen würde.“

Real wird in der Liga nur Neunter. Paul Breitner geht zurück in die Bundesliga, obwohl der Klub einiges unternimmt, um ihn zu halten. Dem Deutschen werden mehr Geld und ein langfristiger Vertrag offeriert. Aber Breitners Frau Hilde plagt das Heimweh. Und Breitner selbst will „mehr tun, als nur zu trainieren und zu spielen. Ich wollte unter anderem wieder studieren."

Breitner gewinnt zwar mit Real nicht den Europapokal – im Gegensatz zu seinem alten Arbeitgeber FC Bayern, der die Trophäe in seiner Abwesenheit gleich zweimal an die Säbener Straße holt. Trotzdem ist Real für ihn der größere der beiden Klubs, der viel größere, „ein echter Fußball-Konzern", der durch seine fünf Siege in Serie im europäischen Meistercup „zu einer eigenen Fußball-Galaxie" geworden sei. Der Klub habe lange über allen anderen gestanden.

1980 erzählt Breitner in einer Rückschau, Real habe damals bereits 500 Angestellte gehabt, dazu ein Stadion für 130.000 Zuschauer, südländischen Fußballenthusiasmus und eine Atmosphäre, die überall in Deutschland schlichtweg undenkbar sei. Und Santiago Bernabéu? Kein Despot, Tyrann, Alleinherrscher, vielmehr der „weiseste Mann, der mir jemals begegnet ist. Er hat Höflichkeit, Fairness, Toleranz vorgelebt, Wärme ausgestrahlt und war immer bereit zu helfen. Und er hatte einen enormen Fundus an gelebter Erfahrung." Bernabéu habe die Spieler „wie seine Söhne behandelt. Wenn er uns Spieler zu sich nach Hause eingeladen hat, hat man sich wie bei den Eltern gefühlt."

Im Verein habe Bernabéu ein „vereinseigener Aufsichtsrat" unterstanden, „die Junta directiva mit ca. 20 Vizepräsidenten". Auch in Sachen Rundumversorgung sei Real viel weiter als der FC Bayern gewesen. Breitner: „Für die Spieler und deren Familien standen sechs Ärzte Tag und Nacht zur Verfügung, ebenso vereinseigene Schreiner, Installateure, Gärtner, Elektriker, Finanzberater, Botenjungen und, und, und. War das Bügeleisen mal kaputt oder hing ein Brett von der Wand – Anruf beim Klub und zehn Minuten später war der zuständige Handwerker im Haus. Einmal telefonierte ich mit unserem Internisten, im Hintergrund hustete meine Tochter Ines. 30 Minuten später war der Arzt im Haus und hat die ganze Familie untersucht. (…) Es war ständig jemand zur Stelle, der den Spielern die kleinen Sorgen abnahm. (…) Ich konnte mich einzig und allein um den Fußball kümmern. Dieser Verein hat es verstanden, dass seine Spieler nur dann Bestleistungen bringen können, wenn sie sich rundherum wohlfühlen. Es herrschte eine Atmosphäre, in der jeder merkte, dass er Mensch ist. Auch wenn er verloren hat oder auf der Ersatzbank saß." Bei Real standen somit die Spieler schon früh im Zentrum, während in Deutschland der damalige DFB-Boss Hermann Neuberger noch immer glaubte, ohne Funktionäre seien Fußballer nichts.

Besonders angetan war Breitner davon, dass es bei Real auch Finanzberater gab zu einer Zeit, wo in Deutschland schlecht beratene Fußballprofis ihr kleines Vermögen mitunter in dubiose Bauherrenmodelle versenkten. Breitner: „Woher soll ein 20-Jähriger wissen, was er mit dem vielen Geld anstellen soll? Bei Real Madrid, da kamen immer wieder Spieler wie Pirri, Amancio, Velázquez oder Santillana zum Klub und sagten: ‚Passt auf, ich habe wieder soundsoviel Geld beiseite, wie kann ich es anlegen?' Dann erhielten die Spieler eine fachkundige Beratung, Tipps und Ratschläge von Experten. Die Entscheidung allerdings, wie das Geld angelegt wurde, lag dann noch beim Spieler. Wir haben dadurch gelernt, mit Geld umzugehen."

Auch der Trainerstab sei mit dem der Bayern nicht vergleichbar gewesen. Breitner: „Wir hatten vier aktive Trainer." Vor dem Trainingsstart habe der Chefcoach (der Jugoslawe Miljan Miljanić) den Ablauf erklärt, um anschließend mit einer bestimmten Spielergruppe eine Sondereinheit zu absolvieren. Ein Assistenztrainer leitete eine weitere Sondereinheit. Des Weiteren gab es noch einen Torwart- und einen Konditionstrainer. „Es gab also ständig vier Arbeitsteams: Eines bei der Konditionsarbeit, eines beim Torwarttraining und zwei Gruppen, die technisch-taktische Übungen absolvierten."

Breitners Fazit: Bei Real habe er die „phantastischste Zeit" seiner Fußballkarriere erlebt. „Drei herrliche Jahre Spanien, drei Jahre beim besten Klub der Welt."

1977/78
ULI STIELIKE, DER „FAHNENFLÜCHTIGE PANZER“ IN MADRID

Der nächste Deutsche, den Real unter seine Fittiche nimmt, ist mit Uli Stielike, 22-jähriger Mittelfeldspieler, erneut ein Gladbacher. Sein Debüt in der Nationalmannschaft hat er bereits 1975 gegeben, aber der Wechsel ins Ausland unterbricht nun seine Nationalspielerkarriere. Vor der WM 1978 in Argentinien versucht DFB-Boss Hermann Neuberger, Nationalspielern einen Wechsel ins Ausland zu verbieten: „Wir lassen uns vor der Weltmeisterschaft nicht die Spieler wegkaufen.“ Stielike kontert mit: „Das Angebot von Real Madrid kann man nicht ausschlagen“, und Neuberger praktiziere „Freiheitsberaubung“. Der DFB-Präsident „stolpert juristisch ins Abseits“, schreibt auch der *Spiegel*. Letztlich kann Neuberger den Wechsel zwar nicht verhindern, wohl aber Stielike von der Nationalelf aussperren. Der Ex-Gladbacher, in Madrid bald „der Panzer“ genannt, wird vom DFB wie ein Fahnenflüchtiger behandelt und von Februar 1977 bis Dezember 1979 für Länderspiele gesperrt. Er ist damit auch bei der WM 1978 in Argentinien nicht dabei.

Erstmals trifft sich Stielike mit Real-Boss Santiago Bernabéu im Düsseldorfer Interconti-Hotel: „Er sprach ein paar Brocken Deutsch. Dann schickte er mich mit seinem Generalsekretär Augustín Domínguez oben aufs Zimmer. Der hat ein Briefpapier vom Hotel aus dem Schreibtisch geholt und mich im radebrechenden Englisch gefragt: ‚So, Herr Stielike, wir sind interessiert. Was stellen Sie sich vor?‘ Wir wurden uns sofort einig, und so habe ich auf dem Zettel meinen Vorvertrag bei Real unterzeichnet. Es war eine Sache von vielleicht zehn Minuten.“ Das Ergebnis: Der Deutsche verdient in Madrid fortan netto, „was ich vorher brutto bei der Borussia hatte“.

Bevor Stielike nach Madrid aufbricht, sucht er Paul Breitner auf: „Er gab mir einige Tipps, wie man bei Real die Etikette wahrt. Die größte Umstellung war, dass wir immer im Anzug und Krawatte verreisen mussten. Das war für Netzer und Breitner wahrscheinlich noch viel härter gewesen als für mich."

Gleichzeitig mit Stielike wird auch der 22-jährige Juanito ein Madrilene. Ein wendiger, antrittsschneller Rechtsaußen, der aus Burgos kommt und mit seinem bedingungslosen Siegeswillen zum Liebling der Fans avanciert. Noch viele Jahre später, wenn die „Königlichen" im Europapokal einmal scheinbar hoffnungslos ins Hintertreffen geraten, wird von den Rängen der „Espíritu de Juanito" (Der Geist von Juanito) gefordert. Das Team möge bitte bis zum Schlusspfiff alles geben – wie einst Juanito. In Erinnerung an den Spieler, der am 2. April 1992 im Alter von 37 Jahren bei einem Autounfall ums Leben kommt, wird im Bernabéu in der siebten Spielminute – der Rechtsaußen trug die Nummer sieben – stets „Illa, illla, illa, Juanito maravilla, se ve, se siente, Juanito está presente" gesungen („Illa, illa, illa, Juanito, das Wunder, man kann es sehen, man kann es fühlen, Juanito ist da").

In der Saison 1977/78 ist Stielike gleich in Topform. Er wird mit Real Meister und schießt als defensiver Mittelfeldspieler in 27 Ligaspielen 13 Tore. Die meisten im Team verbucht derweil Santillana, der in 33 Spielen 24-mal einnetzt. Das schönste Tor der Saison schießt aber ein anderer Ex-Gladbacher: Henning Jensen. Am 5. April 1978 empfängt Real den FC Barcelona, und Jensen feiert sein wohl bestes Spiel im Real-Trikot. Dem Dänen gelingt in den ersten zehn Minuten ein Doppelpack. Beim 2:0 nimmt er am Sechzehner und unter Bedrängnis eine Flanke auf und jagt sie aus der Drehung mit einem Dropkick in den Winkel. Das am Ende zu Buche stehende 4:0 ist Reals höchster Sieg über den Rivalen bis zum 5:0 im Januar 1995.

Am 2. Juni 1978 geht eine Ära zu Ende. Sechs Tage vor seinem 83. Geburtstag erliegt Santiago Bernabéu einem Krebsleiden. Rund 35 Jahre stand er an der Spitze der „Königlichen".

1978/79–1983/84 DEBAKEL AUF DEM BETZENBERG

Auch in den folgenden beiden Spielzeiten heißt der Meister Real. Auf der europäischen Bühne können die „Königlichen“ 1978/79 und 1979/80 allerdings nicht reüssieren. Im Landesmeistercup scheitern sie an Grasshopper Zürich bzw. am Hamburger SV. Letzterer schießt Real im Halbfinale 1980 mit 5:1 aus dem Volksparkstadion.

In der Saison 1980/81 erreicht Real erstmals seit 15 Jahren wieder das Finale um die europäische Krone. Im Pariser Parc des Princes unterliegt ein Madrider Team ohne große Stars dem FC Liverpool jedoch mit 0:1. Einen Eintrag in die Annalen sichert sich der Verlierer trotzdem: Sechs Spieler des Kaders tragen den Namen García, weshalb das Team auch „El Madrid de los García“ genannt wird.

1981/82 ist Real nur im UEFA-Pokal dabei. Und erneut erleiden die „Königlichen“ gegen einen deutschen Klub ein Debakel. Im Hinspiel des Viertelfinales besiegt man im Bernabéu den 1. FC Kaiserslautern mit 3:1, womit die „Roten Teufel“ sehr gut bedient sind. Im Rückspiel auf dem Betzenberg führen die Gastgeber, angeführt vom überragenden Hannes Bongartz, dann aber schon nach 14 Minuten durch zwei Tore von Friedhelm Funkel mit 2:0. In der 34. Minute fliegt Reals Isidoro San José vom Platz, sechs Minuten später folgt ihm Laurie Cunningham, der 1979 für 995.000 Pfund als erster britischer Spieler zu Real Madrid gewechselt ist. Beim Personalstand von elf zu neun haben die Lauterer nun freie Bahn und erhöhen bis zur 56. Minute auf 4:0. Nach einer Stunde bekommt Real einen Handelfmeter zugesprochen, doch Lauterns schwedischer Keeper Ronnie Hellström pariert den Schuss von Rafael García Cortés. Fünf Minuten später wird mit Pineda der dritte Madrilene vorzeitig zum Duschen geschickt, und in der 73. Minute setzt Reiner Geye mit dem 5:0 den Schlusspunkt an einem spektakulären Abend. Reals jugoslawischer Coach Vujadin Boškov, ein Verfechter des Offensivfußballs, muss anschließend gehen, für ihn springt Luis Molowny ein, der die Mannschaft wenigstens noch zum Pokalsieg führt.

In der Saison 1982/83 steht Real, nun trainiert vom großen Alfredo Di Stéfano, ein weiteres Mal in einem europäischen Finale – dem der Pokalsieger. Aber erneut scheitert man an einem britischen Team. Keines mit einem großen Namen wie der FC Liverpool. Gegner sind die Schotten vom FC Aberdeen, trainiert von Alex Ferguson, der später noch größere Erfolge als Chefcoach von Manchester United feiern wird.

Die Spielzeit 1983/84 bringt dann ebenfalls im wesentlichen Frust für die „Königlichen". In der Liga wird man aufgrund der um einen Treffer schlechteren Tordifferenz gegenüber Athletic Bilbao nur Vizemeister, im Pokalhalbfinale muss man sich den Basken im Elfmeterschießen geschlagen geben und im UEFA-Cup setzt es bereits in der ersten Runde das Aus gegen Underdog Sparta Prag. Einer der wenigen Lichtblicke in dieser verkorksten Saison: das Debüt des aus dem Reserveteam in die erste Mannschaft aufrückenden Emilio Butragueño.

1984/85
ERSTE TROPHÄE NACH 19 JAHREN

Die Saison 1984/85 ist die erste von Jorge Valdano im Trikot von Real. Der argentinische Mittelstürmer hat seine politisch wie wirtschaftlich krisengeschüttelte Heimat 1975 verlassen, ein Jahr bevor dort – wieder einmal – das Militär putscht und eine Diktatur errichtet.

Valdano geht zunächst zum spanischen Zweitligisten Deportivo Alavés. Ihm ist versprochen worden, dass man ihn von dort möglichst schnell zu einem Spitzenklub transferieren würde, um die leere Klubkasse zu füllen. Aber Valdano wechselt erst vier Jahre später zu einem Verein der Primera División: 1979 unterschreibt er bei Real Saragossa, fünf weitere Jahre später landet er nun endlich dort, wo er hingehört – bei einem absoluten Spitzenklub. Da ist er aber bereits 29 Jahre alt. Valdano wollte zunächst zum FC Barcelona, wo seit 1983 sein Landsmann César Luis Menotti Trainer ist, der Prophet eines „linken Fußballs", der die argentinische „Albiceleste" 1978 zum WM-Titel geführt hat. Aber dann wird Menotti bei Barça entlassen, und Valdano wechselt nach Madrid.

1984/85 und 1985/86 macht Real im UEFA-Pokal durch einige beeindruckende Aufholjagden von sich reden. 1984 spielt man im Achtelfinale gegen Anderlecht. In Belgien unterliegen die „Königlichen" mit 0:3, kaum jemand glaubt noch an ein Weiterkommen. Aber das Rückspiel gewinnt Real 6:1. Vier der Tore gehen auf das Konto der Youngster Manolo Sanchís (19) und Emilio Butragueño (21); Letzterer trifft gleich dreimal. Die anderen beiden Tore erzielt Valdano. Auch im Halbfinale bewegt sich Real nach einer 0:2-Niederlage bei Inter Mailand am Rande des Ausscheidens. Amancio, der erst zu Beginn der Saison Di Stéfano als Cheftrainer beerbt hat, muss gehen. Für ihn übernimmt ein anderer Ex-Spieler: wieder einmal Luis Molowny. Beim Rückspiel im Bernabéu fällt exakt in der Minute, in der Inters Altobelli im Hinspiel das 2:0 für die „Nerazzurri" erzielte, das 3:0 für Real, was auch der Endstand ist. Torschütze ist mit dem 22-jährigen Míchel erneut ein Youngster.

Finalgegner ist keiner der Großen des europäischen Fußballs, sondern der ungarische Provinzklub Videoton Székesfehérvár. Auswärts behält Real durch Tore von Míchel, Santillana und Valdano mit 3:0 die Oberhand. Das Rückspiel vor 90.000 im Bernabéu verliert man zwar überraschend mit 0:1. Für Real ist es dennoch der erste Triumph im UEFA-Pokal und die erste europäische Trophäe seit 19 Jahren.

Dass es der unbedeutendste der drei europäischen Wettbewerbe ist, den man noch dazu mit einer peinlichen Heimniederlage beendet, dämpft die Stimmung. Uli Stielike: „Das hat die Party ziemlich verhagelt. Wir waren jedenfalls nicht zum Feiern am Cibeles-Brunnen." Hinzu kommt: In der Liga wird Real nur Fünfter, was die schlechteste Platzierung seit der Saison 1973/74 ist.

Nach der Saison wird Stielike vom Hofe gejagt. „Es kam ein neuer Präsident, der plötzlich in Stars investieren wollte. Unter anderen war er sich mit Hugo Sánchez einig. Damit waren die zwei Ausländerplätze besetzt." Stielikes Spanien-Bilanz ist beeindruckend. 1979, 1980, 1981 und 1982 wird er jeweils als bester Spieler der Primera División ausgezeichnet. Er gewinnt drei Meisterschaften, zweimal die Copa del Rey und einmal den UEFA-Pokal. Stielike bestreitet 308 Spiele (50 Tore) im Trikot der „Blancos“ und ist damit viele Jahre der deutsche Rekordspieler der „Königlichen“, bis ihn Toni Kroos im März 2021 übertrifft.

1985/86
ÜBER GLADBACH INS FINALE

Mit dem aufsässigen mexikanischen Torjäger Hugo Sánchez wird Real in der Saison 1985/86 erstmals seit fünf Jahren wieder Meister, mit einem satten Vorsprung von elf Punkten auf den FC Barcelona. Es ist der Auftakt zu fünf Meisterschaften in Folge. Im UEFA-Pokal kann Real seinen Titel verteidigen. Im Achtelfinale geht es gegen Borussia Mönchengladbach. Im Hinspiel zerlegen die von Jupp Heynckes trainierten Gladbacher die „Königlichen“ im Dauerregen von Düsseldorf nach allen Regeln der Fußballkunst. Nach einer knappen Stunde steht es schon 4:0. In der 69. Minute kann Rafael Gordillo auf 1:4 verkürzen. Eine Minute später fliegt der Torschütze vom Platz. Den Schlusspunkt setzt Ewald Lienen mit dem 5:1.

Unter den 65.000 Zuschauern im Rheinstadion ist auch der Ex-Gladbacher und Fußball-Weltmeister Rainer Bonhof, der zwei Jahre zuvor seine Karriere verletzungsbedingt beenden musste. Bonhof glaubt nicht, dass Madrid eine solche Pleite so einfach auf sich sitzen lässt: „Ich hatte schon damals einige Freunde und Bekannte bei Real. Ich weiß noch, wie Madrids Santillana zu mir sagte, das sei noch nicht gegessen.“

In der Tat: Beim Rückspiel im Bernabéu haben die Gladbacher „das Spiel schon vor dem Anpfiff verloren“, wie Mittelfeldspieler Christian Hochstätter viele Jahre später dem *Tagesspiegel* erzählt. „Das fing schon auf dem Weg ins Stadion an. Unser Bus ist beworfen worden, mit Tomaten, Eiern, was weiß ich. Als wir zum Warmmachen auf den Platz gekommen sind, war das Stadion schon vollbesetzt. Anderthalb

Stunden vor dem Spiel. Das war schon furchteinflößend." Im Spielertunnel hätten die Real-Spieler den verunsicherten Gladbachern den Rest gegeben. Hochstätter: „Als die Tür ihrer Kabine aufging, ist Jorge Valdano oben stehengeblieben, hat seine Arme ausgebreitet und etwas auf Spanisch gerufen. Dann schrie die ganze Mannschaft los, einige haben auch durch das Gitter gespuckt und mit den Händen dagegen geschlagen. Wir sind komplett nach rechts an die Wand zurückgewichen, weil wir darauf nun überhaupt nicht vorbereitet waren. Wir haben uns so erschreckt, dass ich behaupten würde: Spätestens in diesem Moment haben wir das Spiel verloren."

Nach nur sechs Minuten klingelt es das erste Mal im Gladbacher Tor, als Valdano zum 1:0 für die „Blancos" trifft. Weitere sechs Minuten später steht es bereits 2:0, erneut heißt der Torschütze Valdano. Die Borussia wehrt sich nun tapfer, erst in der 76. Minute kann Santillana auf 3:0 erhöhen. Real benötigt jetzt noch ein weiteres Tor. Es fällt 65 Sekunden vor dem Abpfiff. Erneut heißt der Torschütze Santillana. Hochstätter: „Danach hatte ich das Gefühl, dass das Stadion zusammenbricht." Dank der Auswärtstorregel zieht Real ins Viertelfinale ein.

Über die Stationen Xamax Neuchâtel, wo Uli Stielike jetzt spielt, den sein ehemaliger Teamkollege Juanito beim Wiedersehen mit einer Spuckattacke bedenkt, und Inter Mailand zieht Real ins Finale ein. Gegner ist mit dem 1. FC Köln ein weiterer Bundesligist. Real ist klarer Favorit. Vor dem Anpfiff des Hinspiels im Bernabéu bekommen die Kölner als Gastgeschenk einen Aschenbecher überreicht. In diesen Jahren gibt es im Profifußball vermutlich mindestens ebenso viele Raucher wie Nichtraucher. Raucher gegen Nichtraucher ist auch eine beliebte Konstellation beim Trainingskick.

Kölns Abwehrspieler David Pizanti ist tief beeindruckt, als er das mit 85.000 Zuschauern gefüllte Bernabéu betritt: „Ich habe auch später in England in den großen Stadien wie Old Trafford und Highbury gespielt, aber das größte war mit dem FC im Bernabéu." In der 29. Minute gehen die Domstädter durch Klaus Allofs in Führung. Am Ende gewinnt Real aber durch Tore von Sánchez, Gordillo, Santillana und zweimal Valdano mit 5:1. Für das Rückspiel muss der 1. FC Köln wegen Ausschreitungen im Halbfinale gegen den belgischen Vertreter Waregem ins Berliner Olympiastadion umziehen. In Berlin herrscht nur ein mäßiges Interesse am Spiel. Lediglich 16.185 Zuschauer sehen einen 2:0-Sieg der Kölner. Jorge Valdano resümiert später, die beiden UEFA-Pokale seien „mit gutem Fußball und einer Überdosis von reifen Männern gewonnen" worden.

Hugo Sánchez schießt in seiner ersten Saison in Madrid in 49 Pflichtspielen 29 Tore. Valdano kommt bei 47 Auftritten auf 24 Treffer. Er wird anschließend auch noch Weltmeister. Im Finale von Mexico-City besiegt Argentinien die deutsche Elf mit 3:2, Valdano, nicht nur an diesem Tag einer der überragenden Spieler der „Albiceleste", schießt das 2:0.

Reals Team besteht aber nicht nur aus den von Valdano angesprochenen „reifen Männern", sondern auch aus der „Quinta del Buitre" (Klasse des Geiers). Die umfasst fünf Spieler, die aus unterschiedlichen Vereinen gekommen sind und sich in Reals Reserveteam gefunden haben: Emilio Butragueño, ein nur 1,68 Meter großer Stürmer, der der Gruppe mit seinem Spitznamen „El Buitre" (Der Geier) den Namen gibt; Miguel Pardeza, ebenfalls im vorderen Drittel des Spielfelds zu Hause, der nach seiner Karriere ein Studium der Rechtswissenschaft und Philologie abschließt; dazu die Mittelfeldspieler Míchel und Martín Vázquez sowie der Abwehrspieler Manolo Sanchís. Jorge Valdano: „Fünf Komplizen derselben Klasse, die den fünften Gang besaßen, eine Gabe der Asse."

In der Saison 1983/84 ist Reals zweite Mannschaft, Real Castilla, mit diesem Quintett Vizemeister in der Segunda División geworden, also der zweiten Liga. Der zweite Platz berechtigte zum Aufstieg, was aber nicht für eine „Zweite" galt. Das Durchschnittsalter der Mannschaft beträgt damals 19,6 Jahre.

Der Aufstieg der „Quinta del Buitre" fällt in die Zeit der Kulturbewegung „La Movida Madrileña". Ihr Träger ist die städtische Jugend, die nun nachholt, was den jungen Menschen in den dunklen Jahren der Diktatur verwehrt geblieben ist. Die neue Freiheit hat eine Explosion an Kreativität auf den Gebieten Musik, Mode, Design, Kunst und Film zur Folge. Madrid entwickelt sich zu einer Party-Stadt, in der scheinbar alles möglich und erlaubt ist. Mekka der Bewegung ist das Veranstaltungszentrum „El Sol", das 1979 seine Tore öffnet und wo viele Konzerte und Partys stattfinden.

„La Movida Madrileña" ist eine hedonistische Bewegung, die sich schnell in anderen spanischen Großstädten ausbreitet. Auch dank linker Politiker wie Enrique Tierno Galván, der im April 1979 Bürgermeister von Madrid geworden ist. 1965 war der Politologe, Soziologe, Jurist und Schriftsteller von der Universität ausgeschlossen worden, nachdem er an studentischen Protesten gegen das Franco-Regime teilgenommen hatte. Die Bürgermeisterwahl hat das Mitglied der Partido Socialista Obrero Español (PSOE) mit Hilfe der Kommunisten gewonnen. „La Movida Madrileña" bietet Galván die Gelegenheit zu einem radikalen Bruch mit der spanischen Post-Franco-Gesellschaft. Die Kulturbewegung hilft ihm, das neue Spanien gegenüber der internationalen Öffentlichkeit als „modern" und „aufgeschlossen" zu präsentieren, obwohl in vielen Bereichen der Gesellschaft noch immer der Muff der Franco-Jahre herrscht.

1983 wird Galván erneut gewählt, seine zweite Amtszeit währt aber nur bis zum Januar 1986, als er knapp 68-jährig stirbt. Die siebenjährige Regentschaft des populären Bürgermeisters war von zahlreichen wichtigen Reformen geprägt. Seine Beisetzung gerät zu einer der größten Menschenansammlungen in der Geschichte Madrids.

1986/87–1988/89
INTERNATIONALE ENTTÄUSCHUNGEN

Im Sommer 1986 übernimmt Leo Beenhakker das Training der „Königlichen". Der Niederländer bleibt drei Jahre, für einen Trainer von Real Madrid eine ungewöhnlich lange Zeit.

Im Halbfinale des Europapokals der Landesmeister trifft Real mal wieder auf den FC Bayern. Für die Experten ist es das vorweggenommene Endspiel. Im Münchner Olympiastadion geht es am 8. April 1987 hart, phasenweise geradezu brutal zur Sache. In der 39. Minute fliegt Juanito vom Platz, nachdem er den auf dem Boden liegenden Lothar Matthäus gegen Kopf und Rücken getreten hat. Die UEFA sperrt ihn letztlich fünf Jahre für alle europäischen Wettbewerbe und läutet damit das Ende seiner Karriere bei Real ein. Butragueño gelingt fünf Minuten später zwar der 1:3-Anschlusstreffer, doch nach 53 Minuten steht es 4:1 für die Bayern. Bei Real sieht zudem auch noch Mino in der 72. Minute die Rote Karte.

Beim Rückspiel ist die Atmosphäre im Bernabéu extrem aufgeheizt. Nicht nur Münzen und Feuerzeuge werden nach den Bayern-Spielern geworfen, sondern auch Messer. Vor 103.000 Zuschauern schießt Santillana die Hausherren nach 28 Minuten in Führung. Weitere Tore fallen nicht, obwohl die Bayern eine Stunde lang in Unterzahl spielen: Zwei Minuten nach dem 1:0 ist Klaus Augenthaler nach einem Revanchefoul an Hugo Sánchez vom Platz geflogen.

Auch die Spielzeit 1987/88 endet europäisch im Frust. Dabei wäre es schon lange nicht mehr so leicht gewesen, sich die Krone aufzusetzen. Im Europapokal der Landesmeister erreicht Real erneut das Halbfinale, wo die PSV Eindhoven wartet, was nach einem machbaren Gegner klingt. Aber die PSV ist mit Spielern wie Keeper Hans van Breukelen, Ronald Koemann, Wim Kieft und dem Dänen Sören Lerby keine Laufkundschaft. Im Bernabéu kommt Real über ein 1:1 nicht hinaus. In der Philips-Stadt trennt man sich dann torlos, das eine Auswärtstor hievt das Team von Trainer Guus Hiddink also ins Finale. Mit den gleichen Resultaten hat die PSV bereits das Viertelfinale überstanden. Auch im Finale behält Eindhoven die Oberhand – nach Elfmeterschießen …

1989/90
DER „BLONDE ENGEL“ BEI DEN „KÖNIGLICHEN“

Zur Saison 1989/90 wird die Trainingsleitung der Madrilenen vom Waliser John Toshack übernommen, der bereits seit einigen Jahren im iberischen Fußball arbeitet. Der ehemalige Nationalspieler vom FC Liverpool hat zunächst Sporting Lissabon trainiert, anschließend Real Sociedad San Sebastián.

Spektakulärster Neuzugang ist Bernd Schuster, der nach acht Jahren beim FC Barcelona zu Real wechselt. Barça-Boss Josep Núñez, wie es sich für den spanischen Klubfußball gehört ein Baulöwe, will den „blonden Engel“ „nicht mehr in unserem Trikot sehen“, nachdem dieser auf Vertragsauflösung geklagt hat. Núñez versucht Schuster sogar „eine Art Geisteskrankheit“ anzuhängen. In der deutschen Presse wird ein angebliches Gutachten des Klubdoktors zitiert, das dem Spieler „Zyklothymie“, krankhafte Depression, bescheinigt. Unter weniger Getöse kommt derweil von Real Valladolid der 21-jährige Fernando Hierro. Der in der Innenverteidigung und im defensiven Mittelfeld einsetzbare, hoch aufgeschossene Andalusier läuft im September erstmals für die „Selección“ auf.

Im Europapokal der Landesmeister geht Reals Leiden weiter. Dass man diesen trotz eines sehr starken Teams nicht gewinnt, ist aber auch dem Umstand geschuldet, dass mit dem AC Mailand eine der größten Mannschaften in der Geschichte des europäischen Vereinsfußballs im Wege steht. Herzstück der Lombarden ist das niederländische Trio Ruud Gullit, Frank Rijkaard und Marco van Basten. Trainiert werden „Gli Immortali“ (Die Unsterblichen) von Arrigo Sacchi. Milan spielt ein Spiel, das mit einigen Grundprinzipien des italienischen Fußballs bricht – Verzicht auf Libero bzw. „Ausputzer“, stattdessen wird mit einer flachen Viererkette, Abseitsfallen sowie ständig hohem Pressing agiert. Bei Ballverlust verteidigt das Team auf dem gesamten Spielfeld und setzt den Gegner so in jeder Zone unter Druck.

In der Vorsaison 1988/89 hat der AC Mailand Real Madrid im Halbfinale des Europapokals der Landesmeister mit 5:0 besiegt. Der *Kicker* übertitelte seinen Spielbericht mit: „Milan – ein Traum!“ Das Ergebnis stand bereits nach einer Stunde fest. Anschließend ließen die Italiener das Spiel locker auslaufen. Eine Spielzeit später trifft Real nun erneut auf die Milanisti – diesmal bereits im Achtelfinale. Und erneut ist die Hürde zu hoch: Nach einem 0:2 in Mailand reicht das 1:0 im Rückspiel vor eigenem Publikum nicht.

Letztlich werden in der Saison 1989/90 alle drei europäischen Wettbewerbe von italienischen Teams gewonnen. Im Europapokal der Landesmeister triumphiert der AC Mailand, bei den Pokalsiegern Sampdoria Genua (gegen den RSC Anderlecht) und im UEFA-Pokal Juventus Turin, das in einem „italienischen Finale“ den AC Florenz bezwingt. Dass die drei europäischen Champions aus ein und derselben Liga kommen, hat es bis dahin noch nie gegeben. Die italienischen Klubs sind aber nicht nur sportlich das Maß aller Dinge, sondern auch finanziell.

KAPITEL 7

„GALACTICOS" (1990–2010)

1990/91–1993/94 CRUYFF UND VALDANO STUTZEN REAL

Nachdem Real seit 1986 fünfmal in Folge die Liga gewonnen hat, ist nun der FC Barcelona an der Reihe. Von 1990/91 bis 1993/94 wird Barça viermal am Stück Meister. Auch die internationale Bühne gehört den Katalanen. 1992 gewinnen sie erstmals den Europapokal der Landesmeister. Trainer ist ein alter Widersacher von Real Madrid: Johan Cruyff.

In der Primera División wird Real zweimal in Folge erst am letzten Spieltag auf Platz zwei verwiesen, jeweils mit Hilfe eines ehemaligen Madrilenen: Jorge Valdano. Nach dem Ende seiner Karriere hat der Argentinier zunächst in Reals Jugend gecoacht. Gegen Ende der Saison 1991/92 wird er dann Cheftrainer von CD Teneriffa. Valdano bewahrt den Klub vor dem Abstieg. Am letzten Spieltag führt Real auf der Kanareninsel bis zur 36. Minute mit 2:0, unterliegt am Ende aber mit 2:3, was zur Folge hat, dass nicht Real, sondern Barcelona Meister wird. In dieser Spielzeit ist Reals erfolgreichster Torschütze ein Abwehrspieler: Fernando Hierro. Der exzellente Elfmeter- und Freistoßschütze trifft in der Liga 21-mal, was Platz zwei in der Torschützenliste bedeutet.

In der Saison 1992/93 führt Jorge Valdano den ehemaligen Abstiegskandidaten Teneriffa sogar in den UEFA-Cup. Erneut treffen die Kanaren und Real am letzten Spieltag aufeinander. Valdanos Team behält auch dieses Mal die Oberhand (2:0) und ermöglicht Barça ein weiteres Mal, den Rivalen noch zu überholen.

Ein wichtiger Leistungsträger in Johan Cruyffs sogenanntem Dream-Team ist der Däne Michael Laudrup. Zur Saison 1994/95 wechselt der 30-jährige Mittelfeldspieler allerdings zu Real. Cruyff plant nicht mehr mit ihm, und Laudrup kann den anstrengenden Trainer „nicht mehr ertragen". Barça ist mittlerweile ein Klub voller Intrigen, in dem sich Cruyff ständig mit dem Präsidenten zofft. Das „Dream-Team" hat sich überlebt. „Der Zyklus ist zu Ende", wie der Niederländer selbst bemerkt.

Im Sommer 1994 wird Jorge Valdano Trainer von Real Madrid. Einige Fans mögen den Argentinier nicht und schmieren rassistische Parolen an die Mauern des Bernabéu: „Valdano bleib in Afrika!" und „Nein zur Rassenvermischung, Valdano, niemals!" Vom CD Teneriffa bringt Valdano einen Landsmann mit: Fernando Redondo. Der 25-jährige argentinische Nationalspieler, technisch und taktisch eine Augenweide, pflegt das Spiel aus dem defensiven Mittelfeld heraus zu gestalten.

Mit der Saison 1992/93 tritt die Champions League an die Stelle des Europapokals der Landesmeister. Die Reform ist ganz im Sinne der großen Klubs aus den starken Ligen Europas und ein Schritt in Richtung einer Europaliga. Die Champions League bedeutet mehr Spiele und bald auch, dass Real nicht mehr Meister werden muss, um auf der großen europäischen Bühne dabei zu sein. Ab 1997 sind auch die Vizemeister bestimmter Ligen dabei, seit der Saison 1999/2000 können sich nun sogar bis zu fünf Mannschaften eines Verbandes für den Wettbewerb qualifizieren.

1994/95
RAÚL VERDRÄNGT BUTRAGUEÑO

Am 29. Oktober 1994 feiert der 17-jährige Raúl González Blanco gegen Real Saragossa sein Debüt bei den Real-Profis. Raúl ist im Arbeiterviertel San Cristóbal aufgewachsen. Sein Vater, ein häufig arbeitsloser Elektriker und Fan von Atlético, wünscht sich für den Sohn eine bessere Zukunft. Torrero oder Fußballprofi soll er werden. So schickt er den Junior in die Akademie von Atlético. Als Jesús Gil y Gil, der korrupte Bauunternehmer und Vereinsboss der „Colchoneros", im Sommer 1992 die Nachwuchsabteilung abschafft, um das Geld in das Profiteam zu stecken, wechselt Raúl zu Real. Dort kickt er in der U16, U18, U19 und ab Beginn der Saison 1994/95 in Reals C-Team. Hier schießt er in den ersten sieben Spielen 13 Tore.

Gegen Saragossa steht Raúl nur zehn Sekunden nach dem Anpfiff vor dem gegnerischen Torwart, umkurvt diesen – und jagt den Ball über den Kasten. Später trifft er mit einem Kopfball nur die Latte. Real unterliegt mit 2:3, doch Valdano ist von dem Youngster beeindruckt und sagt: „Einige Spieler sind schon als Kids Veteranen."

Eine Woche später trifft Real auf Atlético und gewinnt mit 4:2. Raúl bereitet ein Tor vor, für ein weiteres holt er einen Strafstoß heraus, einmal trifft er selbst. Eine Zeitung schreibt, Raúl habe seinen früheren Klub „massakriert". Für Fernando Hierro besteht die Stärke des Youngsters darin, dass er gleich mehrere Positionen spielt – kein „Zehner", aber auch kein richtiger „Achter" oder echter „Neuner". Vielleicht irgendetwas dazwischen. Einige von Raúls Mannschaftskameraden fahren Ferrari – für Hierro ist Raúl „ein Ferrari".

Raúls größter Fan ist Jorge Valdano, der ihn als einen „außergewöhnlichen Normalen" charakterisiert. Raúl sei ein Spieler, „der ganz klar das Wichtige vom Nebensächlichen zu unterscheiden weiß, der sich nie in Umwegen verliert, eine Dummheit begeht oder sich in absurden Polemiken ergeht". Ein „kolossaler Angreifer, der sehr gut macht, was die Verteidiger so sehr fürchten: Sich aus dem Spiel zurückzuziehen, um dann gleich wieder einzusteigen."

Am Ende der Saison wird Valdanos Team Meister. Raúl wirkt in 28 Ligaspielen mit und schießt neun Tore. Der Jungspund verdrängt den 32-jährigen Emilio Butragueño, für den nun nach 463 Pflichtspielen und 189 Toren Schluss ist.

1995/96–1996/97
DIE ÄRA SANZ BEGINNT

1995 wird der steinreiche Immobilienmakler Lorenzo Sanz Präsident des Vereins. Der Sohn eines Parkwächters und bekannten Preisboxers ist seit frühester Jugend Real-Fan. Als Jugendlicher verkaufte er mit seiner Mutter Wasserflaschen vor dem Estadio Bernabéu, damit er Alfredo Di Stéfano beim Dribbling zusehen konnte. Der neue Real-Boss greift nun kräftig in die Schatulle.

Noch während der Saison 1995/96 muss Jorge Valdano den Trainersessel räumen. Für zwei Spiele übernimmt Nachwuchscoach Vicente del Bosque die Mannschaft, anschließend und bis zum Saisonende Arsenio Iglesias. Real wird in der Liga nur Sechster. Zur Saison 1996/97 holt Sanz daraufhin Fabio Capello als Chefcoach. Der Italiener hat zuvor fünf Jahre den AC Mailand betreut und zu vier Meisterschaften sowie dem Gewinn der Champions League in der Saison 1993/94 geführt.

Vom 1. FC Köln kommt der Keeper Bodo Illgner, der mit der DFB-Elf 1990 Weltmeister geworden ist. Real zahlt die festgeschriebene Ablöse von vier Millionen Mark. Illgner unterschreibt einen Dreijahresvertrag, der ihm jährlich umgerechnet zwei Millionen Mark einbringt – zu dieser Zeit ein enormes Gehalt für einen Torwart. Illgner wird zu einem wichtigen Rückhalt seiner Mannschaft und gewinnt gleich in seiner ersten Saison die Auszeichnung als „Torwart des Jahres“. Weitere Neuzugänge sind der 23-jährige Brasilianer Roberto Carlos sowie der 27-jährige, in Neukaledonien geborene Franzose Christian Karembeu. Carlos, ein pfeilschneller und stürmender linker Außenverteidiger, wechselt von Inter Mailand zu Real. Karembeu, ein defensiver Mittelfeldspieler, kommt von Sampdoria Genua. Real präsentiert ihn als moderne Ausgabe von Alfredo Di Stéfano. Auch Barça hat intensiv um ihn geworben.

Mit Capello wird Real Meister, aber im Sommer 1997 ist auch dieser Trainer schon wieder Geschichte. Vorausgegangen ist ein

Disput mit Klubchef Sanz. Einige Spieler, die von Capellos Anforderungen an Physis und Gehirn gestresst sind, quittieren den Rauswurf mit Erleichterung. Der Italiener hinterlässt seinem Nachfolger ein bärenstarkes Ensemble aus Akteuren wie den Innenverteidigern Manolo Sanchís und Fernando Hierro, dem stürmenden Linksverteidiger Roberto Carlos, den Mittelfeldspielern Clarence Seedorf, Fernando Redondo und Christian Karembeu sowie den Stürmern Predrag Mijatović, Davor Šuker und Fernando Morientes.

1997/98
NACH 32 JAHREN ENDLICH „LA SEPTIMA" IN EUROPA

Reals Wunschkandidat für die Capello-Nachfolge ist Ottmar Hitzfeld, der mit Borussia Dortmund die Champions League gewonnen hat. Aber Klub und Kandidat erzielen keine Einigung. So bekommt ein anderer Deutscher den Zuschlag: Jupp Heynckes, der in den beiden Jahren zuvor CD Teneriffa trainiert hat. Die spanischen Medien halten nicht viel von dem Rheinländer. Ihre Skepsis nimmt zu, als Real im Januar 1998 im Pokal gegen den Zweitligisten Deportivo Alavés ausscheidet. In der Meisterschaft wird Real nur Vierter.

In der Champions League läuft es hingegen besser. Real erreicht das Finale und trifft dort am 20. Mai 1998 auf Juventus Turin. Schauplatz ist die hochmoderne AmsterdamArena, das neue Stadion von Ajax. 1995 hat Ajax die Champions League gewonnen, 1996 erneut im Finale gestanden, sich aber Juventus nach Elfmeterschießen geschlagen geben müssen. Anschließend ist eines der größten Vereinsteams in der europäischen Fußballgeschichte auseinandergefallen. Grund ist ein Urteil des Europäischen Gerichtshofs vom 15. Dezember 1995: das sogenannte Bosman-Urteil. Es verbietet künftig alle Ablöseforderungen für den Wechsel eines Spielers von einem EU-Staat in einen anderen nach Vertragsende. Auch die in einigen Ländern geltenden Ausländerbeschränkungen werden – soweit Spieler aus den EU-Staaten betroffen sind – für ungültig erklärt.

In Amsterdam läuft Real mit folgender Formation auf: Im Tor steht Bodo Illgner, die Abwehr bilden Christian Panucci, Manolo Sanchís (Kapitän), Fernando Hierro und Roberto Carlos, das Mittelfeld Fernando Redondo (Sechser), Christian Karambeu und Clarence Seedorf. Davor stürmen Raúl, Fernando Morientes und Predrag Mijatović, dem Heynckes den Vorzug gegenüber Davor Šuker gibt. Spanier sind in Heynckes' Team nur Sanchís, Hierro, Morientes und Raúl. Der Rest kommt aus Deutschland (Illgner), Italien (Panucci), Frankreich (Karambeu), Brasilien (Carlos), den Niederlanden (Seedorf), Argentinien (Redondo) und Montenegro (Mijatović). Es ist ein Team aus acht Nationen.

Real gewinnt das Finale, das vom Deutschen Hellmut Krug geleitet wird, mit 1:0. Das Tor des Abends, erzielt in der 67. Minute von Mijatović, ist ein Zufallstreffer, wie so viele Tore im Fußball. Ein misslungener Distanzschuss von Roberto Carlos wird vom Turiner Juliano berührt und verändert seine Richtung, sodass der Ball beim Torschützen landet, der Juve-Keeper Angelo Peruzzi umkurvt und halbhoch einnetzt. Real Madrid, das wie kein anderer Klub den Europapokal der Landesmeister definiert hat, darf sich nun erstmals seit 32 Jahren wieder die Krone des europäischen Vereinsfußballs aufsetzen.

Das Finale ist Heynckes' letztes Spiel als Trainer von Real Madrid. Für Lorenzo Sanz ist der Rheinländer „zu nett". Tatsächlich hat der Coach nie wirklich die Unterstützung der Klubführung genossen. Und auch nicht die der gesamten Kabine. Selbst dass Heynckes gegenüber dem Team Konzessionen eingegangen ist, beispielsweise bei den Trainingszeiten, hat ihm nicht geholfen. Zu viele Spieler waren einfach nur froh gewesen, das strenge Regiment Capellos losgeworden zu sein. Die Folge war ein Mangel an Disziplin. Der Kader firmierte bald als „Ferrari Boys".

Schon vor dem Finale hat Christian Panucci der Öffentlichkeit erzählt: „Heynckes ist ein guter Coach, aber er hat uns zu viel Respekt gegeben." Auch andere Spieler sind der Auffassung, dem Coach habe es an der Persönlichkeit, dem Charisma und der Autorität gemangelt, die notwendig seien, um ein Team wie Real zu managen. Ein Fürsprecher Heynckes' hingegen ist Raúl.

Der Trainer selbst sieht die Probleme anders: Bei Real würden zu viele Medien und zu viele Direktoren mitreden. „Man muss kein Diktator sein, aber Real muss mal darüber nachdenken, wie viele Trainer man in den letzten Jahren hatte." Bis heute ist Heynckes der einzige Coach im europäischen Vereinsfußball, der nur wenige Wochen nach dem Gewinn der Champions League entlassen wird.

Für Lorenzo Sanz ändert „La Septima" (Die Siebte) die Mentalität von Real. Der siebte europäische Königstitel habe eine schwere Last von den Schultern des Klubs genommen, das Warten darauf wie ein Mühlstein um den Hals gehangen. In Amsterdam sei der Anfang der Geschichte des „modernen Real Madrid" geschrieben worden.

1998/99
DAS DREI-TRAINER-JAHR

Auf Heynckes folgt Reals ehemaliger Außenverteidiger José Antonio Camacho, der aber nur 22 Tage amtiert und Real in keinem einzigen Pflichtspiel betreut. Für ihn kommt der Niederländer Guus Hiddink, der nach sieben Monaten ebenfalls wieder Geschichte ist. Eine Trophäe darf Hiddink dennoch mitnehmen: Am 1. Dezember 1998 gewinnt Real in Tokio das Weltpokalfinale. Die „Königlichen" schlagen Vasco da Gama aus Rio de Janeiro mit 2:1. Den Siegtreffer markiert Raúl.

Im Februar 1999 kehrt John Toshack zurück. Er ist der vierte Coach in zehn Monaten und der siebte in drei Jahren. Real-Boss Sanz erinnert bei der Vorstellung des „alten Neuen" daran: „Mit Capello haben wir die Meisterschaft gewonnen, mit Heynckes die Champions League, mit Hiddink den Weltpokal …" Dann wird der Präsident mitten im Satz von Toshack unterbrochen: „Was muss ich denn holen, damit ich bleiben darf?“

Toshack schmeißt die „Ferrari Boys“ raus und tönt in Richtung Sanz: „Eher fliegt ein Schwein übers Bernabéu, als dass ich mich ändere!“ Und auf die Frage, wie lange er noch Trainer von Real Madrid sei: „Das würde mich auch interessieren.“ Rückblickend bezeichnet der Waliser seine zweite Amtszeit bei Real als „ein bisschen wie der Einzug in Bagdad. Es gab eine Menge Probleme. Die Mannschaft hatte gerade ‚La Septima‘ errungen, und einige Leute waren verrückt geworden.“

1999/2000
VICENTE DEL BOSQUE ÜBERNIMMT

Zur Saison 1999/2000 verpflichtet Real ein Dutzend neue Spieler, darunter den französischen Stürmer Nicolas Anelka, der zuletzt für Arsenal gespielt hat und für den die „Königlichen“ 35 Millionen Euro hinblättern. Anelka benötigt fünf Monate, bevor er erstmals trifft, wird aber noch zwei ganz wichtige Auftritte hinlegen. Der Engländer Steve McManaman, bis dahin Mittelfeldspieler in Diensten des FC Liverpool, kommt ablösefrei. Trotzdem steigen Reals Schulden weiter.

Bodo Illgners Vertrag ist Anfang 1999 um weitere drei Jahre verlängert worden. Zu verbesserten Konditionen, der Keeper kassiert nun jährlich über drei Millionen Mark. Aber Toshack will einen anderen Torwart. Als Illgner sich im Oktober 1999 verletzt, steht für den Rest der Saison der 18-jährige Iker Casillas im Tor.

Der Keeper mit dem baskischen Vornamen – die Familie lebte einst in Bilbao, wo der Vater im Staatsdienst arbeitete – stammt aus dem Madrider Arbeitervorort Móstoles und hat sich bereits als Achtjähriger Real Madrid angeschlossen. Mit 16 sitzt er erstmals bei einem Champions-League-Spiel auf der Bank, herausgeholt aus dem Schulunterricht. Casillas spielt schon kurzärmelig, als die meisten der

Kollegen nur das Langarm-Trikot kennen. Die Kleidung entspricht seiner Spielweise: ein moderner Torwart, gut mit dem Ball am Fuß, reaktionsschnell, überragend in Eins-gegen-eins-Situationen und mit exzellenter Antizipation. Mit seiner Größe von 1,82 Metern nicht gerade ein Hüne, gibt es anfangs allerdings wiederholt Zweifel an seinen körperlichen Voraussetzungen für den Job. Bei Flanken sieht Casillas nicht immer gut aus. Spanische Spieler, und dies schließt Keeper mit ein, sind häufig kleiner als viele ihrer europäischen Kollegen.

Mitte November 1999, nach etwa neun Monaten, ist John Toshacks zweite Amtszeit beendet. Es folgt abermals Vicente del Bosque, Reals Jugendkoordinator, der bereits 1994 und 1996 die Rolle des Interimstrainers übernommen hat. Auch dieses Mal geht man davon aus, dass es nur eine kurze Amtszeit sein und ihn zur nächsten Saison ein prominenter Name beerben wird. Es sollen dann jedoch vier Jahre werden – länger hat in Reals Nach-Bürgerkriegsgeschichte nur Miguel Muñoz auf dem Trainerstuhl gesessen.

Der aus Salamanca, einer alten Universitätsstadt nahe der Grenze zu Portugal, stammende del Bosque ist ein „Königlicher“ durch und durch. Bereits in den 1970ern spielte er an der Seite von Breitner und Netzer. Letzterer sagt später über seinen ehemaligen Mitspieler: „Bei keinem Trainer habe ich mich so über Erfolge gefreut wie bei del Bosque.“

Der in jungen Jahren langhaarige del Bosque, mit 1,84 Metern für die damaligen spanischen Verhältnisse groß gewachsen, war zu aktiven Zeiten nicht nur physisch stark. Der defensive Mittelfeldakteur beeindruckte auch durch Spielintelligenz und organisierte Reals Spiel. Carles Rexach, damals beim FC Barcelona und später Assistent des Barça-Trainers Johan Cruyff: „Als Fußballer war del Bosque seiner Zeit voraus. Das Spiel war damals ungestüm, man schwitzte, man gab alles. Es waren schlechte Zeiten für Leute wie ihn, die richtig gut Fußball spielten.“ Del Bosque wurde als Spieler mit Real fünfmal Meister und viermal Pokalsieger.

Im Alter von 33 Jahren beendete er seine Karriere und betätigte sich fortan in Reals Nachwuchsakademie. Er trainierte das C-Team und arbeitete als Scout und Talententwickler. Für eine kurze Zeit übernahm er auch Real Madrid Castilla, das B-Team des Vereins. Über ein Jahrzehnt leitete er den Real-Nachwuchs, schulte Spieler wie Raúl, Guti und Casillas. „Ich war überzeugt, dass mein Weg die Ausbildung von Spielern ist."

Del Bosque stammt aus einer linksrepublikanischen Familie von Eisenbahnern. Sein Vater Fermín war Gewerkschafter und Kommunist, hatte im Bürgerkrieg auf Seiten der Republikaner gekämpft und war dabei in der Nähe der baskischen Stadt Migilla in die Fänge der Franco-Faschisten geraten. Fermín del Bosque wanderte für drei Jahre in ein Gefängnis in Álava. Nach dem Bürgerkrieg konnte der „reinblütige Republikaner" (Vicente del Bosque) aus politischen Gründen nicht mehr in seinen alten Beruf zurückkehren. An seiner politischen Einstellung änderte dies nichts. Fermín del Bosque blieb ein überzeugter Linker und Republikaner und verteilte heimlich Flugblätter. Vicente del Bosque: „Die Atmosphäre bei uns zu Hause war oft angespannt. Wir hörten immer verbotene Radiosender."

Auch der Sohn hat mit dem Franquismus nichts am Hut, obwohl er fast seine komplette Profikarriere beim vermeintlichen „Regime-Klub" Real Madrid verbringt. Vicente del Bosque ist ein Linker. Einer seiner intellektuellen Helden ist Miguel de Unamuno, der in der Franco-Zeit zweimal als Rektor der Universität von Salamaca suspendiert wird und eine Zeit lang im Exil verbringen muss. Während des Bürgerkriegs hatte der Pazifist bei einer öffentlichen Veranstaltung in der Universität, bei der auch Francos Ehefrau zugegen war, José Millán Astray, den einarmigen Kriegsinvaliden und Gründer der spanischen Fremdenlegion, beschuldigt, er sei „blutrünstig". Woraufhin Millán Astray skandierte: „Tod der Intelligenz! Lang lebe der Tod!" Später unterstützt Vicente del Bosque die Bestrebungen von Menschen, die herausfinden wollen, was mit ihren Vorfahren geschehen ist, die während des Bürgerkriegs von den Faschisten verschleppt wurden.

Dem integren Fachmann wird es mit seiner ausgleichenden und ruhigen Art gelingen, einen komplizierten Kader, gespickt mit Superstars wie Figo, Zidane, Ronaldo, Raúl und Roberto Carlos, auf Erfolgskurs zu bringen und zu halten. Del Bosque ist der Auffassung, dass „nur der gewinnt, der intelligent und bescheiden ist". Kern seiner Spielphilosophie ist, „das grundsätzlich Schöne mit dem bei Gelegenheit Praktischen zu mischen".

In der Zwischenrunde der Champions League unterliegt Real dem FC Bayern in del Bosques Debütsaison dennoch zweimal klar. Im Bernabéu spielen die Bayern mit den „Königlichen" Katz und Maus und siegen hochverdient mit 4:2. Beim Rückspiel in München fällt der Bayern-Sieg mit 4:1 noch deutlicher aus.

Im Halbfinale heißt es erneut Real gegen Bayern. FCB-Coach Ottmar Hitzfeld schwant vor der ersten Begegnung im Bernabéu: „Dies wird ein anderes Spiel." Er wird recht behalten, auch weil del Bosque sein Team nun anders spielen lässt als in den vorangegangenen Kräftemessen mit den Bayern. Anstatt einer Viererkette steht eine Dreierkette vor dem Keeper, die bei Ballbesitz der Bayern mit Roberto Carlos und Salgado zur Fünferkette ausgebaut wird. Im zentralen defensiven Mittelfeld spielt Redondo, den Sturm stellen Anelka und Morientes, hinter denen Raúl agiert, an diesem Abend der beste Mann auf dem Rasen – lauffreudig und mit großem Spaß am Spiel, kreativ und mit genialen Pässen in die Tiefe. Bereits in der vierten Minute trifft Anelka zum 1:0. Ausgerechnet Anelka, der zuvor von del Bosque aus disziplinarischen Gründen gesperrt wurde und in der Mannschaft nie heimisch wird. In der 33. Minute trifft Bayerns Jens Jeremies ins eigene Tor. 2:0 für Real ist auch der Endstand.

Im Rückspiel geht der FC Bayern nach zwölf Minuten in Führung. In der 31. Minute gelingt Anelka der Ausgleich, was bedeutet, dass die Münchner nun noch drei Tore schießen müssten. Es fällt jedoch nur noch das 2:1 durch Elber. Die Bayern haben von den vier Duellen mit Real zwar drei gewonnen, im Finale stehen aber die Madrilenen. Und ausgerechnet Anelka hat Real dorthin geschossen – seine beiden

Treffer gegen die Bayern bedeuten 50 Prozent seiner gesamten Torausbeute in dieser Saison.

Das Champions-League-Finale 2000 ist ein rein spanisches – im anderen Halbfinale hat sich der FC Valencia gegen den FC Barcelona durchgesetzt. Beim Anpfiff des Endspiels im Stade de France in Saint-Denis, einem nördlichen Vorort von Paris, stehen nur vier Spieler auf dem Platz, die schon im Finale von 1998 dabei waren: Roberto Carlos, Redondo, Morientes und Raúl. Panucci, Seedorf, Šuker und Mijatović haben den Klub verlassen, Karambeu drückt nur die Bank. Real gewinnt deutlich mit 3:0. Torschützen: Morientes (39.), McManaman (67.), Raúl (75.). Letzterer wird mit zehn Treffern auch Torschützenkönig des Wettbewerbs, muss sich diese Auszeichnung aber mit zwei Brasilianern teilen: Barças Rivaldo und Portos Mário Jardel.

2000/01
„LOS GALÁCTICOS"

Am 16. Juni 2000, weniger als einen Monat nach dem Gewinn der Champions League, steht bei Real die Präsidentenwahl an. Lorenzo Sanz läuft sich für eine weitere Amtszeit warm. In den fünf Jahren seiner Präsidentschaft hat er nicht weniger als zehn Trainer verschlissen. Trotzdem gibt sich der amtierende Boss siegesgewiss. Unter seiner Führung ist es gelungen, zahlreiche herausragende Spieler an Land zu ziehen – darunter Christian Panucci, Roberto Carlos, Clarence Seedorf, Davor Šuker und Predrag Mijatović. Noch wichtiger ist aber, dass Real zweimal die Champions League gewonnen hat.

Sanz' Gegenkandidat ist Florentino Pérez, Besitzer der Baufirma ACS, ein multinationaler Mischkonzern mit geschätzt 150.000 Mitarbeitern und damit die größte und bedeutendste Firma im Bausektor des betonliebenden Spaniens. Begonnen hat alles 1983, als Pérez eine marode Baufirma zu einem Schnäppchenpreis erwarb. Der Unternehmer saß lange für die Unión de Centro Democrático (kurz: UCD;

deutsch: Union des Demokratischen Zentrums) im Stadtrat von Madrid und ist befreundet mit dem konservativen Premierminister und Real-Fan José María Aznar von der Partido Popular (PP), in der sich viele Ex-Franquisten tummeln. So auch Aznars politischer Ziehvater, Manuel Fraga Iribarne, von 1962 bis 1969 Informationsminister unter dem Diktator und als solcher unter anderem Verkünder der Hinrichtungen politischer Gefangener. Pérez‘ UCD wiederum wurde am 3. Mai 1977 als taktisches Wahlbündnis der zwölf bedeutendsten Parteien der rechten Mitte gegründet und löste sich 1982 wieder auf. Sie war bürgerlich mit konservativ-liberaler Ausrichtung und galt als bedeutendste Partei der „Transición“, da sie jene Eliten des Regimes und die demokratische Opposition vereinigte, die einen friedlichen Übergang zur Demokratie anstrebten. Als Massenpartei konnte sie sich aber nie etablieren. 1981 stellte sie mit Adolfo Suárez den ersten demokratisch gewählten Ministerpräsidenten Spaniens.

Der *El País*-Journalist John Carlin hat Pérez einmal wie folgt charakterisiert: „Florentino hat einen trockenen Humor. Er hat eine außerordentliche Liebe zum Detail. Er ist der Einzige in der Hierarchie von Real Madrid, der mir innerhalb von fünf Minuten antwortet, wenn ich ihm eine SMS schicke. Er ist außerordentlich ehrgeizig. Er denkt groß – in seinem Business wie im Fußball. Unter Druck bleibt er extrem cool. Je heißer die Atmosphäre in einem Raum, desto cooler agiert er.“ Der Mann, der Real bald strahlen lässt wie zuletzt vielleicht in der Zeit von Di Stéfano, Puskás und Gento – jedenfalls was die Namen der Akteure anbelangt –, ist dabei selbst eine eher blasse Erscheinung. Der einzige Luxus, mit dem er sich schmückt, ist eine teure Yacht, die er nach seiner Frau „Pitina II“ benennt. Ausschweifungen sind nicht bekannt. Der *Spiegel* bezeichnet ihn 2009 als „Mann von freundlicher Farblosigkeit, nüchtern, fast scheu“. Als Pérez 1995 das erste Mal für das höchste Amt bei Real Madrid kandidierte, attestierte ihm ein vereinspolitischer Gegner eine „Aura von Mehltau“.

Präsidentschaftskandidat Pérez thematisiert im 2000er-Wahlkampf nun die finanziellen Probleme des Vereins und unterstellt den vorherigen Vorständen Missmanagement. Vor allem aber verspricht er der Wählerschaft, er werde den portugiesischen Superstar Luís Figo vom Erzrivalen Barcelona zu Real holen, Europas „Fußballer des Jahres 2000", ein Antreiber mit magischem Ballgefühl.

Als Barça in der Saison 1998/99 Meister geworden ist, hat Figo in Richtung Madrid gerufen: „Weiße Heulsusen, gratuliert dem Champion!" Nun erklärt der Umworbene: „Egal ob Pérez die Wahl gewinnt oder verliert – ich bleibe in Barcelona." Und Barça-Boss Joan Gaspart stellt klar, man werde Figo niemals zu Real gehen lassen. Gaspart hofft, dass die hoch verschuldeten Madrilenen das Geld für den Transfer nicht aufbringen können.

Nicht zuletzt dank des Figo-Versprechens gewinnt Pérez die Wahl. Und Figo wechselt dann tatsächlich zu den „Blancos", für die Rekordsumme von 58,2 Millionen Euro. Der Spieler klingt nun ganz anders. Der Wechsel falle ihm leicht, denn „bei Barça war ich nicht damit zufrieden, wie man mich wertschätzte". Für die Katalanen ist der Portugiese fortan nur noch „Judas Figo". Keinen anderen Spieler hassen die Barça-Fans so sehr wie Figo. Der FC Barcelona bietet sogar an, dass jeder Fan, der eines der 25.000 Figo-Trikots gekauft hat, sich kostenlos den Aufdruck „Luís Figo" und die Nummer 7 vom Shirt entfernen lassen kann.

Die Verpflichtung des Mittelfeldspielers ist der Startschuss der „Galáctico-Strategie" des neuen Präsidenten. Florentino Pérez ist überzeugt, dass „die teuersten Spieler am Ende auch die rentabelsten sind" – nicht nur weil sie den Gewinn von Trophäen wahrscheinlicher machen, sondern mehr noch wegen ihres hohen Vermarktungspotenzials. Superstars locken Zuschauer ins Stadion, kurbeln das Merchandising an (hier vor allem den Verkauf von Trikots), verheißen höhere Einnahmen bei Sponsoring und dem Verkauf von TV-Rechten. Superstars ermöglichen eine Form der Vermarktung, die über den heimischen Markt weit hinausgeht. Pérez will Real als „globale Marke" etablieren. Zwei Jahrzehnte nach seinem ersten Amtsantritt gilt es heute als Binsenweisheit, dass Superstars ein wichtiger Schlüssel zur

Eroberung des globalen Marktes sind. Zumal in einer Zeit, wo sich junge Menschen mehr mit Spielern als mit Vereinen identifizieren. Oder die Identifikation mit dem Verein über den Spieler erfolgt.

Pérez will den finanziell maroden Klub nicht mit Hilfe von Sparmaßnahmen sanieren. Vielmehr lautet sein Motto: Sanieren durch Investieren. Die „Galáctico-Strategie“ ist nicht wirklich neu. Genau betrachtet handelt es sich nur um eine modifizierte Neuauflage der Politik von Santiago Bernabéu.

Neuer Sportdirektor wird ein alter Bekannter: Jorge Valdano. Für das Image des Klubs ist der Argentinier von unschätzbarem Wert. Auch weil der kultivierte Intellektuelle und Feuilletonist mit seinen politischen Ansichten allen widerspricht, die die Geschichte der „Königlichen“ auf die eines „Franco-Klubs“ reduzieren möchten. Valdano ist ein Fußballphilosoph, ein fußballerischer Schöngeist und literarisch extrem bewandert. Der Autor von Büchern und zahllosen Essays spricht auch die Intellektuellen sowie die Liberalen und Linken an und macht allein schon dadurch den Klub noch größer. 2006 ist Valdano der erste Autor, der von der in Nürnberg ansässigen Deutschen Akademie für Fußballkultur den Kulturpreis für das „Fußballbuch des Jahres“ verliehen bekommt. Interviews mit ihm sind ein Hochgenuss, auch und gerade in fußballkultureller Hinsicht – zumal dann, wenn sie von einem Journalisten wie Javier Cáceres geführt werden, dem Spanien-Experten der *Süddeutschen Zeitung*. „Ach, redet doch weiter“, denkt man, „immer weiter …“ Denn kaum jemand kann so schön und treffend über Fußball sprechen wie Valdano.

Der kritisiert unter anderem die Ignoranz, mit der die politische Linke das Spiel in der Vergangenheit bedacht hat: „Die Linke beschäftigt sich mit einer kritisch-ideologischen, politisch-ökonomischen und sozialpsychologischen Analyse des Phänomens, ein enormer intellektueller Kraftakt, nur um den Fußball zu verachten. Die stets effiziente Rechte war da schon konkreter: Sie benutzte den Fußball für ihre Herrschaftsinteressen.“ Zugleich liefert Valdano den Stoff dafür, warum Fußball auch ein Spiel für liberal und links gesinnte Menschen ist: „Die erste Kooperative, an der ich beteiligt war, war eine Fußballmannschaft: Man musste seine Arbeit in den Dienst des Kollektivs stellen." Er habe schon immer „an die Fähigkeit des Fußballs geglaubt, das Andersartige zu integrieren". Die spontanen Spiele, die er als Kind und Jugendlicher beim Straßenkick erlebte, hätten sich als „ungeordnete Schule der Toleranz" erwiesen. Später sei der Fußball für ihn ein Mittel zum Leben geworden, „und während ich hinter dem Ball her durch die halbe Welt fuhr, begriff ich, dass das Spiel seine eigene Sprache hat und dass diese universell ist. Ich lernte Leute kennen, die einen anderen Hintergrund hatten, doch dieser kulturelle und sprachliche Unterschied war auf dem Platz keine Barriere mehr." In einer Mannschaft müsse es „ein ökologisches Gleichgewicht geben, sodass sich die Unterschiede schließlich harmonisch zusammenfügen".

Valdano ist der beste Vertreter des „Galáctico"-Konzeptes. Er verleiht ihm intellektuellen Glanz. Der Sportdirektor glaubt an die Kraft des Individuums: „Es ist eine Lüge, dass wir alle gleich sind. Man muss die Räume des Genies respektieren. Die Methodologie ist die Inszenierung, aber die Spiele gewinnen die großen Namen." Später kritisiert er die Entwicklungen in den Nachwuchsakademien und trifft dabei den Nagel auf den Kopf. Valdano im Interview mit Javier Cáceres: „Die Akademien haben die durchschnittlichen Spieler besser gemacht, aber die Unterschiedsspieler schlechter. Weil alle den Ball auf gleiche Art berühren, weil alle gleich laufen müssen. Das konditioniert das Spiel. Wenn du einem Spieler die Freiheit geben willst, muss er heutzutage erst verlernen, was er sich angeeignet hat." Besonders im modernen Fußball mit seinem Mangel an Räumen bedürfe es individueller Lösungen. Und Spieler, die dazu in der Lage sind, solche zu entwickeln und zu verfolgen – Spieler wie Cruyff, Maradona und Messi.

Auch für Valdano hat Real „die Verpflichtung, die besten Spieler des Universums zu uns zu holen". Aber was verbindet ihn darüber hinaus mit dem konservativen Bauunternehmer Pérez? Beide betrachten Fußball als eine Metapher des Lebens, als ein Spiel, das den Menschen dabei hilft zu verstehen, wer sie sind. Beide pflegen eine romantische Vorstellung von diesem Spiel. Beide denken universalistisch, betrachten Real als globale Marke. Für Valdano wie Pérez ist ihr Verein „mehr als nur ein Klub". Das ist zwar das Motto des FC Barcelona, doch diesbezüglich sind die beiden Herren von den Katalanen gar nicht weit entfernt. Nur dass bei ihnen natürlich das Element des katalanischen Nationalismus entfällt. Real ist „mehr als Fußball", der Fußball des Klubs soll für Werte stehen. Und hier zuvörderst für „Señorío", Vornehmheit.

Als Präsident erarbeitet Pérez für die Spieler eine Art Knigge, der auch als Leitbild für den gesamten Klub taugt. Anlässlich des hundertjährigen Jubiläums 2002 überreicht er allen Spielern ein Buch, dessen wichtigste Passagen fett und manchmal auch in Großbuchstaben gedruckt sind. Hier liest man u. a., dass Real „elegant im Geiste" sei und „stets die andere Wange hinhalte". Real sei „ein Gewinnerteam, aber wir müssen immer GUT GEWINNEN. Wenn Real Madrid verliert, geben die Spieler ihren Gegnern ohne Eifersucht und Groll die Hand. Bei Schiedsrichtern zu protestieren oder Gegner zu konfrontieren führt ins Leere, schadet unserem Image als vornehmer Klub und ist ein klares Zeichen von Schwäche. Real Madrid klagt nicht. Entscheidungen des Schiedsrichters werden nicht kommentiert."

In den kommenden Jahren besteht Reals Kader aber nicht nur aus Superstars. Mit der „Galáctico"-Strategie geht auch eine Stärkung der Akademie einher, denn mit Spielern wie Figo, Zidane etc. an Bord kann man sich nicht zusätzlich teures Mittelmaß leisten. Pérez schwebt ein Team vor, das aus teuer erworbenen Stars sowie Spielern besteht, die aus dem hauseigenen Nachwuchs stammen – wie Raúl, Casillas und Francisco Pavón. Spieler, die anders als die Stars nicht nur keine Ablöse kosten, sondern im Vergleich zu diesen auch eher bescheidene Gehälter beziehen. So wird Pérez' Kaderpolitik anfangs auch „Zidanes y Pavónes" getauft. Francisco „Paco" Pavón wird zur Stammkraft im Profiteam, als sich einige der etablierten Kräfte verletzen. Seinen Einstand gibt der Innenverteidiger am 6. Oktober 2001 beim 2:0-Sieg über

Athletic Bilbao. In der Saison 2001/02 steht er in 28 Liga-, sieben Pokal- und zehn Champions-League-Begegnungen auf dem Platz, aber die ganz große Karriere ist ihm letztlich nicht vergönnt.

Anders als in Barcelona liegt der Förderung von Spielern aus der hauseigenen Akademie also keine fußballerische Philosophie zugrunde. Sie ist vielmehr eine ökonomische Notwendigkeit. Während die „Pavónes“ helfen sollen, den Erwerb von teuren Stars zu finanzieren, wird die Entschuldung des Klubs mittels des Verkaufs des Vereinsgeländes betrieben.

Die am 18. Mai 1963 offiziell eingeweihte Ciudad Deportiva (Sportstadt) ist ein Kind von Santiago Bernabéu. Das Gelände, auf dem sich Plätze für die Profis und den Nachwuchs befinden sowie ein Ministadion für das B-Team, ein Schwimmbecken, eine Halle für die Basketballer, Tennisplätze und eine Eisporthalle, ist 110.000 Quadratmeter groß und liegt mitten im aufstrebenden Finanzviertel der Stadt und somit in einer der teuersten Gegenden von Madrid. Die Stadtverwaltung widmet das Gelände in Bauland um und erlaubt die Errichtung von Wolkenkratzern. Dem Klub helfen die guten Beziehungen ihres Präsidenten zur PP, die den Stadtrat von Madrid dominiert. Real ist nun wieder das „Regime-Team“.

Die Umwidmung steigert den Wert des Geländes. Ein Drittel des Erlöses geht an die Stadt, den Rest verkauft Real für rund 480 Millionen Euro an Privatunternehmen, die hier die „Cuatro Torres Business Area“ (das „Vier-Türme–Geschäftsviertel“) errichten. Die „vier Türme“ sind Madrids höchste Hochhäuser. Der englische Journalist Giles Tremlett tauft sie „Galácticos“.

Real investiert 90 Prozent der Einnahmen aus dem Verkauf in Land und Steine – in den Bau eines neuen Trainingsgeländes sowie die Modernisierung des Estadio Bernabéu. Im Nordosten Madrids und in Nachbarschaft zum Flughafen Barajas und zum Messegelände entsteht auf einem 120 Hektar großen Gelände die Ciudad Real Madrid mit u. a. zwölf Trainingsplätzen. Nicht nur die Fußball-Profis und der Fußball-Nachwuchs, auch die Basketballer finden hier eine neue Heimat. Basketball ist in Spanien hinter Fußball in der Publikumsgunst die Nummer zwei. Reals Basketballabteilung wurde 1931 gegründet. Mit acht Siegen im Europapokal der Landesmeister, vier im Europapokal der Pokalsieger und zwei in der EuroLeague ist Real der erfolgreichste Basketballverein Europas. Auch national ist man mit bislang 36 Meisterschaften und 28 Pokalsiegen Rekordhalter.

Luís Figo ist im Sommer 2000 die spektakulärste, aber nicht die einzige Neuerwerbung. Von Celta Vigo kommt der französische Nationalspieler Claude Makélélé, der 14 Millionen Euro kostet. Etwa elf Millionen mehr muss Real an Deportivo La Coruña für den Brasilianer Flávio Conceição überweisen. Beide spielen im defensiven Mittelfeld. Zu dieser Zeit sind dies hohe Summen für Defensivspieler.

Fernando Redondo wird nach sechs Jahren im weißen Trikot weggeschickt. Real verkauft den 30-jährigen eleganten Spielgestalter für etwa 17,5 Millionen Euro an den AC Mailand. Der Spieler will Madrid allerdings nicht verlassen. Die Fans, bei denen Redondo äußerst beliebt ist, protestieren. Vor allem die „Ultras" gehen auf die Barrikaden.

Mit Figo, der die Position des auf Pérez' Abschussliste stehenden McManaman übernimmt, gewinnt Real 2000/01 erstmals seit vier Jahren wieder die Liga. International geht man jedoch leer aus. Im Halbfinale der Champions League scheitert Real am FC Bayern, die Begegnungen gehen mit 0:1 und 1:2 verloren. Im Europäischen Supercup zieht man gegen Galatasaray Istanbul mit 1:2 den Kürzeren, mit dem gleichen Ergebnis unterliegen die „Königlichen" im Weltpokal für Vereinsmannschaften den Boca Juniors aus Buenos Aires.

Und doch verändert der Wechsel von Figo zu Real nicht zuletzt auch das Kräfteverhältnis zwischen den beiden spanischen Giganten. Figo ist Barças wichtigster Spieler gewesen. Mit ihm gewannen die Katalanen von 1996 bis 2000 einmal den Europapokal der Pokalsieger sowie je zweimal Meisterschaft bzw. Copa del Rey. Nach seinem Wechsel holt Barça vier Jahre lang keine Trophäe, während Real in dieser Zeit je einmal die Champions League und den Weltpokal gewinnt sowie zweimal Meister wird. Figos Wechsel hat somit einen ähnlichen Effekt wie der von Michael Laudrup 1994.

Drei Monate nach seinem Abschied aus Barcelona muss Figo mit Real zurück ins Camp Nou. Zu diesem Zeitpunkt hat der Portugiese 23 der 29 Eckstöße seiner Mannschaft getreten. Aber an diesem Abend tritt er nicht einen einzigen – aus Sicherheitsgründen, um den Barça-Fans nicht zu nahe zu kommen. Jedes Mal, wenn er sich einer der Ecken des Spielfelds nähert, prasseln Gegenstände auf ihn nieder: Münzen, drei Mobiltelefone, Stücke von Steinen und eine Fahrradkette. Figo: „Ich muss wohl einer der wenigen Sportler sein, der 120.000 Menschen gegen sich hatte. Als ich zum ersten Mal wieder im Camp Nou war, gab es einen Heidenlärm."

Und der „Galáctico" Luís Figo mobilisiert auch in Madrid die Massen. In der Saison 1999/2000 ist nur ein Heimspiel von Real ausverkauft gewesen – nicht einmal gegen Barça war das Stadion voll. 2000/01 sind 18 der 19 Auftritte im Bernabéu ausverkauft.

Mit dem 36-jährigen Manolo Sanchís verabschiedet sich unterdessen am Saisonende der Letzte der „Quinta del Buitre" – nach 18 Jahren und 710 Spielen in der ersten Mannschaft, deren Kapitän er 13 Jahre war.

2001/02
ZIDANE KOMMT ZUM JUBILÄUM

Im Sommer 2001 dockt mit dem Franzosen Zinédine Zidane der nächste „Galáctico" an. Der Star der französischen Weltmeisterelf von 1998 ist bereits 29, kostet Real aber gut 75 Millionen Euro – ein neuer Weltrekord. Jorge Valdano ist der Auffassung, dass Fußball im Kopf anfange, also viel mit Intelligenz zu tun habe. Sein Beweisstück ist Zidane: „Er ist ein Spieler, der je nachdem, was die Situation erfordert, eine logische Intelligenz oder eine kreative Intelligenz zeigt." Erstere mache ihn zum Anführer, die zweite Version zu einem vierten Mittelfeldspieler. Er verstehe es, „in den neutralen Bereichen des Spielfelds zu tun, was getan werden muss, und versteht es, im Angriff mit Einfallsreichtum klarzumachen, wo der Fußball die freien Räume versteckt". Man könne ihn als Torjäger bezeichnen, der keine Tore schießt, „denn er spielt, um welche vorzubereiten. Ein wunderbarer Mittler, der seine Mitspieler besser macht." Sein großer, mächtiger Körper würde den Eindruck erwecken, dass er langsam sei, aber großer Fußball hänge von der Schnelligkeit des Denkens ab: „Zidane braucht nur Zehntelsekunden, um alles zu sehen – die Bewegung seiner Vorderleute, die Absicht der Gegenspieler, die Räume, die sich öffnen und wieder schließen." Zidanes größter Fan ist Alfrédo Di Stéfano, der ihn einen „Maestro" nennt.

Für den Journalisten Ronald Reng beginnt mit Zidane allerdings zugleich die „Vertreibung des Spielmachers" aus dem Spiel der „Königlichen": „Bei Real Madrid lief ein Feldversuch namens ‚los Galácticos', man wollte die feinsten Ballspieler in eine Elf stecken. Doch just in diesem Team, das auf außerirdische Art das elegante Spiel verwirklichen wollte, spielte Zidane plötzlich auf dem linken Flügel. Das Genie wurde an den Rand gedrängt. Zidanes Versetzung war eine Notreaktion. Immer mehr Teams verbarrikadierten damals das Zentrum mit zwei defensiven Mittelfeldakteuren. Der Spielmacher war permanent in Unterzahl, allein gegen zwei. Madrids Trainer Vicente del Bosque überlegte: Wenn Zidane vom linken Flügel aus startete, um diagonal ins Zentrum zu sprinten, hatte er Schwung und den Blick nach vorne gerichtet; er war im Vorteil, ehe ihn des Gegners defensivere Mittelfeldblockierer stellten. Vor allem jedoch sollte er nur noch selten bis ins Herz des Spiels vordringen. Er würde halblinks bleiben, die Verbarrikadierer herauslocken und so Lücken für die Stürmer schaffen. Das Manöver wurde ein voller Erfolg. Schon bald gab es überall Nachahmer. Nur ein echter Spielmacher war Zidane nicht mehr. Sein Einfluss war auf die halblinke Parzelle des Feldes beschränkt. Seine Pässe waren noch immer Geistesblitze, aber er war nur noch ein Teil des Angriffsmanövers, nicht mehr der alles manövrierende Stratege."

Andere potenzielle Spielmacher fallen auf die „Sechser"-Position zurück, um das Spiel mehr aus der Tiefe der eigenen Hälfte zu gestalten. Und wieder andere orientieren sich zentral offensiver als der klassische „Zehner". So Mesut Özil, den José Mourinho in Richtung Sturm schieben wird.

Im März 2002 verkündet Jorge Valdano: „In 100 Jahren hat es mit dem Triple nicht geklappt. Die drei Titel liegen vor uns. Es wird schwer, doch wir haben die Chance, drei Mal richtig anzugreifen." In der Liga wird Real allerdings nur Dritter, neun Punkte hinter Meister Valencia, trainiert von Rafael Benítez. Im Pokal erreicht man immerhin das Finale, das der Verband als Verbeugung vor dem 100. Geburtstag im Estadio Bernabéu austragen lässt. Real verliert jedoch gegen Deportivo La Coruña. Immer wieder in der Kritik: Zidane, der sogar überlegt hinzuschmeißen.

Die Saison rettet die Champions League, wo es im Halbfinale zum Duell mit dem FC Barcelona kommt. Das letzte Mal, dass sich die beiden Rivalen auf der europäischen Bühne maßen, war in der Saison 1959/60 gewesen. Auf dem Weg zum Camp Nou wird der Real-Bus von Barça-Fans mit Steinen und Flaschen bombardiert. Die Spieler müssen sich auf den Boden legen, weg von den Fenstern, die Hände über dem Kopf. Im Spiel ist Barça eine Stunde lang das bessere Team, aber Zidane und McManaman schießen Real zum 2:0-Sieg. Zurück in Madrid wird das Team am Flughafen von 5.000 Fans empfangen. Das Rückspiel im Bernabéu endet unentschieden (1:1).

Das Finale findet im Hampden Park zu Glasgow statt. Gegner ist Bayer Leverkusen, trainiert von Klaus Toppmöller. Real geht als klarer Favorit in das Spiel, zumal bei Bayer mit Jens Nowotny und Zé Roberto wichtige Leistungsträger ausfallen. Ein dritter, Michael Ballack, geht angeschlagen in die Partie. Raúl bringt Real nach acht Minuten in Führung, Lúcio kann nur fünf Minuten später ausgleichen. Kurz vor dem Pausengang erzielt Zidane per Seitfallzieher das 2:1.

Im Tor der Madrilenen steht César Sánchez, den Real im Sommer 2000 geholt hat – mangels Vertrauen in den jungen und etwas zu klein geratenen Iker Casillas. Bodo Illgner war dadurch in der Torhüter-

Hierarchie auf den dritten Rang gerutscht. Nach der Saison 2000/01 hatten Real und der deutsche Keeper dessen Vertrag einvernehmlich aufgelöst. Illgner beendete wenig später seine Karriere. Im Hampden Park muss Sánchez nun nach 68 Minuten seinen Kasten verletzt verlassen. Für ihn kehrt Casillas zurück zwischen die Pfosten, der mit einer Reihe starker Paraden den Vorsprung rettet. Raúl sagt einige Jahre später: „Wir haben an diesem Abend sehr gelitten. Leverkusen hätte den Ausgleich schaffen können. Und dann wären wir nicht mehr dazu in der Lage gewesen, sie zu stoppen."

Für Iker Casillas markiert das Finale von Glasgow den Durchbruch. Er bleibt nun für viele Jahre Reals Nummer eins und hütet auch das Tor der Nationalmannschaft. In Reals Starensemble bürgt Casillas für einen Rest an Bodenständigkeit. Zu Beginn seiner Profikarriere fuhr er mit dem altersschwachen Renault seines Vaters zum Training. Den Titel eines „Galaktischen" weist der stille Star, der Prominenten-Discos meidet, stets brüsk von sich – er sei nur „ein Mann aus Móstoles". Für den fast 30-jährigen Zinédine Zidane ist es der erste Erfolg in einem Champions-League-Finale – nach zwei vergeblichen Anläufen mit Juventus Turin.

Nach dem neunten Triumph in der Königsklasse lechzen die „Königlichen" nach „La Décima". Aber zunächst folgt international eine lange Durststrecke, in der andere Klubs triumphieren. So der FC Barcelona, der den „Henkelpott" 2006, 2009 und 2011 gewinnen wird.

2002/03
ABSCHIED VON DEL BOSQUE UND HIERRO

Reals nächster „Galáctico" ist der brasilianische Torjäger Ronaldo, genannt „Il Fenomeno", der für 45 Millionen Euro von Inter Mailand kommt.

Am 23. November 2002 muss Luís Figo zum zweiten Mal mit Real im Camp Nou antreten. Die Pfiffe, mit denen er empfangen wird, gehen als lautestes Pfeifkonzert in der Fußballgeschichte des Landes in die Annalen ein. Bei jedem Ballkontakt des Portugiesen hallt es „Pesetero“ („Geldhure“) von den Rängen. Als Figo einen Eckstoß ausführen will, wird er mit Plastikflaschen, faulem Obst, Münzen, Messern, einer Whiskeyflasche und – als Höhepunkt – einem Schweinskopf beworfen. Figo muss sich in die Mitte des Spielfelds zurückziehen. Barças Spieler und Betreuer versuchen, die Fans zu beschwichtigen, indes ohne Erfolg. Der Schiedsrichter schickt beide Teams in ihre Kabinen. Nach einer Viertelstunde wird die Partie mit dem noch nicht ausgeführten Eckstoß fortgesetzt. Die Begegnung endet torlos – aber das ist an diesem Abend nur Nebensache.

Am Vorabend des WM-Finales 1990 waren die römischen Caracalla-Thermen Schauplatz einer Premiere gewesen. Das Ensemble „Die drei Tenöre“ gab sein erstes öffentliches Konzert, verfolgt von 6.000 Besuchern in der Therme und von fast einer Milliarde Menschen weltweit vor den TV-Geräten. „Die drei Tenöre“, das waren die drei Opernsänger Luciano Pavarotti, José Carreras und Plácido Domingo, samt und sonders Fußballfans. Der füllige Italiener Pavarotti war als Jugendlicher ein begabter Spieler gewesen und lebenslang Fan von Juventus Turin. Der Katalane Carreras ist ein fanatischer Barça-Fan. Mit nicht weniger Enthusiasmus begleitet der Madrilene Domingo Real Madrid.

Pavarotti, Domingo und Carreras haben nicht nur die Rezeption des Fußballs verändert, der durch das WM-Konzert in den Caracalla-Thermen kulturell aufgewertet wurde, sondern auch die der Klassik-Welt. Der Auftritt der drei Tenöre ist der Startschuss zu einer Serie von Stadionkonzerten gewesen. Die Hochkultur hat die elitären Opernhäuser verlassen und geht seither auf die Massen zu – open air.

Als die „Königlichen“ 2002 ihr hundertjähriges Bestehen feiern – tatsächlich war der Klub 1902 ja „nur“ offiziell bei der Stadtverwaltung angemeldet worden und bestand bereits seit 1896 –, komponiert und singt Plácido Domingo die „Himno del centenario“, noch heute ein beliebter Fangesang der Real-Gemeinde.

Zum Jubiläumsprogramm gehört auch ein Spiel gegen eine Weltauswahl. Allerdings ist Reals Team das glamourösere: Ronaldo, Zidane, Figo, Roberto Carlos, Raúl, Fernando Hierro, Casillas … Für den englischen Journalisten Sid Lowe hat es „so ein Team vielleicht noch nie gegeben, nicht seit der Ära Alfredo Di Stéfano. Es war, als hätten sie beim Computerspiel ‚Fußballmanager' geschummelt. Als Madrids Kapitän Hierro sagte: ‚Von den zehn besten Spielern der Welt haben wir fünf', war das kaum übertrieben."

Die spanische Post und der Klub legen zum Jubiläum eine Briefmarke auf. In deren Ankündigung heißt es pathetisch: „Wir senden das Image des größten Klubs des 20. Jahrhunderts an Millionen von Menschen auf der ganzen Welt, über fünf Kontinente, über Sprachen und Kulturen hinweg – so wie es für Real Madrid nur richtig ist, ein Klub, der sich über Grenzen, Rassen und Sprachen hinwegsetzt."

Drei Spieltage vor dem Ende der Saison 2002/03 führt in der Primera División Real Sociedad San Sebastián die Tabelle an. „Blancos"-Kapitän Fernando Hierro ruft dazu auf, sich auf den Fußball zu konzentrieren. Ihn stört, dass sich alles nur noch um den bevorstehenden Wechsel von David Beckham nach Madrid dreht, für den sich Klubpräsident Florentino Pérez ausgiebig feiern lässt. Der Fußball sei zur Nebensache verkommen, so Hierro. Pérez missfällt die Intervention des Kapitäns.

Am vorletzten Spieltag gewinnt Real bei Atlético mit 4:0, Ronaldo und Raúl treffen jeweils zweimal. Beim Ligafinale wird auch Athletic Bilbao bezwungen. Der 3:1-Sieg bedeutet die Meisterschaft. Bei der anschließenden Feier allerdings geraten Hierro und weitere Spieler mit Pérez heftig aneinander. Trainer del Bosque, der die Szene mitbekommt, mischt sich nicht ein, lässt es geschehen.

In der Champions League hat man es zuvor nur bis ins Halbfinale geschafft, wo Real gegen Juventus Turin den Kürzeren zieht. In Madrid gewinnen „Los Blancos" mit 2:1, im Turiner Stadio delle Alpi liegt man eine Minute vor Schluss mit 0:3 zurück, ehe Zidane gegen seinen ehemaligen Klub wenigstens noch der Ehrentreffer gelingt. Was angesichts der „Galáctico-Strategie" kaum jemand ahnt: So gut wird Real in der Champions League erst wieder acht Jahre später abschneiden.

Nach der Saison muss Vicente del Bosque gehen. Er erfährt dies von einem TV-Journalisten. Florentino Pérez ist der Schnauzbartträger nicht glamourös genug, sein Auftreten und seine Methoden sind ihm zu „altmodisch", vielleicht ist ihm del Bosque auch „zu links". Zudem hat der Trainer wiederholt die wilde und sündhaft teure Einkaufspolitik des Präsidenten kritisiert.

Del Bosque, ein treuer, bescheidener „Klub-Soldat", aber eben aus einer anderen Zeit, ist für den Real-Boss Geschichte. Er passt nicht zum marketingorientierten Geschäftsplan von Pérez. Auf einer Pressekonferenz erklärt dieser die Trennung wie folgt: „Das Profil von del Bosque ist ein traditionelles. Wir suchen jemanden, der mehr Wert auf Taktik, Strategie und individuelle Vorbereitung legt. Wir glauben, dass der Kader, den wir aufbauen, mit einem Trainer, der einen ganz anderen Charakter hat, stärker wäre." Auch habe man bei del Bosque Anzeichen von Erschöpfung registriert.

Der Trainer ist vom Rauswurf schwer getroffen. „Real war meine Familie. Niemand sollte mir Unterricht in Madridismo erteilen. Der Schmerz wird zu meinen Lebzeiten nicht gestillt werden", klagt del Bosque.

Die Trennung von del Bosque ist vielleicht die größte Fehlentscheidung in der ersten Amtszeit von Florentino Pérez. Denn del Bosque ist der letzte Trainer, der es versteht, aus einer Ansammlung eitler Superstars und Spielern aus dem eigenen Nachwuchs ein schlagkräftiges Team zu formen. Ronaldo äußert später: „Vicente del Bosque war der einzig mögliche Trainer für die Galaktischen." In den folgenden sieben Spielzeiten, also bis zum Sommer 2010, wird Real neun Trainer verschleißen. Die durchschnittliche Verweildauer beträgt 270 Tage.

Tatsächlich ist del Bosque keineswegs aus der Zeit gefallen, sondern vielmehr seiner Zeit voraus, was er noch als Trainer der Nationalelf beweisen wird. Nach dem Gewinn der WM 2010 zitiert Luis Martin Gómez in einem Trainerporträt für *11 Freunde* Francisco

Mesonero, Experte für Personalmanagement: „Man kann sagen, dass del Bosque ganz und gar dem Anforderungsprofil für Führungskräfte im 21. Jahrhundert entspricht. Er unterjocht niemanden, sondern schafft es zu überzeugen, wobei er durch sein maßvolles Auftreten ein Klima schafft, in dem sich Leute sicher und geborgen fühlen. Ihm ist es gelungen, dass sich jeder Einzelne verantwortlich für Sieg und Niederlage fühlen konnte. Damit erfüllt er eine der wichtigsten Forderungen des modernen Personalmanagements: die Einbindung aller Kräfte, seien es Spieler, Serviceleute, Fans, Journalisten, ja sogar die Gegner, denen er stets größten Respekt zollt." Auch Real-Legende Pirri, dessen Mitspieler del Bosque gewesen ist, hält diesen für eine perfekte Führungspersönlichkeit: „Er ist seinen Spielern ein Vorbild, und das steigert ihr Engagement. So entsteht eine Art moralischer Schuld gegenüber dem Trainer, und er wird zu jemandem, den man auf keinen Fall enttäuschen darf."

Auch für den 35-jährigen Kapitän Fernando Hierro ist am Saisonende kein Platz mehr bei Real – nach 14 Jahren bei den „Königlichen", mit denen er fünfmal die Liga und dreimal die Champions League gewonnen hat.

2003/04 BECKHAM KOMMT

Der von Pérez versprochene Trainer mit einem „ganz anderen Charakter" als del Bosque ist der mehrsprachige Portugiese Carlos Queiroz, zuvor Assistent von Alex Ferguson bei Manchester United.

Und mit David Beckham dockt nun der „Galáctico" schlechthin bei Real an. Ein unbestreitbar großartiger Fußballer. Noch größer als sein Können im Umgang mit dem Ball ist indes sein globales Vermarktungspotenzial. Inocencio Arias, Spaniens Botschafter bei den UN und Real-Fan, flippt geradezu aus: „Was Philipp II. wegen der Engländer nicht erreichen konnte, ein Imperium zu errichten, in dem die Sonne niemals untergeht, wird nun Real Madrid gelingen – paradoxerweise dank eines Engländers."

Zur ersten Pressekonferenz mit Beckham kommen über 1.000 Journalisten, die Hälfte von ihnen muss mit einem Platz vor der Tür vorliebnehmen. Mit Rücksicht auf den asiatischen Markt bzw. die asiatischen TV-Sender wird die Vorstellung des neuen Superstars auf elf Uhr morgens angesetzt. Als Beckham das Podium erklimmt, ertönt im Hintergrund Placido Domingos „Himno del centenario". Der Star wird eingerahmt von Pérez und Alfredo Di Stéfano. Pérez betont Beckhams globalen Appeal und dass der Neuzugang Real nicht nur auf dem Rasen, sondern auch jenseits davon besser machen werde. Beckham bekommt ein Trikot mit der Rückennummer 23 überreicht – die 23 trug auch die Basketballikone Michael Jordan, der beste Basketballer aller Zeiten sowie ein Werbeträger, wie ihn der professionelle Sport noch nicht gesehen hat. Der Star der Chicago Bullls generiert als Werbepartner von Nike und anderen Unternehmen bis 1998 einen Umsatz von etwa zehn Milliarden US-Dollar. Beckham ist kein Michael Jordan, aber mit Hilfe des neuen „Galácticos" kann Real seine Trikotverkäufe um 137 Prozent steigern. Die Präsentation von David Beckham als „Michael Jordan des Fußballs" ist aber auch als Botschaft in Richtung US-Markt gedacht.

Für Superstar Beckham müssen andere gehen. Darunter Claude Makélélé, womit das Team seinen Anker verliert. Laut Pérez wollte der Franzose die Hälfte des Gehalts seines Landsmannes Zidane. Das sei unmöglich gewesen. Makélélé wechselt für 20 Millionen Euro zum vom russischen Oligarchen Roman Abramowitsch übernommenen FC Chelsea. Zinédine Zidane erinnert daran, „dass es in der Regel heißt: ‚Never change a winning team.' Wir waren ein sehr offensives Team, sogar Roberto Carlos stürmte. Makélélé war der Einzige, der stets seine Position hielt. Er war der Bezugspunkt. Als er ging, vermissten wir ihn." Für Fernando Hierro ist Makélélé der wichtigste und am wenigsten geschätzte Mittelfeldspieler des Vereins gewesen: „Der Verlust von Makélélé war der Anfang vom Ende für Los Galácticos ... Für Chelsea war sein Wechsel der Beginn einer neuen Ära."

Del Bosque weg, Kapitän Hierro weg, Anker Makélélé weg, Morientes weg (er wird an die AS Monaco ausgeliehen) – das ist zu viel des Umbruchs, wie sich herausstellt. Und an einigen Stellen zudem der falsche.

Kaum in Madrid angekommen, bricht Beckham mit Real zu einer 18-tägigen Asien-Tournee auf. Gespielt wird in China, Japan, Thailand und Hongkong. Für die Saisonvorbereitung ist das Gift. Ein Spieler berichtet: „Es gab Momente, in denen ich dachte, dass ich nur auf Reisen bin. Keine Trainingseinheiten, keine Ruhepausen."

Real wird in der Liga nur Vierter, im Pokalfinale unterliegt man Real Saragossa mit 2:3. In der Champions League scheitern die „Königlichen" im Viertelfinale an der AS Monaco. Zwei der insgesamt fünf Tore, die die Monegassen in den beiden Begegnungen erzielen (2:4 in Madrid, 3:1 daheim), gehen auf das Konto von Morientes.

Im Mai 2004 wird Carlos Queiroz vorzeitig entlassen. Es zeigt sich, dass sich Real mit seiner „Galáctico-Strategie" endgültig vergaloppiert hat. Der Klub laboriert gleich in zweifacher Hinsicht an fehlender Balance: Das Verhältnis von Sport zu Marketing stimmt nicht, das zwischen Offensive und Defensive, bedingt durch die Struktur des Kaders, ebenso. Und man findet auch keinen Trainer, der den Kader erfolgreich managen kann. Ein Jugendcoach erinnert sich an einen Besuch in der Kabine der Profis: „Der Trainer war irrelevant. Die Spieler machten, was sie wollten. Und die Stars wussten, dass sie am Wochenende ohnehin spielen würden."

Der englische Journalist Sid Lowe zitiert einen Real-Direktor mit den Worten: „Es war nicht Beckhams Schuld, seine Einstellung und sein Engagement waren über jeden Zweifel erhaben, aber seine Verpflichtung war der Wendepunkt, wegen dem, was wir nun repräsentierten. Seine Ankunft war der wissenschaftliche Beweis dafür, dass uns das Spektakel wichtiger war als das Spiel selbst. Er repräsentierte die Umkehrung sportlicher Werte." Auch Luís Figo kritisiert eine verzerrte

Akzentsetzung: „Wenn das Wichtigste ist, einen Zirkus zu veranstalten, dann hat man weniger Chancen zu gewinnen. Das eine sind die Regeln einer Fußballmannschaft, das andere die Regeln des Marketings. Es gab einen Moment, in dem dieses Gleichgewicht nicht existierte. Wir erreichten einen Punkt, an dem wir den Weg verließen, den eine Fußballmannschaft einschlagen sollte, und wir haben dafür bezahlt."

Jorge Valdano, der 2004 zurücktritt, stellt die „Galáctico-Politik" zwar nicht grundsätzlich infrage, sieht aber auch, dass Fehler gemacht wurden: „Der Begriff Galáctico erzeugte eine Verzerrung. Andere Spieler bekamen das Gefühl, dass sie nur noch von zweitrangiger Bedeutung seien. Wir haben uns nicht an die traditionellen Regeln des Fußballs gehalten, und der Fußball hat uns in die Enge getrieben und erstochen."

2004/05
OWENS KURZGASTSPIEL IM DREI-TRAINER-JAHR

Im Sommer verpflichtet Real den 25-jährigen englischen Nationalstürmer Michael Owen vom FC Liverpool. Nach der WM 1998 war der damals 18-Jährige als „Wunderknabe" des englischen Fußballs gehandelt worden. 2001 gewann er den Ballon d'Or. Als Carlos Queiroz noch zu seiner Amtszeit davon hörte, dass sich Real nun auch um Owens Dienste bemühe, schlug er angesichts einer weiteren Offensivverpflichtung vor, sich bei der FIFA dafür einzusetzen, dass Real nur auf einer Hälfte des Spielfelds spielen müsse. Und er erinnerte daran, dass ein Ferrari auch Reifen benötige, um zu fahren.

Michael Owen wird nach nur einem Jahr zurück auf die Insel gehen. Die Konkurrenz an Stürmern ist zu groß. Und auch der Verschleiß an Trainern: In dieser Saison beschäftigt Real gleich drei. Es beginnt José Antonio Camacho, dessen zweite Amtszeit bei den „Königlichen" erneut nur von kurzer Dauer ist. Immerhin sind es dieses Mal zwei Monate. Dann übernimmt Mariano García Remón, aber nur bis Ende Dezember 2005. Für den Rest der Saison betreut der Brasilianer Vanderlei Luxemburgo die „Blancos".

In der Liga wird Real Vize. Im Pokal kommt das Aus im Achtelfinale gegen Real Valladoid, und auch in der Champions League ist in der Runde der letzten 16 Schluss. Real scheitert hier an Juventus Turin.

2005/06
PÉREZ' RÜCKTRITT

Trophäenlos geht es auch 2005/06 weiter, selbst ein Wechsel von Vanderlei Luxemburgo zu Juan Ramón hilft nicht. Zum ersten Mal in einem halben Jahrhundert bleibt Real drei Jahre in Folge ohne Silberware.

Ende Februar 2006 tritt Florentino Pérez zurück – nach einer 1:2-Niederlage gegen Real Mallorca in der Liga, bei der sich Goalgetter Ronaldo und Kapitän Raúl öffentlich beschimpfen. Als Jungnationalspieler Sergio Ramos die Führung erzielt, jubelt keiner der Real-Stars mit.

Pérez hat eine Mannschaft aufgebaut, wie sie die Welt wohl noch nie gesehen hat: Luís Figo, Zinédine Zidane, David Beckham, Ronaldo, Raúl, Michael Owen, Roberto Carlos. Aber es ist eine Mannschaft, die nichts mehr gewinnt. Zumindest „solange Zidane, Ronaldo, Raúl diese Elf führen", schreibt Ronald Reng in der *Frankfurter Rundschau*. Aber Reng will sich nicht an der Häme beteiligen, die über Pérez' „Galaktische" ausgegossen wird: „Sehr viele haben es getan und vergessen, dass es eines der faszinierendsten Projekte war. Es leuchtete nur kurz, aber es schenkte dem Verein 2002 die Champions League und den Zuschauern zwischen 2001 und 2003 himmlischen Fußball. Nicht das Projekt war falsch, sondern der Exzess. Ab 2003 überlud Pérez Real mit Stars. Die Galaktischen, sieben Offensivspieler, erstickten an der eigenen Schönheit."

Neuer Präsident wird der Rechtsanwalt Ramón Calderón, der in den nächsten Jahren mit seinem losen Mundwerk wiederholt in Fettnäpfchen tapsen wird. So etwa, wenn er das Gehalt von Keeper Iker Casillas öffentlich macht oder bei einem Auftritt vor Studenten die Spieler als „ungehobelte Schnösel" beschimpft. Diplomatie ist für Calderón ein Fremdwort – anders als für seinen Vorgänger.

2006/07
DAS BEGRÄBNIS DES „GALAKTISCHEN MADRID"

Zur Saison 2006/07 übernimmt Fabio Capello zum zweiten Mal die Trainingsleitung bei Real. Ramón Calderón stattet den 60-Jährigen mit einem Dreijahresvertrag aus, für Ralf Itzel (*Frankfurter Rundschau*) „ein übertriebener Vertrauensvorschuss für einen Defensiv- und Kontertaktiker, der eigentlich nichts bei einem Klub verloren haben sollte, der sich die Schönheitsideale des Fußballs auf die Fahnen geschrieben hat". Die Anhänger würden Capello nur akzeptieren, „weil nach drei Jahren ohne Titel ein Coach mit Siegermentalität und ohne Skrupel gegenüber der Ansammlung hochbezahlter Diven her musste".

Real verstärkt sein in die Jahre gekommenes Ensemble mit dem 32-jährigen frischgebackenen Weltmeister Fabio Cannavaro und dem 30-jährigen Niederländer Ruud van Nistelrooy. Vicente del Bosque kritisiert, dass man nicht mit Talenten aus dem eigenen Nachwuchs, geführt von erfahrenen Akteuren, ein neues Team aufbaut. Ein bisschen Frischfleisch holt Real aber auch – so den Brasilianer Emerson (20) und Mahammadou Diarra (25) aus Mali, die aus Turin bzw. Lyon nach Madrid wechseln. Gehen dürfen und sollen der nun 34-jährige Zidane und im Winter auch der 31-jährige Ronaldo.

Abgesehen von van Nistelrooy sind die Neuzugänge Defensivkräfte: Cannavaro ist Innenverteidiger, Emerson und Diarra spielen im defensiven Mittelfeld. Calderóns Transfers verändern die Balance im Team.

In der *Frankfurter Allgemeinen Sonntagszeitung* nimmt Paul Ingendaay den Kurswechsel unter die Lupe. Dass nun mit Cannavaro ein Defensivkünstler gefeiert werde, spreche Bände: „Die Zeiten des Zauberfußballs sind passé. Figo weg, Zidane verabschiedet, Raúl außer Form, Ronaldo lustlos und verletzungsgeplagt. Das ‚System Florentino Pérez' ist mit der Verpflichtung dreier hochkarätiger Defensivspieler (neben Cannavaro noch die Mittelfeldblocker Diarra und Emerson) endgültig zu Grabe getragen. (…) Real Madrid stellt im Handstreich die Tradition auf den Kopf, und das mit einer Erklärung, die die Verzweiflung der Klubführung ahnen lässt: Jogo bonito – schönes Spiel – oder nicht, nach drei Jahren müsse endlich wieder ein Titel her." Für den neuen Real-Boss Ramón Calderón kann der Klub „nur überleben, wenn wir Titel holen".

In der Winterpause wird die verpasste Verjüngung nachgeholt, mit externen Zugängen. Von Fluminense kommt der brasilianische Linksverteidiger Marcelo (18), der Roberto Carlos ersetzen soll. Er kostet 6,5 Millionen Euro. Ein Schnäppchen, wie sich noch zeigen wird. Des Weiteren verpflichtet Real zwei junge Argentinier: den defensiven Mittelfeldspieler Fernando Gago (22) von den Boca Juniors und Stürmer Gonzalo Higuaín (18) von River Plate, für die man 20 bzw. 13 Millionen hinblättern muss.

Zumindest einen Titel gibt es am Saisonende: Dank des besseren Torverhältnisses wird Real Meister, punktgleich mit Frank Rijkaards Barça. Doch in der Champions League scheitert man im Achtelfinale am FC Bayern.

Capellos pragmatischer und defensiver Ansatz gefällt dem Real-Boss schon nach wenigen Monaten nicht mehr. Ramón Calderón: „Unser Trainer sagt: ‚Show ist, wenn man gewinnt.' Siege sind natürlich ein Muss, und ich bevorzuge es, wenn wir dabei schönen Fußball spielen. Das ist aber nicht immer der Fall." Nach der Saison wird Capellos Dreijahresvertrag aufgelöst. Calderón: „Wir haben Capello entlassen, weil nicht er es war, der die Meisterschaft gewonnen hat, sondern die Spieler."

Im Januar 2007 analysiert Jorge Valdano im *Kicker* die Herausforderungen, denen sich Real stellen muss: „Wir stehen vor dem Begräbnis des galaktischen Madrid. Und etwas ist nicht klar: Was genau ist es, was jetzt geboren wird?" Der Klub sollte eine Lektion gelernt haben: „Verlieren ist nur ein Drama, wenn man vergisst, wer man ist." Real müsse daran arbeiten, „stabile Strukturen aufzubauen und eine Mannschaft zusammenzustellen, die maximal wettbewerbsfähig ist. Ohne Orientierung, ohne große Ideen und mit dieser unerträglichen Angst vor Niederlagen im Nacken, die man hier ständig spürt, gibt es keinen Ausweg." Der Vorteil des Rivalen FC Barcelona heiße seit den 1990er Jahren Johan Cruyff: „Er dient in Zeiten der Verwirrung als Fixpunkt." Barça habe ein dauerhaft brauchbares Modell entwickelt und „nie auf etwas gesetzt, das dem eigenen Stil zuwiderläuft." Bei Real hingegen wisse man nicht, „was man will, und außerdem will man dies auf der Stelle".

2007/08–2008/09
MEISTER UNTER SCHUSTER

In der Saison 2007/08 darf sich dann Bernd Schuster als Trainer der „Königlichen" versuchen. Mit einem klaren Auftrag des Präsidenten: „Real muss eine Elf sein, die das Publikum glücklich macht." Nicht mehr dabei ist Roberto Carlos – nach 527 Pflichtspielen und 69 Toren für die „Blancos". Bis zum Dezember 2020 wird der Brasilianer der Real-Legionär mit den meisten Einsätzen sein, dann löst ihn Karim Benzema in dieser Kategorie ab.

Der Deutsche Schuster ist der Wunschkandidat von Ramón Calderón, aber nicht von Sportdirektor Predrag Mijatović. Der hätte lieber José Mourinho, Ronald Koeman oder Michael Laudrup auf dem Posten gesehen.

Real wird zwar Meister, scheidet aber in der Copa del Rey wie in der Champions League bereits im Viertelfinale aus. Und durchgehend schön spielt auch Schusters Team nicht, jedenfalls nicht nach herkömmlichen Maßstäben. So schreibt Ronald Reng nach dem 2:0 im Stadtderby gegen Atlético: „Schusters Real spielt mit einer unglaublichen Präzision und Schnelligkeit. Die Mannschaft schaltet im vollen Tempo direkt von Angriff auf Abwehr und zurück. (…) Das Mittelfeld aber, dort wo die Künstler dem Spiel Inspiration gaben, missachtet das Team. So kann Real nach traditionellem Verständnis nie schön wirken." An guten Tagen würde man aber in Reals Spiel die Zukunft des Fußballs erkennen. Allerdings: „Sie ist eiskalt. Alles ist schnell und brutal aufs Minimum reduziert: Tore schießen, Tore verhindern."

Anders als Capello überlebt Schuster die Saison. Er ist damit seit Vicente del Bosque der erste Trainer, der Real mehr als eine Spielzeit trainiert. Aber seine Laune verschlechtert sich schon im Verlauf dieser ersten Saison zusehends. Als Real Anfang März 2008 bei Underdog Huelva knapp mit 3:2 gewinnt, verlässt Schuster die Pressekonferenz nach nur 38 Sekunden – genervt von Fragen der Journalisten nach diskussionswürdigen, seine Mannschaft begünstigenden Entscheidungen des Spielleiters. Vorausgegangen waren ständige Polemiken von Schuster gegen die Referees, die diese so unter Druck setzten, dass sie strittige Situationen häufig pro Real pfiffen. Hatte sich Schuster zunächst vorstellen können, „zehn Jahre zu bleiben", heißt es nun: „Es ist hier nicht mehr wie zu meiner aktiven Zeit. Ich muss sehen, ob das hier auf längere Sicht das ist, was ich später einmal machen möchte."

Im August 2008 gewinnt Real die Supercopa de España. Das Hinspiel gegen Pokalsieger FC Valencia geht 2:3 verloren. Im Rückspiel geraten die „Königlichen" in der 32. Minute in Rückstand. Sieben Minuten später fliegt die niederländische Neuerwerbung Rafael van der Vaart vom Platz. In der 49. Minute kann van der Vaarts Landsmann van Nistelrooy vom Elfmeterpunkt ausgleichen, ehe auch er in der 72. Minute vorzeitig zum Duschen geschickt wird. Mit zwei Spielern in Unterzahl macht Real schließlich aus einem 1:1 noch ein 4:3.

Am 9. Dezember 2008 ist für Bernd Schuster dann aber Schluss. Nach der 3:4-Heimniederlage gegen den FC Sevilla ist die Titelverteidigung vorzeitig in weite Ferne gerückt. Zudem ist man im Pokal gegen den baskischen Drittligisten Real Unión Irún ausgeschieden. Gescheitert ist Schuster aber auch an Raúl und den Raúl-nahen Medien, die gegen den Trainer schießen, als dieser den Kapitän zum Zuschauen verdammt.

Bis zum Ende der Saison übernimmt Juande Ramos die Mannschaft, die sich bald auch auf der Vorstandsebene mit einer Änderung konfrontiert sieht: Am 16. Januar 2009 tritt Ramón Calderón als Präsident zurück. Zuvor hat *Marca* enthüllt, dass die Abstimmung über die Verabschiedung des Etats für die laufende Saison manipuliert wurde. Dies ist nicht der einzige Skandal seiner Amtszeit. Calderón sind wiederholt finanzielle Unregelmäßigkeiten und Vetternwirtschaft vorgeworfen worden. Der Schuldenstand des Vereins beläuft sich mittlerweile auf 563 Millionen Euro.

2009/10
„CR7" KOMMT

Am 1. Juni 2009 wird Florentino Pérez zum zweiten Mal Präsident von Real Madrid. Mit ihm kehrt auch Jorge Valdano zurück, nun in der Funktion des Generaldirektors. Pérez setzt die „Galáctico"-Philosophie konsequent fort. Für 94 Millionen Euro wird der 24-jährige Portugiese Cristiano Ronaldo, Weltfußballer des Jahres 2008, von Manchester United losgeeist. United-Coach Alex Ferguson hätte Ronaldo lieber beim FC Barcelona gesehen, da dieser politisch über die „richtige" Geschichte verfüge – im Gegensatz zu Real. Schon als die „Königlichen" im Mai 2008 erstmals lautstark und aufdringlich um die Dienste von Ronaldo buhlten, erklärte der bekennende Sozialist Ferguson dem englischen Publikum, wer „die Guten“ und wer „die Bösen“ in Spaniens Fußball sind: Aufgrund seiner Verbindung mit dem faschistischen Diktator Franco sei Real ein moralisch bankrotter Klub, im Gegensatz zum FC Barcelona, dessen Präsident Josep Sunyol 1936 von den Franco-Truppen exekutiert worden sei. „Es gibt Klubs mit großen moralischen Eigenschaften wie Barcelona, sie haben weit bessere moralische Eigenschaften als Real jemals haben wird. Auch sie müssen an Ronaldo interessiert sein, aber sie sagen es nicht auf diese Weise.“ Madrids aggressives Werben um Cristiano Ronaldo sei ein Überbleibsel aus der Franco-Zeit, in der Real als „Regime-Klub“ alle Wünsche erfüllt bekommen habe.

Der von der Insel Madeira stammende und bei Sporting Lissabon ausgebildete Ronaldo, kurz „CR7“, die Zahl Sieben bezieht sich auf seine Rückennummer, verfügt über ein unglaubliches Tempo. Mit dem Ball am Fuß erreicht er 33 Stundenkilometer, das entspricht einem 100-Meter-Sprint in 10,9 Sekunden. Die *Frankfurter Allgemeine Sonntagszeitung* schwärmt später einmal im Zusammenhang mit Ronaldo: „Ohne Ball wäre Fußball nur Leichtathletik. Mit Ball ist es Leichtathletik plus Kontrolle plus Fantasie.“ Bei United hat sich Ronaldo zum perfekten Spieler entwickelt, zu dem mit Lionel Messi größten Fußballer seiner Generation. Passspiel und Dribblings sind überragend, nur Messi schlägt den Gegner in Eins-zu-eins-Situationen vergleichbar brillant. Ronaldo ist nicht nur physisch schnell, sondern auch mit dem Kopf. Er besitzt eine exzellente Schusstechnik, die gegnerische Torhüter vor allem bei Freistößen und Distanzschüssen zu spüren bekommen, wenn der Ball urplötzlich „herunterfällt“. Aber mit seinen 1,86 Metern ist er auch kopfballstark. Ronaldo ist ein Spielmacher, der von außen kommt. Er treibt das Spiel mit dem Ball über die Flügel an, wechselt dann ohne Ball in die Mitte, wo er den Ball erneut bekommt und den Abschluss sucht.

Wie sich Ronaldo auf dem Feld bewegt, wird häufig als Arroganz ausgelegt. Die Wahrheit ist aber wohl, dass es nur wenige Spieler seiner Körpergröße gibt, die es sich dank ihrer überragenden Technik leisten können, den Kopf auch beim Tempodribbling mit dem Ball aufrecht zu halten und damit den gesamten Raum vor sich im Blick zu behalten.

Dass der sperrige Schotte Ferguson mit dem zum Weltstar aufsteigenden Ronaldo so gut klarkam, hat einen einfachen Grund: Ronaldo ist ein eisenharter Arbeiter. Christoph Metzelder, der später mit Ronaldo bei Real spielt: „Ich habe noch nie einen Spieler erlebt, der für den Traum, Fußballprofi zu sein, so viel aufopfert. Cristiano Ronaldo ist absolut professionell und diszipliniert, er ist im Training der Erste, der kommt, und der Letzte, der geht – er lebt für diesen Sport. Das sind Gründe dafür, dass er seit Jahren so konstant in der Weltspitze spielt."

Ronaldo ist Reals spektakulärste Neuerwerbung, aber nicht die einzige. Vom AC Mailand kommt der 27-jährige brasilianische Mittelfeldstar Kaká, Weltfußballer des Jahres 2007, der Preis beträgt 68,5 Millionen Euro. Während Kaká im offensiven Mittelfeld zu Hause ist, spielt der gleichaltrige spanische Nationalspieler Xabi Alonso eine Position dahinter. Der Baske wechselt für gut 35 Millionen Euro vom FC Liverpool. Im Sturm verstärkt sich Real mit dem 21-jährigen Karim Benzema von Olympique Lyon, dessen Preis in etwa dem von Alonso entspricht. Alles in allem gibt der Verein über 250 Millionen Euro für Neuzugänge aus. Dafür muss gleich ein ganzer Haufen von Spielern von der Lohnliste gestrichen werden: Wesley Sneijder, Arjen Robben, Klaas-Jan Huntelaar, Míchel Salgado, Javier Saviola, Fabio Cannavaro, Ruud van Nistelrooy. Nennenswerte Einnahmen erbringen nur die Verkäufe der Niederländer Robben und Sneijder, die sich im besten Fußballeralter befinden.

Im *Kicker* übt Chefredakteur Rainer Holzschuh scharfe Kritik an Reals Einkaufspolitik. Sie sei „verrückt" und „übergeschnappt" und käme „gerade in diesen Zeiten einer Verhöhnung der Weltwirtschaftskrise" gleich (seit 2008 herrscht eine globale Finanzkrise). Real sei „schon lange nicht mehr seriös, so wie der königliche Verein mit Abermillionen um sich wirft". Vielmehr biete Pérez „das erschütternde Bild eines nach Ruhm und Macht gierenden Neureichen, der nichts aus dem finanziellen Chaos gelernt hat, das er bereits während seiner ersten Amtszeit angerichtet hat".

Neuer Real-Trainer wird Manuel Pellegrini. Der Chilene hat eine Ausbildung zum Bauingenieur absolviert und Fremdsprachen studiert, ist musikalisch wie literarisch bewandert. Harald Irnberger und Jörg Wolfrum schreiben im *Kicker*, er sei mit seinem „Habitus eines durchtrainierten Intellektuellen" und seiner „Distanz zu den im Fußballbetrieb vorherrschenden Typen" ein „Irdischer unter ‚Galaktischen'". Pellegrini ist aber nur vierte Wahl, eigentlich wollte Real Carlo Ancelotti, José Mourinho oder Arsène Wenger. Mit Villareal hatte Pellegrini, ein Freund des Ballbesitzes und ein Feind des Fouls, in der Saison 2005/06 überraschend das Halbfinale der Champions League erreicht. Mit dem Wechsel zu Real geht für ihn „ein Traum in Erfüllung".

Vor dem Start in die Spielzeit gibt Paul Ingendaay in der *Frankfurter Allgemeinen Sonntagszeitung* zu bedenken, der Erfolgsdruck sei enorm, doch sei unvorhersehbar, „wie die Männer, die durch Tore und Siege für die richtigen Ergebnisse sorgen sollen, mit dem Mangel an Spielsystemen umgehen werden. Raúl, früher der Garant für Kontinuität, müsste allmählich Platz machen – aber wird er es freiwillig tun? Anders als beim FC Barcelona hat sich der Kodex von Real Madrid nie in einer konkreten Spielphilosophie, sondern in nebulösen Begriffen wie ‚Größe', ‚Siegeswillen' und ‚Vornehmheit' ausgedrückt." Inzwischen wisse kein Mensch mehr, was das auf dem Platz bedeuten könnte.

Es wird dann tatsächlich eine triste Saison. In der Liga muss sich Real erneut mit Platz zwei hinter dem FC Barcelona begnügen, das nun von Pep Guardiola trainiert wird. Die 96 Punkte, die Real verbucht – es ist die höchste Punktzahl in der Geschichte des Klubs –, reichen nicht, denn Barça hat noch drei Zähler mehr eingeheimst. Real schießt erstmals über 100 Tore in den 38 Liga-Spielen, nämlich 102. Dies wird auch in den folgenden sieben Spielzeiten so sein. Top-Torschütze ist Higuaín mit 27 Treffern in 32 Spielen. Danach kommt schon Ronaldo mit zwar einem Treffer, aber auch drei Spielen weniger.

Benzema steht noch im Schatten des Argentiniers und des Portugiesen. Er trifft in 28 Partien nur achtmal.

Im Pokal fliegt Real bereits in der Runde der letzten 32 raus – nach einer 0:4-Niederlage beim Drittligisten AD Alcorcón. Zu diesem Zeitpunkt betragen die Gehaltskosten der „Königlichen" das 110-Fache derer ihres Gegners. Die Sensation geht als „Alcorcónazo" in die spanischen Fußballannalen ein. In der Champions League ist ebenfalls bereits früh Schluss. Im Achtelfinale scheitert Real an Olympique Lyon.

Raúl muss über weite Strecken der Saison auf der Bank schmoren. Seine Macht im Klub schwindet. Auch Florentino Pérez will den teuren 33-Jährigen loswerden. Wenig überraschend ist Pellegrinis Traum mit dem Ende der Saison ausgeträumt, und er muss gehen.

Für Miguel Aguilar, Vereinsmitglied, Journalist, Redakteur und Verleger bei Penguin Random House, ist Real Madrid „ein sehr gutes Beispiel für Turbokapitalismus. Unternehmen müssen eine ständig steigende Profitrate verzeichnen. Wenn sie in dem einen Jahr 25 Prozent Gewinn erzielen, müssen es im nächsten Jahr 30 Prozent sein. Real Madrid ist ein bisschen ähnlich. Wenn Real nicht jedes Jahr jede Trophäe gewinnt, ist es ein Misserfolg. Diese Vorstellung wurde von Real teils selbst erzeugt, aber auch teils durch die Medien und teils die Fans. Sie erwarten, dass ihr Team jedes Spiel gewinnt, aber das ist nicht möglich. Nichts ist jemals genug. Die Zahl der Trainer, die nach dem Gewinn von Trophäen entlassen wurde, ist ohne Beispiel."

Bei der WM 2010 in Südafrika ist Spanien eindeutiger Titelfavorit, vielleicht der heißeste seit Ungarn 1954. Obwohl die WM-Geschichte gegen die Iberer spricht. Nur einmal – 1950 in Brasilien – hatte es die „Selección" unter die besten vier geschafft. Doch bei der EM 2008 hat Spanien mit attraktivem Fußball den Rest Europas in Grund und Boden gespielt. Im Finale besiegte die „Selección" Deutschland mit 1:0. Jorge Valdano schwärmte anschließend: „Ihr Spiel schien, mit Verzögerung, eine Hommage an den großen Barcelona-Trainer Johan Cruyff zu sein."

Hatte man sich in der Vergangenheit wiederholt um den rechten Stil gestritten, so ist seit der WM 2006 eine Homogenisierung der Spielweise in Richtung des FC Barcelona zu beobachten. Bei der WM entstammen neun Spieler des spanischen Kaders Barças berühmter Nachwuchsakademie „La Masia", in der ein permanentes und rasantes Kurzpassspiel gepflegt wird, das man in Spanien nach seinem Lehrmeister „El Cruyffismo" nennt. Barças klein gewachsene Mittelfeldasse Xavi Hernández und Andrés Iniesta sind Herz (Xavi) und Lunge (Iniesta) der „Selección". In Spaniens Anfangsformation stehen gewöhnlich mit Carles Puyol, Gerard Piqué, Sergio Busquets, Iniesta und Xavi fünf Barça-Akteure, mit dem Stürmer Pedro sind es manchmal sogar deren sechs. Real Madrid ist mit drei Spielern dabei: Im Tor steht Iker Casillas, auch Kapitän der Elf. Sergio Ramos spielt als rechter Außenverteidiger, Xabi Alonso, einer von drei Basken im Kader, im defensiven Mittelfeld.

Trainer der „Selección" ist der Mann, den Florentino Pérez im Sommer 2003 für zu „altmodisch" erachtete: Vicente del Bosque. Mit seinem stets ruhigen und bescheidenen Auftreten passt er bestens zu dem katalanisch geprägten Team. Auch Sportdirektor Fernando Hierro ist ein ehemaliger Real-Mann.

Unter Vicente del Bosque wird der von seinem Vorgänger Luis Aragonés gepflegte Stil in Richtung „Catenaccio offensiv" verändert. Cruyff-Schüler Pep Guardiola hat beim FC Barcelona den „Cruyffismo" um ein Pressing im Angriffsdrittel ergänzt. Das Spiel hat vor allem im vorderen Drittel stattzufinden. Del Bosques „Selección" passt zwar nicht weniger häufig als Guardiolas Barça, aber vor allem im mittleren und hinteren Drittel des Spielfelds. Ballbesitz als Verteidigung hatte aber auch schon Cruyff praktiziert: „Wenn wir den Ball haben, kann der Gegner kein Tor schießen."

Spanien wird hochverdient Weltmeister. Unbeabsichtigt sendet del Bosque damit auch eine Message in Richtung Madrid. Wie der Trainer strahlt sein Team Demut und Bescheidenheit aus, für del Bosque Basis einer erfolgreichen Arbeit. Des Weiteren lautet eine der

Erkenntnisse dieser WM, dass die Ausnahmekönner nur dann reüssieren können, wenn sie Teil einer stabilen Teamstruktur sind. Und außerdem ist der Triumph der „Selección“ Resultat einer guten fußballerischen Ausbildung.

Dass, anders als manchmal in der Vergangenheit, regionale Rivalitäten in der Mannschaft keine Rolle spielen, ist auch del Bosques Verdienst. Der Trainer: „Wir machen keine Politik. Aber es ist schon unser Ziel, die Fans überall in Spanien um die ‚Selección‘ zu versammeln.“

KAPITEL 8

AUF DEM WEG IN DIE MODERNE (2010–2023)

2010/11
DER „GALÁCTICO“ IST EIN TRAINER

Nachdem Reals erster Angriff auf Barças neue Hegemonie in der Liga gescheitert ist, nehmen die „Königlichen“ einen neuen Anlauf. Mit José Mourinho, der gerade mit Inter Mailand die Champions League gewonnen hat.

Bis dahin haben bei Real stets die Stars ihren Trainer überstrahlt. Der wird zwar mit höheren Erwartungen konfrontiert als bei jedem anderen Klub, aber gleichzeitig genießt er bei keiner anderen Topadresse so wenig Anerkennung wie in Madrid. Reals Ruhmestaten werden immer nur mit großen Spielern verbunden. Die Männer im vermeintlichen Chefsessel bleiben stets im Hintergrund. Die Stars auf dem Spielfeld sind wichtiger.

Real-Boss Florentino Pérez mag ohnehin keine Trainer. Mit Mourinhos Vorgängern hat er manchmal monatelang nicht gesprochen. Bevor er einen Trainer um seine Meinung fragt, konsultiert er lieber die Spieler. Das ändert sich nun. Genauer: Mourinho ändert dies.

Mit der Saison 2010/11 ist in Madrid erstmals der Trainer der wichtigste „Galáctico“. „Mou“ verändert Real – und der Klub liefert sich ihm aus und macht sich dabei klein. Denn Mourinhos Verpflichtung bedeutet auch: Bei den „Königlichen" wird fortan mehr denn je zuvor der Zweck die Mittel heiligen.

Die Revolution verläuft nicht reibungslos. Mourinho passt nicht zur Spielgeschichte des Klubs, dem es seit den Tagen von Di Stéfano, Gento, Puskás und Co. zwar natürlich um den Sieg geht, zugleich aber – wie es sich für „Königliche" gehört – auch um Stil. Real muss nicht einfach nur gewinnen, sondern auch mit gediegener Spielkultur faszinieren. Vor diesem Hintergrund zweifelt nicht nur Jordi Puig, Fußballjournalist von *El País*, ob die Ehe zwischen Mourinho und Real gelingt: „Für Mourinho geht es nur ums Gewinnen. Er ist intelligent, provozierend, sarkastisch und klinisch effizient, aber seine Mannschaften spielen nicht so, wie es Madrids Anhänger fordern."

Mourinhos Haltung zum Spiel ist eindeutig. Nachdem er mit Inter Mailand im Halbfinale der Champions League 2010 Pep Guardiolas Barça mit Hilfe eines destruktiven Vortrags ausgeschaltet hat, rechtfertigt er seine Strategie offensiv: „Wollt ihr wirklich, dass ich mit ihnen um Ballbesitz konkurriere? Und dann verliere? Wenn ihr einen Ferrari habt und ich nur einen Kleinwagen, dann muss ich eure Reifen zerstechen und Zucker in euren Tank schütten."

In Madrid wird Mourinho nun Besitzer eines Ferraris, aber das ist nicht die von ihm bevorzugte Automarke. Seine Vorstellungen von der Zusammenstellung des Kaders kollidieren mit dem, was bei Real seit Jahren betrieben wird: Man kauft Stars wegen ihres Namens und Marketingpotenzials, nicht weil sie zu einem bestimmten Spielsystem passen. Das System wird um die Spieler herum errichtet. Der Trainer hat den Spielern zu folgen und wird bei der Zusammenstellung des Kaders kaum gefragt. So beklagte sich Mourinho-Vorgänger Manuel Pellegrini: „Niemand stellte mir die Frage, wie ich mein Team aufbauen würde. Arjen Robben und Wesley Sneijder waren wichtige Spieler, aber sie wurden verkauft. Und standen schließlich mit ihren neuen Klubs im Champions-League-Finale."

Bei seiner Vorstellung verkündet Mourinho einen radikalen Kurswechsel: „Große Namen interessieren mich nicht. Ich glaube, wir benötigen drei oder vier neue Defensivspieler." Provokanter geht es kaum, zumal Real-Boss Pérez traditionell die Verpflichtung von Offensivspielern favorisiert – im Sinne der Spielgeschichte des Klubs, aber auch, weil sich diese besser global vermarkten lassen.

Mourinho zieht die Aussicht nach Madrid, als erster Trainer mit drei unterschiedlichen Klubs die Champions League zu gewinnen. Kein einfaches Unterfangen. Zwar wird die prestigeträchtigste europäische Trophäe mit keinem anderen Klub so stark assoziiert wie mit Real Madrid, doch die jüngere europäische Bilanz der „Königlichen" wirkt geradezu grotesk. Trotz der vielen sündhaft teuren Transfers scheidet Real seit der Saison 2004/05 in der Champions League stets in der ersten K.-o.-Runde aus

Mit Mourinhos Ankunft erhält auch die Rivalität zwischen Real und Barça eine Schärfe wie seit dem Ende der Franco-Diktatur nicht mehr. Mourinho betritt Spanien im Kampfanzug und lässt in den folgenden zwei Jahren keine Gelegenheit aus, um Guardiola und den FC Barcelona zu attackieren. Mit beiden hat er noch eine persönliche Rechnung offen.

Als der FC Barcelona 2008 auf der Suche nach einem Nachfolger für Frank Rijkaard war, zeigte Barça-Boss Joan Laporta großes Interesse an einer Verpflichtung Mourinhos. Ein Vertrag wurde ausgehandelt, der dem Portugiesen ein Gehalt sicherte, das nur wenig unter dem lag, was Mourinho einige Jahre später in Madrid kassieren sollte. Mourinho hatte auch schon Vorstellungen entwickelt, wie man Barças traditionelles 4-3-3-System mit einer anderen – an Chelsea angelehnten – Mittelfeldformation spielen könnte. Als möglichen Co-Trainer nannte er Pep Guardiola.

Aber mit Laportas Amtsübernahme 2003 war auch Johan Cruyff zum FC Barcelona zurückgekehrt, als wohl wichtigster Souffleur des Präsidenten in sportlichen Fragen. Teile der Vereinsführung befürchteten nun von einem Trainer Mourinho die Aufgabe der Barça-Spielkultur und eine Spaltung im Umfeld des Klubs.

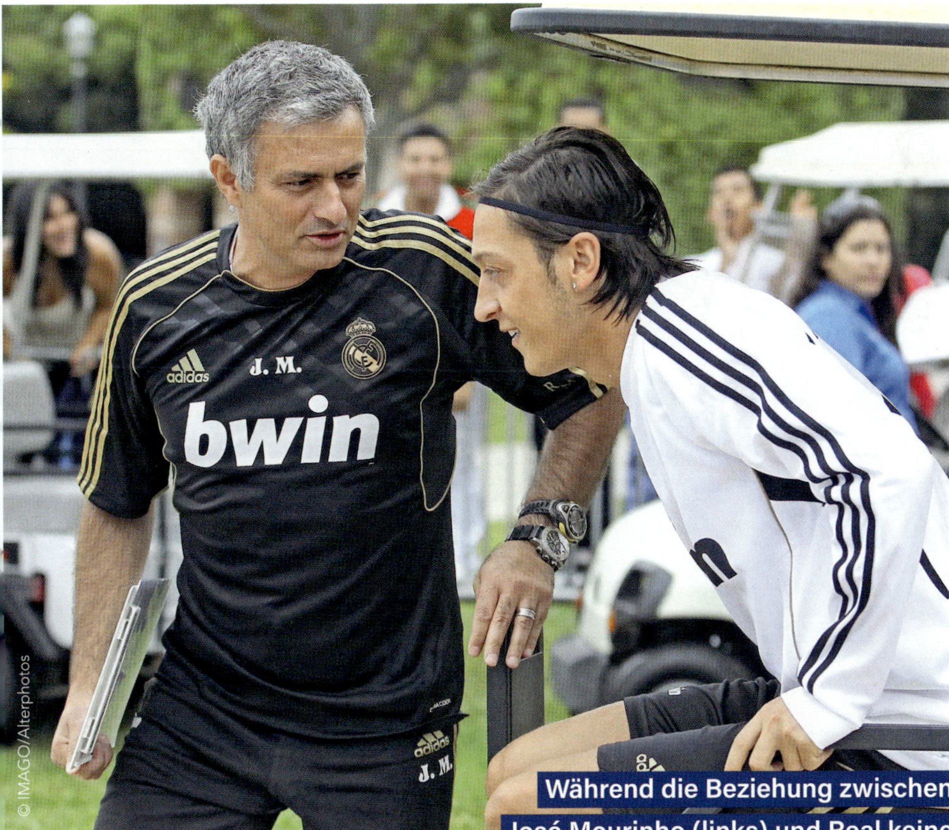

Während die Beziehung zwischen José Mourinho (links) und Real keine allzu glückliche wurde, stieg Mesut Özil im Estadio Bernabéu zum Weltstar auf.

„Los Galácticos“ im Jahr 2005.
Stehen v. l.: Iker Casillas, Iván Helguera, Ronaldo, Luís Figo, Zinédine Zidane, Walter Samuel. Vorn: Míchel Salgado, Roberto Carlos, Raúl, David Beckham, Guti.

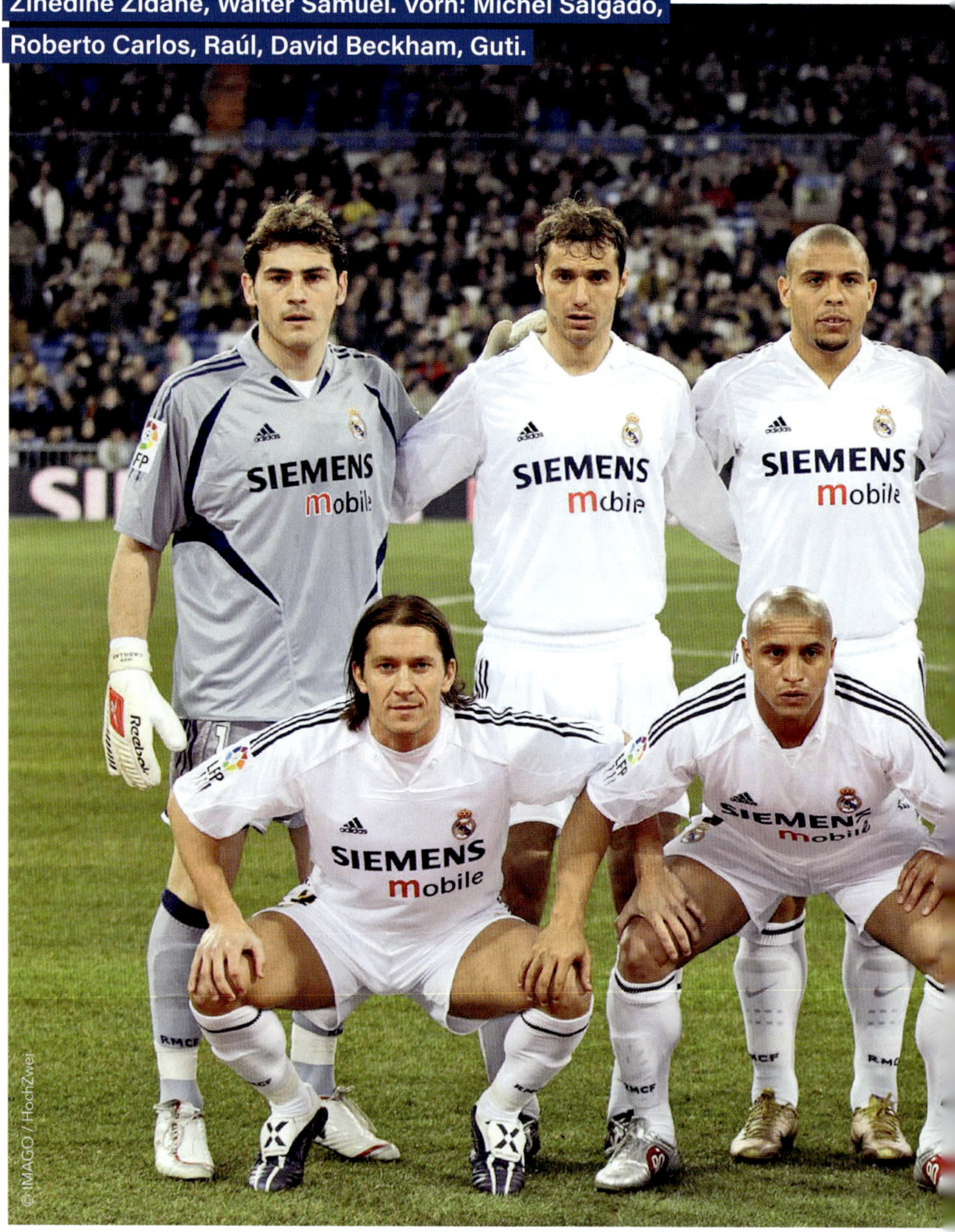

©IMAGO / HochZwei

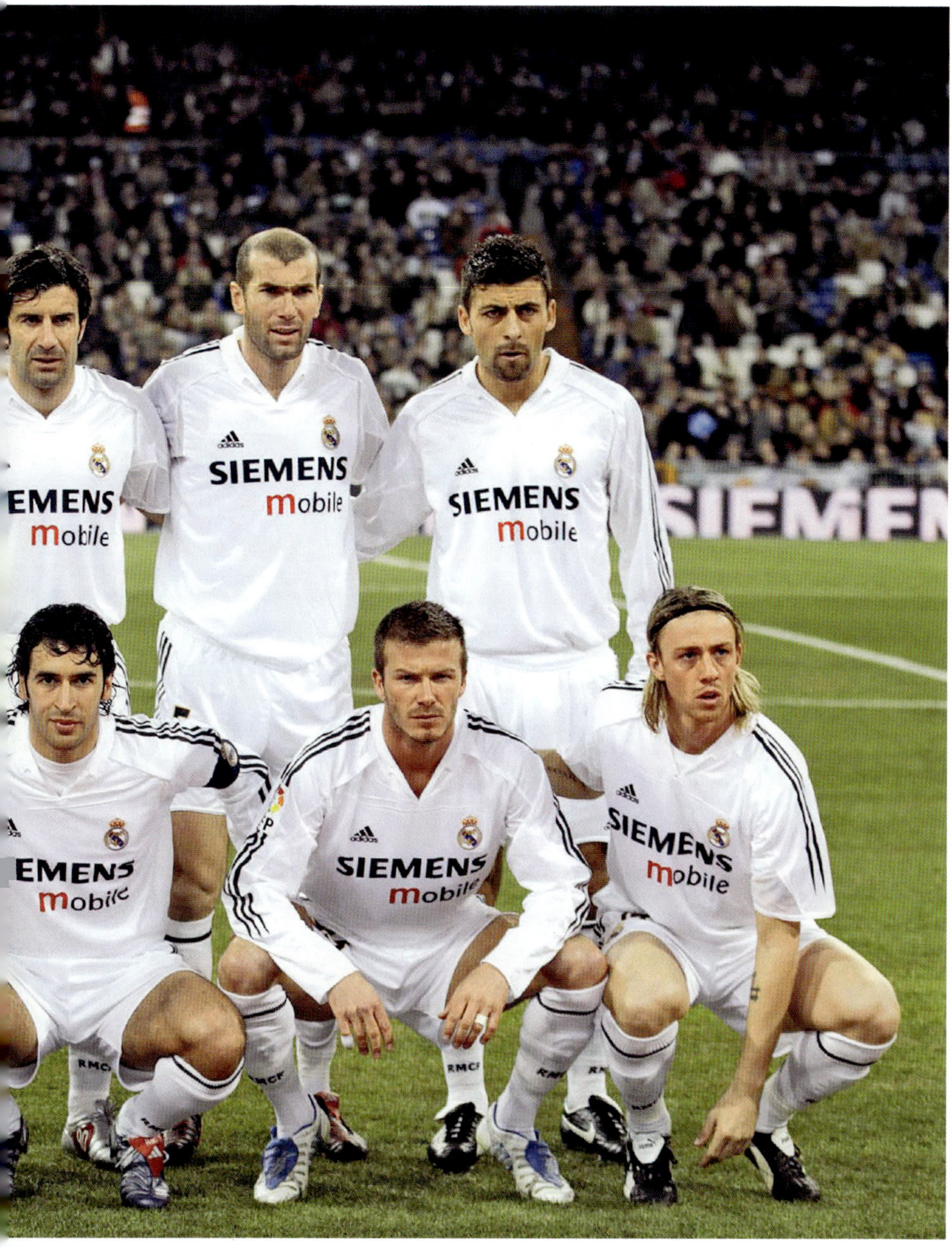

EMENS
mobile
SIEMENS
mobile
SIEMENS
mobile
EMENS
mobile
SIEMENS
mobile
SIEMENS
mobile

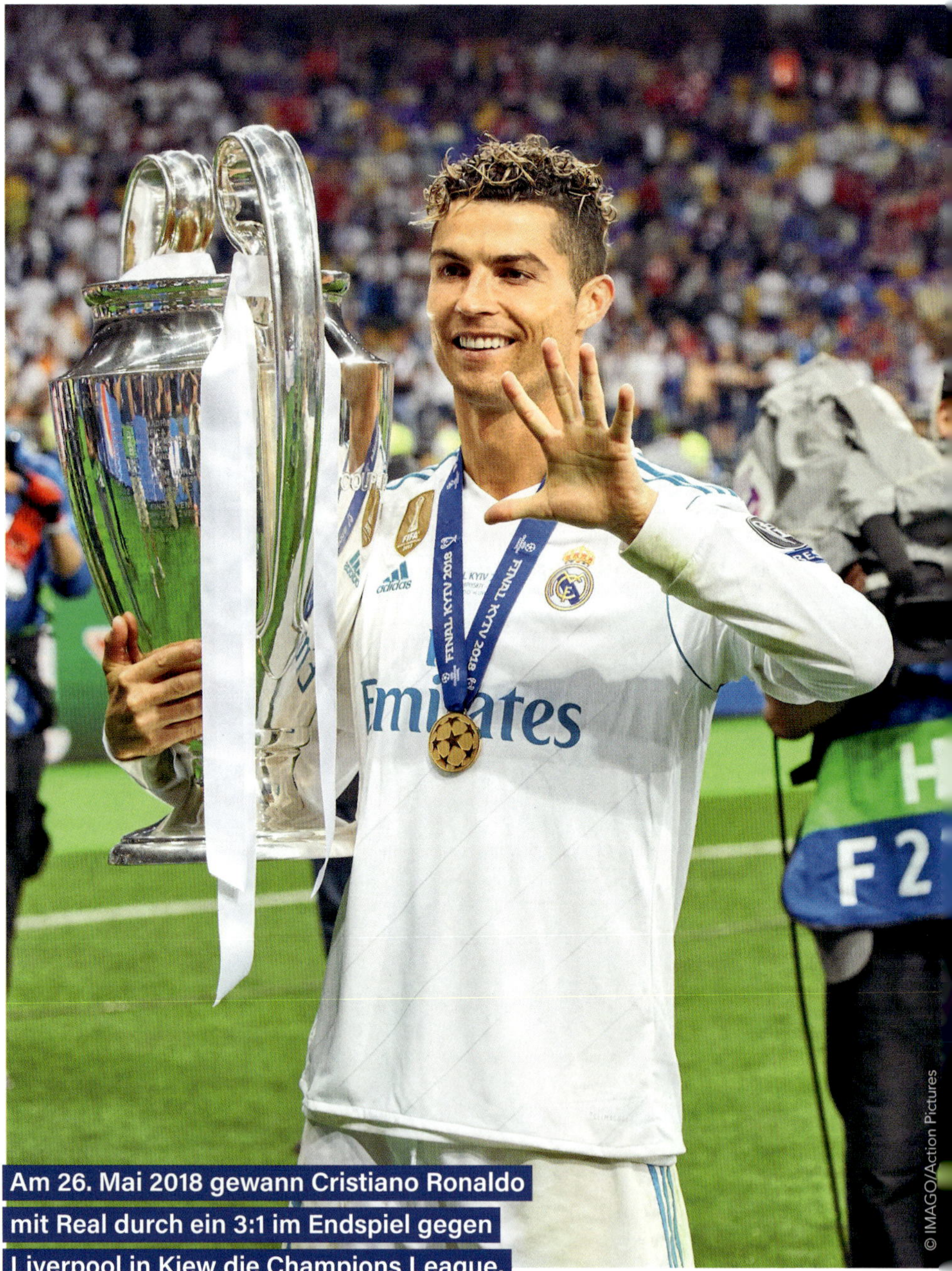

Am 26. Mai 2018 gewann Cristiano Ronaldo mit Real durch ein 3:1 im Endspiel gegen Liverpool in Kiew die Champions League.

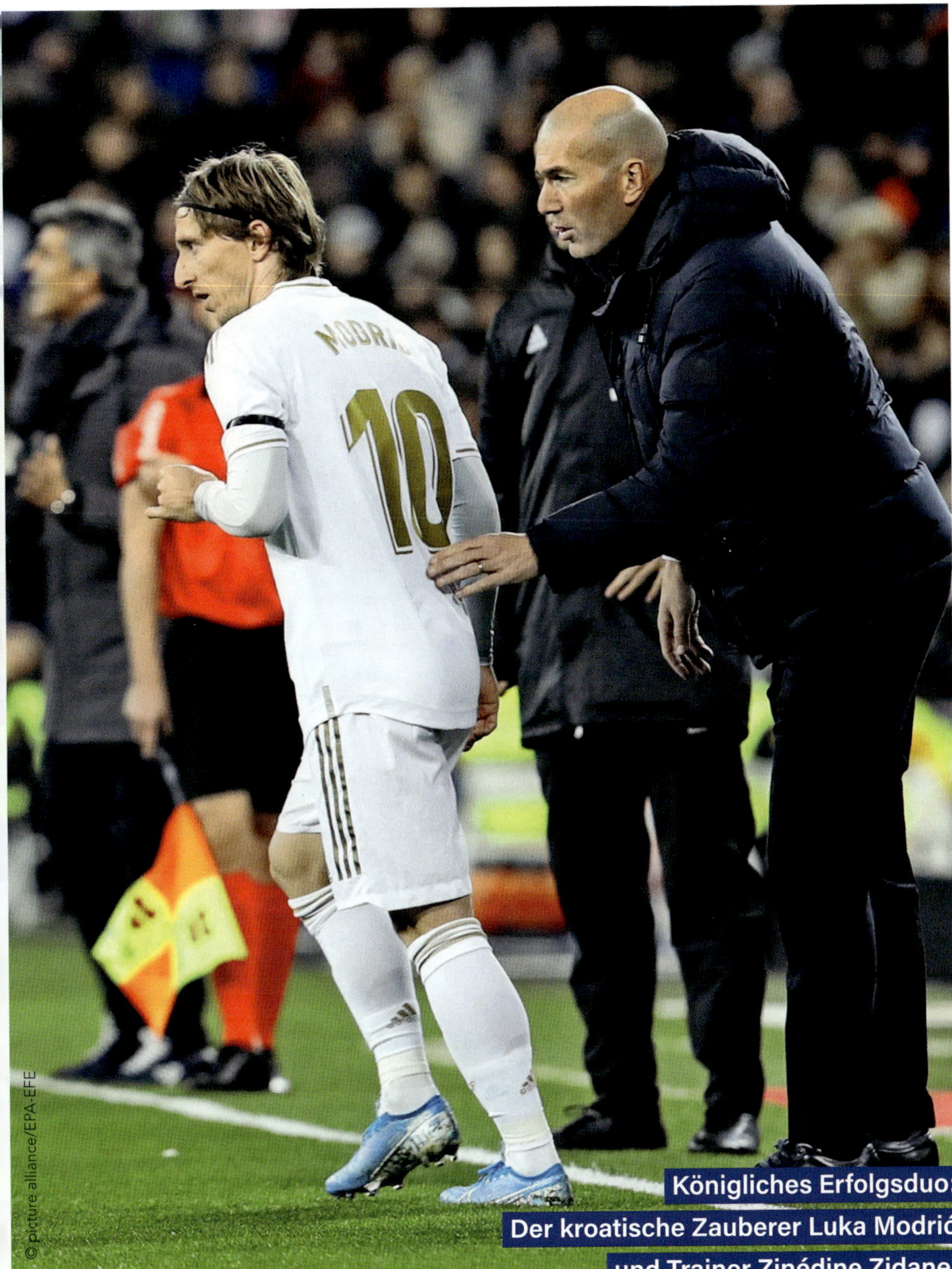

Königliches Erfolgsduo:
Der kroatische Zauberer Luka Modrić
und Trainer Zinédine Zidane.

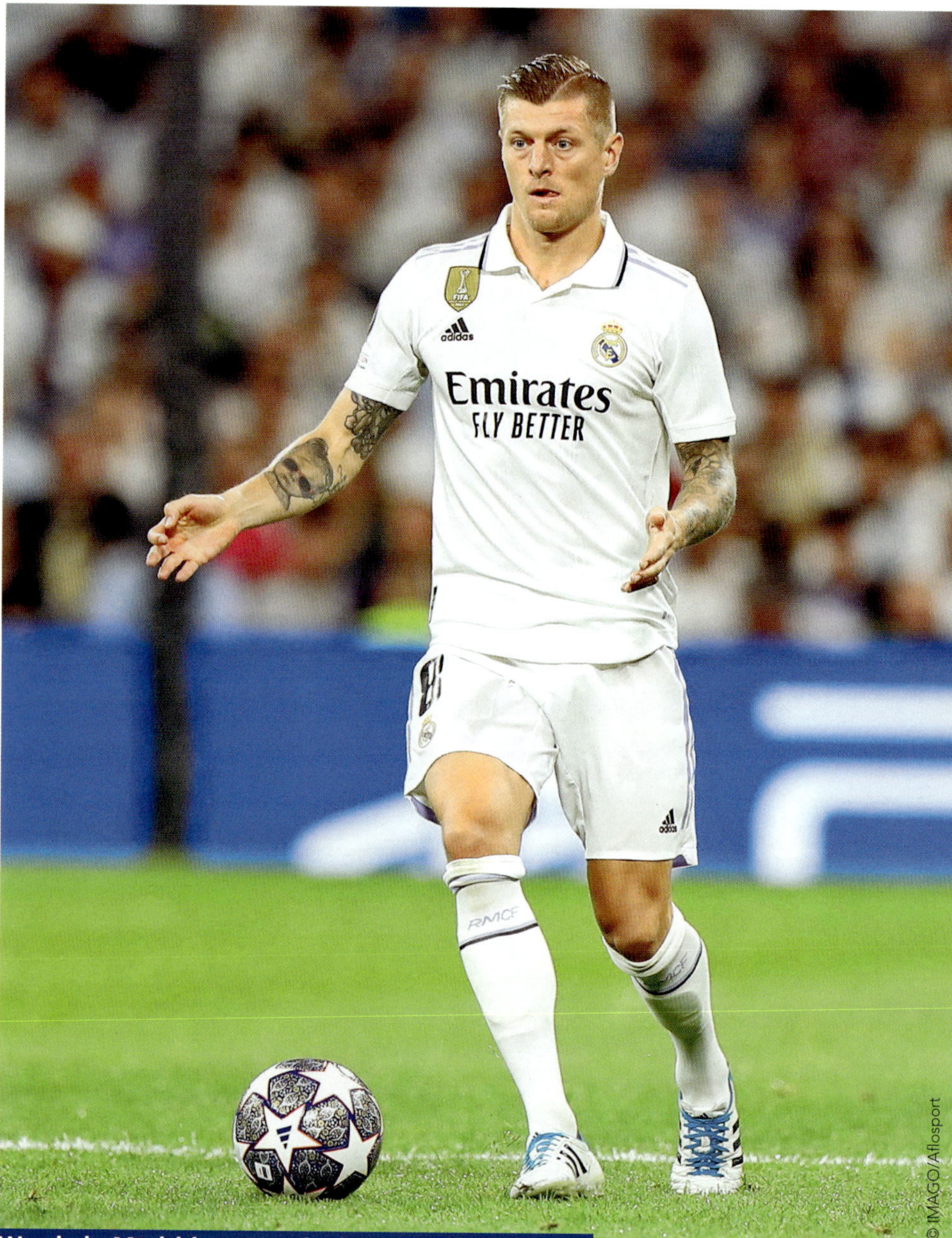

Wurde in Madrid zur Vereinslegende: Toni Kroos.

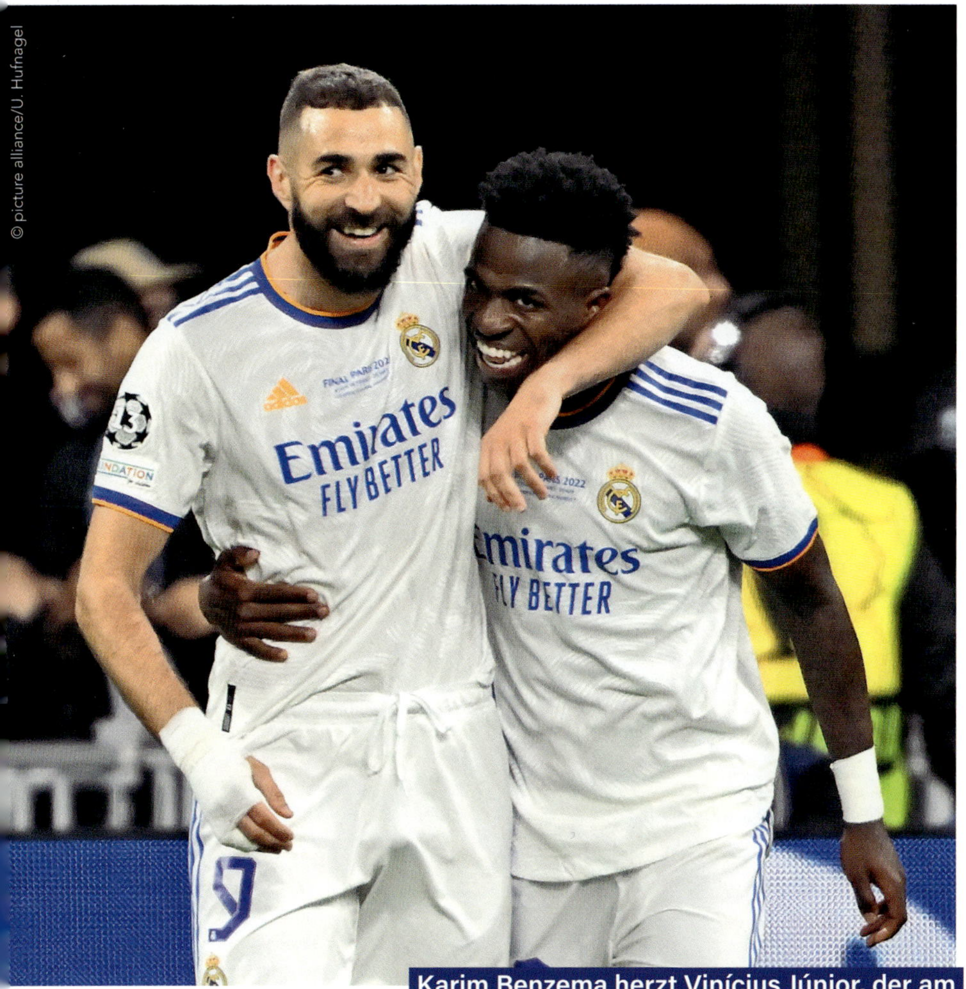

Karim Benzema herzt Vinícius Júnior, der am 28. Mai 2022 im Champions-League-Finale gegen Liverpool in der 59. Minute das Tor des Tages erzielte. Zum 14. Mal ging die wichtigste Klubtrophäe der Welt an die „Königlichen“.

Blick in die Zukunft: Für rund 800 Millionen Euro wird das Estadio Bernabéu derzeit runderneuert.

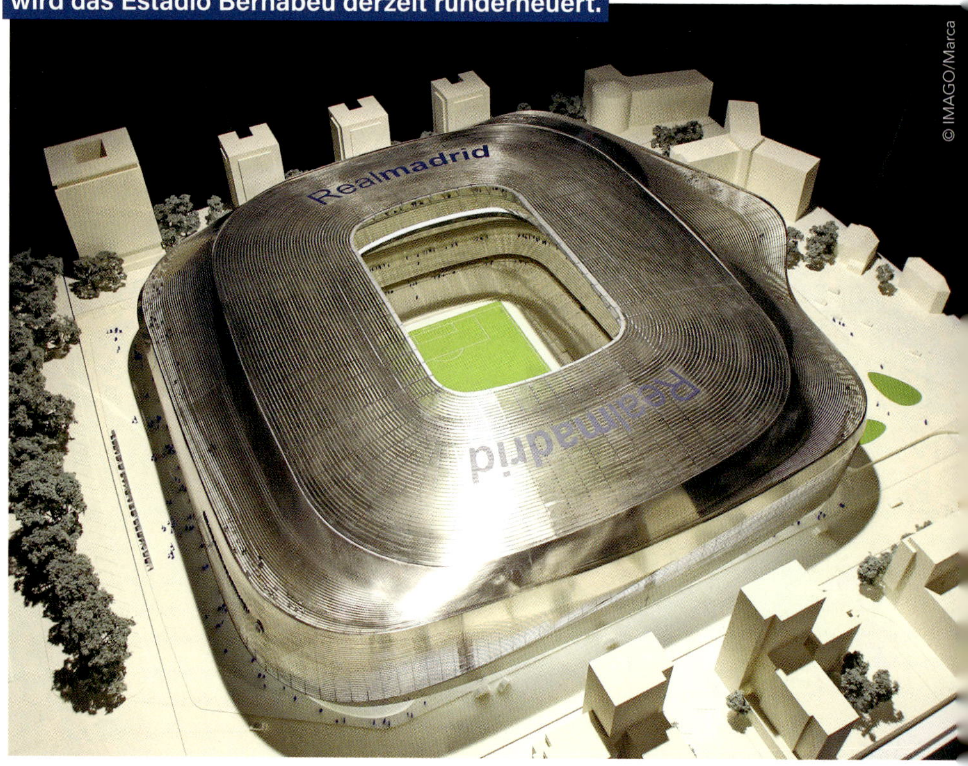

So bat Laporta „The Special One", sich einem Check durch Cruyff zu unterziehen. Mourinho sollte mit Cruyff zu Abend essen. Ohne die Zustimmung des „Königs" wollte Laporta den Portugiesen nicht verpflichten. Mourinho lehnte jedoch ab, wohl auch beeinflusst von Cruyffs Erzfeind Louis van Gaal, der weiß, wie schwer der „König" einem das Leben in Barcelona machen konnte.

Statt Mourinho wurde daraufhin der 37-jährige Guardiola neuer Cheftrainer des FC Barcelona – dank der massiven Fürsprache von Johan Cruyff. Zur Begründung hieß es, Guardiola, der unter Cruyff mit Barças sogenanntem Dream-Team 1992 den Europapokal der Landesmeister gewonnen hatte und seit 2007 das B-Team trainierte, garantiere „die Fortsetzung einer bestimmten Vorstellung von Fußball" und „achte den Klub". Auch verfüge er über Selbstvertrauen und die nötigen fachlichen Kenntnisse. Vor allem aber hoffte man wohl, dass sich der Novize leichter lenken ließe als der exzentrische Portugiese.

Der nunmehrige Real-Trainer Mourinho beschränkt seine Kriegsführung aber nicht auf Barça und Guardiola, sondern weitet sie auf alle Personen und Institutionen aus, die mit den Katalanen vermeintlich im Bunde stehen: die Schiedsrichter, den spanischen Fußballverband, die UEFA und die Feinde in den eigenen Reihen. Im spanischen Fußball haben Verschwörungstheorien traditionell Hochkonjunktur. Sie sind ein wesentliches Element des nationalen Fußballdiskurses, insbesondere zwischen den Madrilenen und den Katalanen. In der Vergangenheit sind es aber vorrangig die Katalanen gewesen, die Verschwörungen witterten – und manchmal durchaus zu Recht.

Schon bei Chelsea hat Mourinho gegen vermeintliche Verschwörungen angekämpft. Aber die „Blues" waren ein Emporkömmling gewesen, ein Klub, der viele Jahre nicht zu den Großen der Branche gehört hatte und nun – bewaffnet mit dem Vermögen seines russischen Besitzers – die etablierte Hierarchie in der Premier League herausfordern wollte. Der *Spiegel* schrieb damals über die Kampfgemeinschaft Abramowitsch/Mourinho: „Beide sind geschichtslose Einzelne,

Glücksritter, die gegen die eingesessenen Zünfte und Verbände und Trusts des vorigen Jahrhunderts antreten."

Real Madrid ist ein anderes Kaliber. Spanischer und europäischer Rekordchampion, umsatzstärkster Verein der Welt und von der FIFA 2000 zum „besten Klub des vergangenen Jahrhunderts" gekürt. Real ist kein Underdog. Von Real wird im Umgang mit der Konkurrenz mehr Souveränität verlangt. Und natürlich „Señorío" – „Würde". Mourinho bedient allerdings vortrefflich die Stimmung eines Teils des Real-Anhangs. Diese empfinden die Katalanen als anmaßend und arrogant. Ihnen geht es auf die Nerven, mit welcher Penetranz Barça die Urheberschaft des Schönen und Guten für sich beansprucht. Mit welchen Mitteln Real die Hegemonie des Rivalen beendet,kümmert sie nicht. „Señorío" ist ihnen wurscht, denn „Señorío" ist veraltet und überflüssig. Was zählt, ist Konkurrieren, Gewinnen. Das ist für sie die wahre Essenz von Real Madrid. Mourinho tritt also nicht als Einziger die stolz hochgehaltene Tradition des „Señorío" mit Füßen. Für andere Madrilenen kommt es hingegen einem Akt der Selbstverzwergung und des Verrats gleich, wenn Real Mourinho-Fußball spielt. „Mou" spaltet die Fangemeinde.

Psychologische Kriegsführung ist nicht Guardiolas Sache. Auf diesem Feld ist der Portugiese dem Katalanen haushoch überlegen. Mourinho: „Wichtiger, als von der Fußballwelt geliebt zu werden, ist es, Titel zu gewinnen. Ich bin immer im Konkurrenzkampf. Es geht mir um die Sache." Doch ignorieren kann Guardiola ihn nicht. Mourinhos Ankunft bei Real bedeutet, dass der Barça-Job für Guardiola noch stressiger wird und die Spielregeln noch brutaler.

In der Liga bleiben die „Königlichen" einigermaßen sie selbst. Die Überlegenheit ihres Kaders gestattet dies – sofern es nicht gegen den FC Barcelona geht. Gegen den Rest der Liga agiert Real in der Regel sehr offensiv und mit hohem Pressing, wenn der Gegner den Ball besitzt. Dies mündet in einer hohen Zahl von Toren. In der Champions League hingegen wählt Real ein defensiveres Vorgehen: weniger Ballbesitz, mehr Konter. Keine Spielhegemonie, sondern überfallartiges Umschaltspiel. Und in den „Clásicos" strapaziert Mourinho wiederholt einen Gegenentwurf zum „königlichen" Fußball, nämlich unansehnliches Underdog-Gekicke. „Mou" räumt mit der jahrzehntealten Philosophie auf, dass Real nicht nur erfolgreich, sondern stets auch elegant und schön spielen müsse.

Im Sommer 2010 verlassen Real u. a. Christoph Metzelder, dessen Vertrag nach drei Jahren ausläuft, und Vereinsikone Raúl – Letzterer nach 16 Jahren und 741 Pflichtspielen, in denen er 323 Tore geschossen hat. Beide gehen in die Bundesliga zu Schalke 04. Rafael van der Vaart wechselt nach Tottenham, nachdem ihm Mourinho mitgeteilt hat, dass er für ihn keine Verwendung mehr habe.

Teuerste Neuerwerbung ist Ángel Di María, groß geworden in der argentinischen Fußballhochburg Rosario. Der 22-jährige Flügelstürmer kommt für 25 Millionen Euro von Benfica Lissabon. Aus der Bundesliga verstärkt sich Real mit den Nationalspielern Mesut Özil (21) und Sami Khedira (23), die für jeweils 18 Millionen Euro von Werder Bremen bzw. dem VfB Stuttgart kommen. Bei der WM 2010 in Südafrika ist eine junge und spielstarke DFB-Elf Dritter geworden. Deutsche Spieler stehen im Ausland wieder hoch im Kurs.

Der „Zehner" Özil und der im zentralen defensiven Mittelfeld beheimatete Khedira sind Spieler mit sehr unterschiedlichen Qualitäten. Khedira: „Bei mir ist es die gründliche Arbeit, bei Mesut ist es ein Stück weit Genialität." Für Khedira ist die Umstellung auf den Mourinho-Fußball einfacher als für Özil: „Beim VfB und im Nationalteam hatte ich viele Freiheiten und war oft vor dem gegnerischen Tor. Bei Real muss ich mich zügeln. Ich spiele jetzt intelligenter und cleverer und habe gelernt, meine Kräfte einzuteilen. (…) Ich spiele in erster Linie nicht, um die Herzen der Fans zu erobern, sondern um etwas zu gewinnen. Deshalb kann ich mich mit Mourinhos Spielweise sehr gut anfreunden." Özil hingegen sagt über sich selbst: „Am liebsten spiele ich, ohne nachzudenken. Ich will nicht darüber grübeln, wie ich an meinem Gegner vorbeikommen könnte, sondern einfach vorbeidribbeln, wie es mir gerade in den Sinn kommt. Ich will mich nicht fragen, wohin der nächste Pass gehen sollte, sondern einfach in den richtigen Raum spielen. Nachdenken ist nicht gut." Özil ist auch „kein Freund von extrem langen und detaillierten Videoanalysen".

Im April 2012 schreibt Paul Ingendaay in der *Frankfurter Allgemeinen Sonntagszeitung*: „Khedira löst bei den Madrider Fans Gleichgültigkeit aus, genießt aber das Vertrauen von Mourinho, der ihn in allen Spielen einsetzt. Özil dagegen brauchte mal wieder ein großes Spiel." Höre man sich unter Insidern der Real-Kabine um, würde man erstaunliche Sachen erfahren: „Danach wird Mesut Özil (...) von seinen Kameraden geachtet und bewundert, selbst wenn er auf der Bank landet. Der Dreiundzwanzigjährige gilt als Künstler, als Ausnahmetalent und Visionär, als Mann mit dem größten Potential neben Mittelstürmer Karim Benzema. Die beiden verbindet nicht nur, dass sie einander auf dem Platz suchen und sich intuitiv verstehen. Sie tun auch kaum je den Mund auf. Was sie zu sagen haben, sagen sie mit Dribblings, Doppelpässen und genialen Spielzügen. Wenn man sie lässt." Das Publikum verehre diese beiden Spieler. Ein Raunen gehe durch die Ränge, „wenn sie elegant den Ball kontrollieren, Haken schlagen oder drei Leute mit einem Pass, einer Körpertäuschung ins Leere laufen lassen". Zu Özils Bewunderern gehört auch Sergio Ramos, der den Neuzugang an die Hand nimmt. Özil: „Er hat mir Madrid erklärt. Und die Spielregeln im Verein." Ramos denkt beim Fußballer Özil „an Magie, Talent, Qualität und die Fähigkeit, ein Spiel wie nur wenige lesen zu können. Ein außergewöhnlicher Fußballer, mit einem goldenen linken Fuß und beeindruckendem Ballgefühl."

Auch Barca hat sich um Özil bemüht, der *Marca* später erzählt: „Es war damals eine Entscheidung zwischen Real Madrid und Barcelona. Am Ende war es keine Frage des Geldes. Ich habe Madrid und Barcelona jeweils besucht und José Mourinho hat den Unterschied ausgemacht. Es war von ihm für mich ein VIP-Besuch bei Real Madrid, ich habe das Stadion und all die Trophäen gesehen, bekam eine Gänsehaut. Der Besuch in Barcelona war weniger begeisternd – und was mich am meisten enttäuschte, war, dass sich Pep Guardiola nicht die Mühe machte, mich zu treffen. Vor dieser Reise hatte mir der fußballerische Stil von Barcelona gefallen und ich konnte mir wirklich vorstellen, bei ihnen zu spielen." Noch Jahre später ist Özil überwältigt davon, wie ihn der Verein der Öffentlichkeit präsentierte: „Ich war 21 Jahre alt, hatte bereits eine Weltmeisterschaft mit Deutschland gespielt, hatte mit Werder europäische Erfahrung gesammelt. Aber das an diesem Tag hatte ich nie zuvor erlebt. So viele Fotografen und Journalisten, die sich nur auf mich fokussieren. Es war kein leichter Tag, ich war sehr nervös. Aber es war ein sehr besonderer Tag. Es gibt keinen Klub, der so wie Real Madrid ist, was Präsentationen angeht. An diesem Tag wird dir bewusst, dass du auf ein anderes Level kommst."

In der ersten Saison bei den „Blancos" gelingt es Özil, sich als Stammkraft zu etablieren. Er ist in 36 von 38 Ligaspielen dabei, in 30 vom Anpfiff an, erzielt sechs Treffer und bereitet 19 vor.

Mit der Verpflichtung von Özil und Di María beginnt zugleich der Abstieg eines vermeintlichen Superstars: Kaká. Paul Ingendaay: „Dass Kaka keinen Platz mehr hat, liegt auch an Özils Spiel: schnelles Umschalten, kurze Ballführung, den Gegner durch Tempokombinationen überraschen, das beherrscht niemand besser als dieser Filigrantechniker." Man habe mit ihm „einen Spielmacher neuen Typs" in den Klub geholt, „denn Özil beansprucht nicht, er hat eine Starrolle, und zwar kraft seines mannschaftsdienlichen Spiels. Gerade das überfallartige Konterspiel, das sein Trainer José Mourinho so liebt, hat in Özil seinen herausragenden Strategen gefunden." Ingendaay vermutet, dass Özil eine Klasse besitze, „die den Verein umkrempeln könnte". Die spanische Presse nennt Özil „allgegenwärtig", „kaiserlich", „spektakulär", „erhaben" und „zauberhaft". Mit der Zeit wird Mourinhos Spielsystem aber auch zu einem Problem. So schreibt Ingendaay später: „Das Team soll agieren, als gäbe es kein Mittelfeld. Zwischen Xabi Alonso, dem weit hinten spielenden Feldmarshall, und dem auf der linken Seite laufenden Cristiano Ronaldo tut sich oft eine Wüste auf."

Am 13. Spieltag der Saison 2010/11 kommt es zum ersten Kräftemessen zwischen Barça und Real, das in der Liga ungeschlagen

Tabellenführer ist und allen Unkenrufen zum Trotz Offensivfußball spielt. Doch im Camp Nou werden die „Königlichen" gedemütigt. Barça schlägt Real 5:0. Für Mourinho ist es die höchste Niederlage in seiner Karriere als Profitrainer. Louis van Gaal kennt den Grund: „Verteidigen ist einfacher. Auch ein Mourinho hat immer Verteidigen gespielt. Aber jetzt muss er mit Real Madrid, wahrscheinlich fordert das der Vorstand, auf Angriff spielen. Es ist viel schwieriger, auf Angriff zu spielen."

Mourinho beginnt nun einen Krieg gegen die „fünfte Kolonne" des katalanischen Erzfeindes. Erstes Ziel ist Real-Sportdirektor Jorge Valdano, der das Edle und Schöne des Spiels preist und somit der schärfste Gegner eines reinen Zweckfußballs ist. Valdano hat traditionell eine Schwäche für den Fußball des FC Barcelona; zunächst bewunderte er Johan Cruyff, nun outet er sich als Fan von Pep Guardiola. 2007, da war Mourinho noch bei Chelsea, beschuldigte Valdano den Portugiesen, er würde den Fußball „in eine dunkle Zukunft" führen, in der sich die Fans davon verabschieden müssten, „dass Fußball ein Ausdruck von Klugheit und Talent ist, wie wir es ein Jahrhundert lang genossen haben".

Valdano steht für Werte, die Mourinho beiseitedrängen muss, um seine Philosophie durchzusetzen. Gegen den zurückhaltenden Gentleman erscheint „The Special One" wie ein „Prolet im Zwirn" (Thomas Kilchenstein in der *Frankfurter Rundschau*). Als der Sportdirektor die permanenten Attacken des Trainers gegen die Schiedsrichter nicht mitmacht, bezichtigt ihn Mourinho der Illoyalität: „Ich will, dass der Klub mein Team verteidigt."

Florentino Pérez schlägt sich zunächst auf Valdanos Seite. Auch für den Bauunternehmer ist der Trainer ziemlich gewöhnungsbedürftig. Bislang hat es nicht zu den Gepflogenheiten von Reals Trainern gezählt, öffentlich herumzupöbeln, die Sportblätter mit Schlagzeilen zu versorgen und dadurch das Gesicht des Vereins zu prägen. Valdano bittet Mourinho, die Lautstärke seiner Attacken gegen Barça und Guardiola um einige Dezibel herunterzufahren.

Aber im Mai 2011 verliert Valdano den Machtkampf und muss gehen. Eine folgenreiche Entscheidung, denn damit verschwindet der letzte Bremser in Mourinhos Krieg gegen den FC Barcelona und Pep Guardiola. Real-Boss Pérez, in seinem Bauunternehmen Herr über mehr als 150.000 Mitarbeiter, liefert sich dem Trainer aus.

Um Mourinhos Verhalten zu rechtfertigen, wird „Señorío" neu definiert, ebenso wie der „Madridismo". Pérez erklärt, „Señorío" bedeute auch, „das zu verteidigen, was wir für richtig halten, Ungerechtigkeit anzuprangern. Was Mourinho sagt, ist auch Madridismo."

Der Schriftsteller Javier Marías sagt einige Jahre nach der „Ära Mourinho" im Interview mit Dirk Gieselmann in *11 Freunde*: „Real war eine noble Mannschaft, Mourinho machte aus ihr eine unehrenhafte. Real hat sich nie mit Schiedsrichtern angelegt, Mourinhos Mannschaft tat das andauernd. Real Madrid stand für Fair Play, Mourinhos Mannschaft für Foul Play. Real Madrids Trainer waren wohlerzogene Lehrer, die das Lob an die Mannschaft weitergaben, Mourinho war schlecht erzogen und bezog alles Lob auf sich." Marías' Entfremdung ging so weit, dass er im Copa-del-Rey-Finale 2013 zu Atlético hielt, „damit Mourinho sich nicht mit einer weiteren Trophäe schmücken konnte".

Der spanische Journalist Santiago Segurola zitiert derweil in der *Süddeutschen Zeitung* einen erfahrenen Insider mit den Worten: „Das Schlimme ist: Mourinho kitzelt das Schlechteste aus uns heraus." Segurola selbst wirft dem Klub vor, er habe „nie versucht, die Eskalation zu hemmen; der Verein hat lieber den Prestigeverlust hingenommen, den sein Trainer verursacht hat." Mourinho sei vom ersten Moment an „das Gravitationszentrum des Madridismo" gewesen, „ein Mensch, begabt mit allem, was einen erfolgreichen Populisten ausmacht: mit Demagogie, Egozentrik und der Bereitschaft zu führen, mit Unempfindlichkeit gegenüber Niederlagen und der Unverfrorenheit, sich in der Opferrolle zu sehen. Er hat die Codes eines Klubs zerstört, der viel auf seine Ritterlichkeit gegeben hat – ein alter spanischer Ausdruck, der mit Würde verbunden ist. Es war ein Bruch, inszeniert von einem

Trainer, der perfekt in die heutige Zeit passt, der die Konfrontation, die Banalisierung und die Produktion von Nachrichten beherrscht – egal, ob sie kohärent, inkohärent oder widersprüchlich sind."

Neben Valdano ist ein weiterer Verdächtiger auf Mourinhos Liste: Keeper Iker Casillas, der mit Barças Xavi dafür sorgt, dass der vom Trainer angeheizte „Fußballkrieg" zwischen Madrid und Barcelona nicht die Nationalelf sprengt. Der Kastilier mit dem baskischen Vornamen und der Katalane sind Garanten für eine friedliche Koexistenz in der „Selección" und damit auch für deren Erfolge. Der Torwart und das Mittelfeldass kennen sich seit gemeinsamen Tagen in den spanischen Nachwuchsteams. Zwar sind der FC Barcelona und Katalonien in der „Selección" stärker vertreten als alle anderen spanischen Klubs und Regionen, aber die Kapitänsbinde trägt mit Casillas ein Madrilene. Ein politisch kluger Schachzug von Nationalcoach Vicente del Bosque, denn Iker Casillas gilt gewissermaßen als „Gesamt-Spanier", als Führungskraft, die auch von den Katalanen und Basken akzeptiert wird. Barcelonas Cesc Fàbregas preist ihn als „natürlichen Leader".

Casillas' gute Beziehung zu den Barça-Akteuren torpediert Mourinhos „Us-and-Them"-Denken. Im Kampf gegen die Hegemonie Barças darf es keine Freundschaft mit dem „Feind" geben. Wer zu Spielern Barças ein gutes Verhältnis pflegt, ist dem Coach suspekt. Casillas wird deshalb später auf der Ersatzbank landen.

Im April/Mai 2011 messen sich Real und Barça binnen 17 Tagen gleich viermal: in der Primera División, im spanischen Pokalfinale und zweimal im Halbfinale der Champions League, für das sich Real seit acht Jahren erstmals wieder hat qualifizieren können.

Das Ligaspiel um die noch offene Meisterschaft endet im Bernabéu mit einem 1:1-Remis. Die Tore fallen vom Elfmeterpunkt. In der 52. Minute reißt Albiol David Villa im Strafraum zu Boden. Messi trifft zum 1:0, und Real wird zusätzlich mit einer Roten Karte für Albiol bestraft. Trotzdem gelingt in der 82. Minute noch der Ausgleich, dank eines eher geschenkten Elfmeters, den Cristiano Ronaldo verwandelt.

Alfredo Di Stéfano hat seine „Königlichen“ als „Maus“ gesehen, die gegen einen „Löwen“ gespielt habe. Und Johann Cruyff wettert von seinem Olymp hinunter: „Das größte Kompliment für Barça hat Mourinho schon durch seine Aufstellung zum Ausdruck gebracht. Im eigenen Stadion mit sieben Defensivspielern anzutreten, da muss einer sehr große Angst gehabt haben. Das Bernabéu erlaubt so eine Aufstellung normal nicht. (…) Mourinho ist ein Titeltrainer, kein Fußballtrainer. Anders ausgedrückt: Er ist kein Trainer des Fußballs, wenn wir darunter ein Spektakel verstehen, welches die Menschen unterhält.“

Einige Wochen später darf der FC Barcelona seinen 21. Meistertitel feiern. Ein Blick auf die Abschlusstabelle erlaubt eine Vorstellung davon, wie nervenaufreibend die Konkurrenz zwischen Barça und Real für alle Beteiligten gewesen ist. Real hat aus 38 Meisterschaftsspielen 92 Punkte geholt, gut 2,4 pro Spiel, aber eben vier weniger als Barça. 102 Tore haben die „Königlichen“ geschossen, gut 2,7 pro Spiel und sieben mehr als Barça, das aber zwölf weniger kassiert hat. In jeder anderen der besseren europäischen Ligen wäre man mit einer derartigen Bilanz souverän Meister geworden.

Das Pokalfinale wird am 20. April angepfiffen – Hitlers Geburtstag. Real Madrids rechte Fangruppierung „Ultras Sur“ würdigt das Datum mit einem schwarzen Banner, auf dem „Herzlichen Glückwunsch 18“ steht. In Valencia siegt Real nach 120 Minuten durch ein Tor von Cristiano Ronaldo mit 1:0. Für Real ist es der erste Gewinn der Copa del Rey seit 1993 bzw. fast zwei Jahrzehnten.

Im ersten Halbfinale der Champions League begegnet Europas Rekordchampion einem ersatzgeschwächten Barça mit einer Taktik, wie sie vielleicht einem Provinzverein mit einem Ensemble aus technisch unbegabten Kickern zusteht, das gegen ein großes Team antritt, das spielerisch hoffnungslos überlegen ist – niemals aber einer Mannschaft vom Kaliber Reals. Obwohl durch das Ligaspiel vorgewarnt, ist nicht nur Guardiola überrascht. Eine weitere Steigerung der Mourinho’schen Negativtaktik hat kaum jemand für möglich gehalten.

Es beginnt schon mit der Präparierung des Spielfeldes. Um Barças Kombinationsspiel zu stören, lässt „Mou" im Bernabéu den Rasen weder mähen noch wässern. Beim Anpfiff lässt er mit Kaká, Higuaín und Benzema drei Angreifer auf der Bank, die vier Tage zuvor gegen Valencia sechs Tore geschossen haben. Auch Mittelstürmer Adebayor wird erst zum zweiten Durchgang eingewechselt. Mittelfeldstratege Özil muss eine verkappte Spitze spielen, darf in dieser Funktion in den ersten 45 Minuten genau 16-mal den Ball berühren, wird verschlissen und zur Halbzeit herausgenommen.

Im Bernabéu läuft eine absurde Vorstellung ab. Im ersten Durchgang werden 80 Prozent Ballbesitz für Barça notiert, davon sind mindestens 30 vom Gegner geschenkt. Real will den Ball nicht haben. Barça spielt 485 Pässe, Real 120. Nach dem Wiederanpfiff agiert Barça schneller, präziser und mit mehr Wucht. In der 61. Minute wird Reals Pepe nach einem Tritt gegen Dani Alves' Knie vom deutschen Schiedsrichter Wolfgang Stark vom Platz gestellt – eine harte, aber vertretbare Entscheidung. Schließlich vollstreckt Messi in der 76. Minute eine Flanke des eingewechselten Afellay zur 1:0-Führung. Und in der 87. Minute düpiert der Argentinier mit einem sensationellen Solo gleich fünf Abwehrspieler und bereitet dem Mourinho-Spuk ein Ende.

Nach dem Abpfiff macht Mourinho verbal Jagd auf Schiedsrichter Stark und bemüht dafür finsterste Verschwörungstheorien. Der FC Barcelona sei in der Lage, Spiele zu manipulieren – dank seiner Unterstützung für das Kinderhilfswerk UNICEF: „Ich weiß nicht, woher Barça nur all diese Macht bekommt. Vielleicht liegt es ja daran, dass sie UNICEF eine Plattform als Werbepartner geben." Außerdem unterhielten die Katalanen laut dem Real-Trainer einen guten Draht zum spanischen UEFA-Vize Ángel María Villar und seien dem europäischen Verband „einfach sympathischer".

Die Madrider Pro-Real-Presse steht Mourinho bei: „Porqué?" („Warum?") fragen die Titelblätter von *AS* und *Marca* zu einem Foto vom Platzverweis scheinheilig. Für *Marca* ist Stark „der schlechteste Schiedsrichter der Bundesliga", für *AS* „das Ungeheuer der Real-Fans".

Die in Barcelona erscheinende *Mundo Deportivo* kritisiert hingegen Mourinhos Paranoia: „Er kann nicht anders, als Gott oder Märtyrer zu sein. Dabei ist er nur ein Trainer."

Beim Rückspiel im Camp Nou droht Barça den Kontrahenten in den ersten 45 Minuten zu überrollen. Allein der starke Iker Casillas hält die „Königlichen" im Spiel. Kurz nach dem Wiederanpfiff trifft Reals Higuaín, aber der belgische Schiedsrichter Frank De Bleeckere erkennt das Tor nicht an – und wird von Mourinho prompt der Barça-Nähe bezichtigt. Die Vorentscheidung fällt in der 54. Minute, als Barças Pedro nach einem Traumpass von Iniesta die verdiente 1:0-Führung erzielt. Real gelingt zwar zehn Minuten später durch Marcelo der Ausgleich, aber mehr haben die Madrilenen nicht zu bieten. In den vier Duellen mit Barça in diesem Frühjahr 2011 zücken die Schiedsrichter für Akteure beider Teams insgesamt 25-mal die Gelbe und viermal die Rote Karte.

2011/12
DIE „KÖNIGLICHEN" ALS „MARODIERENDE BANDE"

Zur Saison 2011/12 bekommt Mesut Özil das Trikot mit der Nummer zehn übereicht. In der Hinrunde schwächelt der Spielmacher allerdings und muss Ángel Di María weichen. Dieser fehlt dann aber in der Rückrunde lange verletzungsbedingt. Özil nutzt die Chance, knüpft wieder an seine Vorstellungen aus der Vorsaison an und avanciert erneut zur Stammkraft. Mit 17 Torvorlagen ist er der beste Vorbereiter der Liga.

Im August 2011 stehen die ersten Duelle mit Barça an, die einmal mehr die zunehmende Brisanz dokumentieren, mit der „El Clásico" mittlerweile aufgeladen ist. Im spanischen Supercup trennen sich die beiden Giganten zunächst im Bernabéu unentschieden (2:2). Im

Rückspiel lässt Guardiola seine stärkste Formation auflaufen und gewinnt durch Tore von Iniesta und Messi (2) mit 3:2. In der Nachspielzeit säbelt Reals Linksverteidiger Marcelo Barças Cesc Fàbregas „im Stile eines Schlächters“ *(SZ)* um und sieht dafür Rot. Es folgt eine Rudelbildung, an der sich auch Spieler von der Bank beteiligen und die Schiedsrichter Fernández Borbalán mit weiteren Roten Karten für Mesut Özil und Barças David Villa bestraft. Mourinho nähert sich Guardiolas Assistenten Tito Vilanova und will ihn am Ohr zupfen. Als sich Vilanova abwendet, landet ein Finger im Auge. Auf der anschließenden Pressekonferenz erklärt Mourinho: „Ich bin in einer Kultur groß geworden, in der Fußball eine Männersache ist und bei der man nicht nach dem ersten Hauch umfällt.“ Außerdem kenne er keinen „Pito“ Vilanova – „Pito“ ist spanischer Slang für „Penis“. Guardiola warnt: „Wir müssen aufpassen, denn sonst wird irgendwann etwas passieren, was wir alle bereuen werden.“

Für Javier Cáceres, den damaligen Spanien-Korrespondenten der *Süddeutschen Zeitung*, degeneriert Mourinhos Real „immer mehr zu einer marodierenden Bande“. Seit Mourinho bei den „Königlichen“ das Sagen habe, „erleidet Spaniens Rekordmeister von Woche zu Woche aufs Neue einen Imageschaden. (…) Mourinhos Tätlichkeit ist nur die Klimax eines zunehmend militanten Verständnisses seiner Arbeit, die gravierende Folgen für die Psyche seiner Spieler zu haben scheint und das Umfeld ansteckt. (…) Real wird zusehends seiner einst weltweit als edel und gut etikettierten Wesensart beraubt. Von Mourinho.“

Dass man sich in dieser Saison gleich fünfmal begegnet, zerrt an den Nerven der beiden Trainer. Ein oftmals müde und gestresst wirkender Pep Guardiola signalisiert, dass sich seine Zeit beim FC Barcelona dem Ende zuneigen könnte. Der Druck, sowohl schön wie auch erfolgreich spielen zu müssen, und dies mit dem Hauptfeind im eigenen Land, droht den 39-Jährigen zu zermürben. José Mourinho wiederum hat nicht bei Real angeheuert, um national und international die „zweite Geige“ zu spielen. Er zieht alle Register, um diese Situation zu ändern, taktische Fouls im verbalen Geplänkel eingeschlossen.

Im Januar 2012 treffen der FC Barcelona und Real Madrid im Viertelfinale der Copa del Rey aufeinander. Die Katalanen gewinnen im Bernabéu mit 2:1. Auch unter Mourinho bleibt Real gegen Barça im eigenen Stadion also sieglos: zwei Unentschieden, drei Niederlagen lautet die niederschmetternde Bilanz. Im Rückspiel trennt man sich 2:2, womit die „Königlichen" als Titelverteidiger ausgeschieden sind. Dennoch markiert die Begegnung im Camp Nou eine Wende. Bis dahin ist José Mourinho Barça stets mit einer defensiven bis destruktiven Spielweise begegnet. Als Barça nun jedoch zur Halbzeit mit 2:0 in Front liegt, gibt er diese zugunsten einer offensiveren Variante auf, was mit zwei Toren belohnt wird. Cristiano Ronaldo verkürzt nach einer Vorlage von Özil auf 1:2, den Ausgleich markiert Benzema. Für Mesut Özil ist dies der Zeitpunkt, in dem Mourinho Guardiola und Barça entschlüsselt hat: „Es war eine Demonstration auf fremdem Platz, die die Katalanen einschüchterte. Und uns die letzte Portion Selbstvertrauen einflößte, die nötig war, um in der Meisterschaft zu bestehen."

Trotzdem ist „Mou" im Frühjahr 2012 angezählt. Óscar Campillo, Chefredakteur von *Marca*: „Mourinho ist eingestellt worden, um die Hegemonie Barcelonas zu brechen. Wenn er nun keinen Titel holt, hat es keinen Sinn, all die Spannungen, die er erzeugt hat, weiter zu ertragen und sein unsportliches Auftreten zu dulden." Im *Spiegel* konstatiert Jörg Kramer: „Der Real Madrid Club de Futbol ist in eine Identitätskrise gerutscht. Früher war es so, dass hier die Trainer mit Autoritätsproblemen zu kämpfen hatten. Spielbälle der mächtigen Präsidenten waren und die teuersten Stars hegen mussten wie Könige. Jetzt hat der portugiesische Coach die ganze Macht und kontrolliert alles und macht sich einen Spaß daraus, dass er so unberechenbar und allen unheimlich ist. Der Klub ist nicht wiederzuerkennen."

Vor dem 35. Spieltag führt Real die Tabelle mit vier Punkten Vorsprung an. Als die „Königlichen" ins Camp Nou kommen, ist dies für den FC Barcelona die letzte Chance, den Rivalen abzufangen. Mesut Özil: „Mourinho erinnerte uns an all die Trophäen, die Barcelona in den letzten Jahren gesammelt habe. ‚Die vierte Meisterschaft in Folge kriegen sie nicht. Das werden wir zusammen verhindern!'"

Real besiegt Barça mit 2:1 und baut seinen Vorsprung auf sieben Zähler aus. Es ist der erste Sieg der „Königlichen" über die Katalanen in der Primera División seit dem 7. Mai 2008 – und bleibt Mourinhos einziger in einem Meisterschaftsspiel gegen den Rivalen.

Bei nur noch drei ausstehenden Spielen ist die Entscheidung gefallen. Erstmals seit drei Jahren heißt Spaniens Meister wieder Real Madrid. Mesut Özil: „Wir haben es dank Mourinho geschafft, Barcelona zu knacken. In nur zwei Jahren haben wir sie uns geschnappt. Mourinho war der Trainer, der Barcelonas Übermacht beendet hat. Das war sein wichtigstes Verdienst."

Real schießt mehr Tore (121) und sammelt mehr Punkte (100) als jeder Meister zuvor. Der FC Barcelona wird Vizemeister – mit neun Punkten weniger (91) und 114 Toren.

In der Champions League sind derweil sowohl Titelverteidiger Barça wie auch Real im Halbfinale gescheitert. Real trifft auf den FC Bayern. In München unterliegt man mit 1:2. Das Rückspiel gewinnt Real zwar mit dem gleichen Resultat, aber im Elfmeterschießen behalten die von Jupp Heynckes trainierten Münchner die Oberhand. Dass nicht die beiden besten europäischen Teams der Saison 2011/12 das Finale der Champions League bestreiten, sondern Chelsea und der FC Bayern, liegt wohl auch daran, dass sie noch drei (Barça) bzw. vier Tage (Real) vor den Halbfinal-Rückspielen einen strapaziösen „Clásico" bestreiten mussten.

Trotz des erneut verpassten Einzugs ins Finale der Königsklasse ist die Saison 2011/12 Mourinhos beste in Madrid. Es ist aber auch eine, in der es zwischen ihm und der Mannschaft ordentlich zu knirschen beginnt – insbesondere mit den Spaniern im Team. Bei einem Streit über taktisches Verhalten wirft Sergio Ramos dem Trainer an den Kopf, er habe nie selbst Fußball gespielt. Und als Mourinho auf dem Trainingsplatz mit Ramos über Casillas spricht, was der Keeper mitbekommt, ruft dieser ihm zu: „Eh, Mister, hier bei uns ist es üblich, dass man sich die Sachen ins Gesicht sagt!“

Was Mourinho bei seinen vorherigen Stationen nie passiert ist, auch weil es ihm stets gelang, eine Art Wagenburg um sein Team zu errichten: In Madrid verliert er erstmals die Mannschaft, zumindest Teile davon, weil er die Komplexität des spanischen Fußball-Gebildes nicht versteht. Der ständige Konflikt mit Barcelona und die fanatische Fokussierung auf das Kräftemessen mit Guardiola erhöhen den Druck auf die Spieler und verschlechtern die Stimmung in der Kabine. Einige Spieler sehen keine Notwendigkeit für die von „Mou“ betriebene Polarisierung, betrachten diese als dessen Privatangelegenheit.

Pep Guardiola flüchtet nach dieser Saison in ein Sabbatical, bevor er zur Saison 2013/14 den FC Bayern München übernimmt. Der Trainer wirkt erschöpft. Mourinho hat hierzu einen wesentlichen Beitrag geleistet. Aber Guardiola merkt auch, dass die Jahre der Barça-Dominanz vorbei sind. Ohne Guardiola wirkt Mourinho nun verwaist und ziellos.

2012/13: MOURINHOS ABSCHIED

Mesut Özils Leistungen sind den Real-Bossen zu schwankend, weshalb man im Sommer 2012 mit dem knapp 27-jährigen Luka Modrić einen weiteren Kreativspieler verpflichtet. Der Kroate kommt für 30 Millionen Euro von Tottenham Hotspur. Seinen Wechsel zu Real hat er sich erstreikt. Als der Transfer an der von den Spurs geforderten Ablöse zu scheitern drohte, schwänzte Modrić zwei Tage das Training. Der Verein belegte ihn mit einer Geldstrafe von 80.000 Pfund. Daraufhin beendete Modrić den Streik, blieb aber zwei Monate lang vom Mannschaftstraining ausgeschlossen. Letztlich einigten sich die beiden Vereine dann doch noch.

Der Neue ist ein schmächtiger Kerl. Nur 1,72 Meter groß und 66 Kilo schwer, mit halblangen Haaren und großer Nase, optisch ein wenig an Johan Cruyff erinnernd. Den *Guardian* erinnert Modrić „an einen kleinen Jungen im Körper einer Hexe". Modrić ist so schmächtig, dass ihn sogar Vereine wie Barça und Arsenal, bei denen solche Spieler willkommen sind, verschmäht haben.

Dabei ist der Kroate einer, der seine Mitspieler besser macht. Für Andrej Kramarić, Landsmann und Nationalmannschaftskollege, ist Modrić „einer der besten Mittelfeldspieler aller Zeiten, vielleicht der beste überhaupt". Er habe „für jede Situation fünf Lösungen parat, bevor andere überhaupt über eine nachgedacht haben". Als er für West Ham United spielte, begegnete der Deutsche Thomas Hitzlsperger Modrić. Noch Jahre später fühlt „Hitz" sich „traumatisiert", wie er in einer Kolumne für den *Guardian* schreibt: „Ich konnte einfach nicht in seine Nähe kommen. Er passte, wenn er passen musste, er dribbelte, wenn er dribbeln musste, und alles in allem machte er nicht eine falsche Bewegung in den ganzen 90 Minuten. Was auch herausstach, war, wie er den Ball schützte. Wie Andrés Iniesta und Xavi gleicht er fehlende Größe und Statur dadurch aus, dass er seinen Körper auf genau die richtige Art zwischen den Ball und den Körper bringt."

Der Journalist Christian Spiller beobachtet mit Blick auf Modrić: „Seine Spezialität ist der Pass mit dem Außenrist, eine Berührung, von der jeder Ball träumt." Und sein Kollege Frank Hellmann bezeichnet den Kroaten anlässlich der WM 2022, da ist Modrić bereits 37, als „zeitlosen Strategen". Für die *11 Freunde* schließlich ist der Mittelfeldspieler „der Gott der kleinen Dinge. Es gibt auch Highlight-Filmchen von Modrić. Dort sieht man die kleinen Körpertäuschungen, mit denen er sich Raum verschafft, die Vierzigmeterpässe auf die Brust der Kollegen, seine kleinen Tricks, hier eine Hacke, da ein Tunnel, die er aber nie für die Galerie benutzt, sondern um sich in einem verstopften Mittelfeld den Gegnern zu entziehen. Eine seiner Lieblingsbewegungen ist, den Ball einfach durchzulassen, weil hinter ihm ein Mitspieler mehr Platz und eine bessere Position hat."

Modrić wird letztlich so bedeutend für die „Königlichen" werden, dass Cristiano Ronaldo, Reals Mega-Star, später sagt: „Modrić entscheidet, wie wir spielen."

Zu Beginn der Saison 2012/13 gewinnt Mourinho mit Real das Finale der Supercopa de España gegen den FC Barcelona. Im Dezember degradiert der Trainer Casillas einstweilen zum Ersatztorhüter und ersetzt ihn durch Antonio Adán. Der hütet dann aber nur drei Ligaspiele den Kasten. Einige Wochen später bricht sich Casillas einen Mittelhandknochen, weshalb Real Diego López verpflichtet. Der Keeper kommt vom FC Sevilla, hat aber von 2003 bis 2005 für Reals B-Team gespielt. Auch nach Casillas' Genesung hält Mourinho an López fest, zum Unmut einiger Spieler und vieler Fans.

Der Supercup bleibt die einzige Trophäe in dieser Saison. Im Finale der Copa del Rey muss sich Real dem aufstrebenden Stadtrivalen Atlético beugen, der mit 2:1 im Bernabéu gewinnt. Für die „Colchoneros" ist es der erste Sieg über die „Königlichen" im 21. Jahrhundert bzw. seit 25 Spielen. Mourinho wird im zweiten Durchgang auf die Tribüne geschickt, der Siegerehrung bleibt er fern. In der Champions League erreicht Real zum dritten Mal in Folge das Halbfinale, scheitert dort aber an Borussia Dortmund. In Dortmund verliert Real mit 1:4, sämtliche BVB-Tore gehen auf das Konto von Robert Lewandowski, den Reals Abwehr nie unter Kontrolle bekommt. „Ein leichter Sieg für die Borussia", konstatiert ein resigniert wirkender Mourinho anschließend, „denn Dortmund war stärker, präsenter und aggressiver." Im Rückspiel wird es aber noch einmal eng. Zwar muss das Real-Publikum bis zur 82. Minute warten, ehe Benzema endlich die Führung gelingt. Doch sechs Minuten später hämmert Ramos den Ball zum 2:0 unter die Querlatte. Jetzt fehlt nur noch ein Tor zum Einzug ins Finale! Als der englische Referee Howard Webb sechs Minuten nachspielen lässt, wirft Real alles nach vorne, doch der BVB zittert sich erfolgreich über die Ziellinie.

Vor dem vorletzten Spieltag in der Liga verkündet Klub-Präsident Florentino Pérez die einvernehmliche Auflösung des Vertrages mit Mourinho zum Saisonende. Am Ende der Meisterschaftssaison 2011/12 war der Kontrakt noch um zwei Jahre verlängert worden.

Zur Saison 2013/14 kehrt Mourinho zu Chelsea zurück. Als er 2004 das erste Mal im Londoner Westen anheuerte, stellte er sich als „The Special One“ vor. Nun, neun Jahre später, präsentiert er sich als „The Happy One“. Spanien hat ihm nicht annähernd so viel Spaß bereitet wie England. Die Spieler, die Presse, die Fans – in Madrid ist alles anders gewesen. Ein Journalist konfrontiert ihn mit einer Aussage von Barças Andrés Iniesta: „Mourinho hat mehr Schaden als Nutzen angerichtet. Er hat dem spanischen Fußball geschadet.“ Mourinho entgegnet: „Ich habe dem Fußball geschadet, weil ich die Vorherrschaft Barcelonas beendet habe.“

Das ist ihm tatsächlich gelungen. „Mou“ konnte Barças Hegemonie brechen, aber Real diese nicht selbst erobern. Und was das Duell der beiden Trainer betrifft: Mourinho hat Guardiola genervt, vorbeigezogen ist er an ihm nicht.

In Guardiolas vierjähriger Amtszeit als Trainer des FC Barcelona treffen sich Real und Barça 15-mal, wobei Barça neunmal triumphiert und nur zweimal verliert. Diese Bilanz gestaltet sich etwas anders, wenn man nur die Zeit seit der Ankunft Mourinhos betrachtet. Die vier „Clásicos“ davor werden alle vom FC Barcelona gewonnen. Das erste Duell mit Mourinho ist auch noch eine klare Angelegenheit (5:0). Es folgen jedoch zehn Spiele, in denen Barça „nur“ viermal den Platz als Sieger verlässt. Zwei Spiele gehen verloren, viermal trennt man sich unentschieden. Barça bleibt zwar überlegen, aber unter Mourinho kann Real gegen den Erzrivalen wieder gewinnen. Von den insgesamt 17 „Clásicos“ in der dreijährigen Amtszeit von Mourinho gewinnt Real fünf und verliert sechs. Sechs enden ohne Sieger.

Am Ende von Mourinhos Zeit bei Real stehen unterm Strich eine Meisterschaft, ein Pokalsieg und dreimal das Halbfinale in der Champions League. Letzteres bedeutet immerhin eine klare Verbesserung, denn in den sechs Jahren vor „Mou“ war jeweils bereits in der ersten K.-o.-Runde Schluss gewesen. Aber das, wonach Mourinho eigentlich trachtete, als er in Madrid anheuerte – als erster Trainer mit drei verschiedenen Vereinen aus drei Ländern die Champions League zu gewinnen –, gelang ihm nicht. Obwohl er das teuerste Ensemble in der Geschichte von Real beisammenhatte.

2013/14
„LA DÉCIMA"

Nachfolger von Mourinho wird der Italiener Carlo Ancelotti. Der Sohn eines Milch- und Käsebauern aus der Emilia-Romagna spielte von 1987 bis 1992 im Mittelfeld des AC Mailand. Das damalige Team, eines der spielstärksten in der Geschichte des europäischen Klubfußballs, ist als „Gli Immortali" (Die Unsterblichen) in die Annalen eingegangen. An Ancelottis Seite spielten u. a. die Niederländer Marco van Basten, Ruud Gullit und Frank Rijkaard sowie seine Landsleute Franco Baresi, Roberto Donadoni und Paolo Maldini. 1988/89 und 1989/90 gewannen „Gli Immortali" den Europapokal der Landesmeister. Trainiert wurde das Team von Arrigo Sacchi, für den ganz „unitalienisch" nicht das Ergebnis des Spiels im Vordergrund stand, sondern die Art, wie es zustande kam. Ancelotti: „Er hat den italienischen Fußball revolutioniert, die italienische Mentalität umgekrempelt. Mit ihm wurde das Spiel offensiver, organisierter, spektakulärer."

Vermutlich ist Ancelotti der ideale Mann für ein Ensemble wie das der „Königlichen". Eine Ansammlung von Stars, denen man nicht mehr viel beibringen, die man vor allem bei Laune halten muss – u. a. indem man ihnen viele Freiheiten lässt. Ancelotti vertraut ihrer Professionalität: „Mein Charakter ist, dass ich eine gute Beziehung zu den Menschen finden will, mit denen ich zusammenarbeite. Ich versuche, Verhältnisse wie in einer Familie aufzubauen, mit den Spielern, mit dem gesamten Klub, weil ich überzeugt bin, dass es das Wichtigste für meinen Beruf ist. (…) Der wichtigste Teil des Erfolges sind die Beziehungen zu den Menschen." Andrea Pirlo, der in Mailand unter Ancelotti spielte: „Er ist ein Vater für seine Spieler, ein Meister, ein Witzbold und dazu noch sympathisch. Mit ihm habe ich die schönsten Jahre meiner Karriere verbracht. Für jeden Spieler, der alles geben und weiterkommen will, gibt es keinen Besseren als ihn." Und Manuel Neuer über seine Erfahrungen mit dem Italiener: „Mir kommt es vor, dass er mit jedem Spieler an jedem Tag einmal gesprochen hat. Ancelotti nimmt sich Zeit für die Spieler. (…) Er will immer wissen, ob alles gut ist. Die Frage ist bei ihm ernst gemeint, kein Alibi. Es geht ums Zwischenmenschliche, aber auch ums große Ganze im Beruf."

Der italienische Sportjournalist Alessandro Alciato schreibt im Vorwort zur deutschen Ausgabe von Ancelottis Autobiografie: „Wo andere Millionäre sehen, sieht Carlo den Menschen. Und dafür hat er das Vertrauen seiner Spieler und ihren hundertprozentigen Einsatz." Und für Daniel Schmidt (*Frankfurter Rundschau*) ist Führung nicht das, was Ancelotti ausmache. Natürlich könne auch er streng sein und müsse Entscheidungen treffen, „seine eigentliche Stärke aber liegt in der Ruhe. Er schubst seine Spieler nicht in eine Richtung, er stubst sie nur." Er mache die Stars „zu Freunden und nutzt ihre Art gewinnbringend".

Ancelotti beherrscht aber auch den Umgang mit Klub-Bossen, die sich wie Monarchen aufführen – also solche vom Kaliber Florentino Pérez, Silvio Berlusconi oder Roman Abramowitsch.

Der Trainer ist ein Champions-League- und Pokal-Experte. Als er bei Real unterschreibt, hat er mit dem AC Mailand bereits zweimal die Königsklasse gewonnen, 2003 und 2007. Die Zahl der nationalen Meisterschaften nimmt sich dagegen vergleichsweise bescheiden aus: 2004 in Italien (AC Mailand), 2010 in England (FC Chelsea) und 2013 in Frankreich (Paris Saint-Germain). Dies liegt wohl auch an Ancelottis Saisonplanung. Für den Journalisten Javier Cáceres gibt es keinen anderen Coach, „der die Arbeit eines Jahres so dezidiert auf die letzten Instanzen einer Saison ausrichtet". Die Trainingsintensität sei stets so, dass sein Team im letzten Drittel der Saison, wenn die K.-o.-Spiele in der Champions League beginnen, noch ausreichend Kraft besitze. Dafür laufe man im ersten Halbjahr noch nicht auf Volltouren – mit Auswirkungen eben auf die Meisterschaft. Für Cáceres' Kollegen Oliver Fritsch (*Zeit Online*) ist Ancelotti „eher einer für die großen Tage, weniger für den Alltag".

Für Ancelotti sind die Spieler wichtiger als das System. Das habe ihm das Beispiel Roberto Baggio gezeigt, den er einst in seinem Team nicht haben wollte, da er nicht in sein System passte. Im Nachhinein betrachtet sei seine Entscheidung ein Fehler gewesen. „Es gibt kein System, das ein Spiel gewinnt. Es gewinnt immer ein Team. Dafür braucht es ein System, mit dem es sich wohlfühlt und das am besten zu seinem Charakter passt." Mit Zidane sei er dann bei Juventus Turin anders verfahren: „Ich musste Zidane unterbringen und baute das System um ihn herum, statt ihn in mein bevorzugtes 4-4-2 zu zwängen. Ich wollte Zidane nicht auf der linken Seite einsetzen, wo er sich nicht wohlfühlte. Wir spielten stattdessen mit einer Dreierkette und mit Zidane hinter zwei Spitzen."

Ancelotti hat ein gutes Auge für die Fähigkeiten von Spielern und ist – ähnlich wie Pep Guardiola – ein „Spieler-Erfinder". Andrea Pirlo stieg unter ihm zum Weltstar auf, nachdem der Trainer den Spieler, der in Brescia noch hängende Spitze gespielt hatte, beim AC Mailand weiter nach hinten zog, „damit er nicht nur Angreifer bediente, sondern als Architekt unseres Spiels fungierte".

Der *Süddeutschen Zeitung* nennt Jorge Valdano noch eine weitere Stärke Ancelottis: „Carletto ist außergewöhnlich, um die gewöhnlichste Sache der Welt zu tun: das Simplifizieren. Niemand vermag es, die komplizierten Sachen besser zu vereinfachen als er. Das heißt jedoch nicht, dass er die Bedeutung und die Komplexität der Taktik ignoriert."

Der Trainer setzt zudem gern auf erfahrene Spieler. Bei den Champions-League-Triumphen 2003 und 2007 betrug das Durchschnittsalter seiner Mannschaften 28,93 bzw. 31,09 Jahre. Letztere war die älteste, die je in einem Europapokalfinale auflief.

Und sein Training? Laut Toni Kroos ist es „im Vergleich zu dem anderer Trainer ungewöhnlich. Jede Trainingseinheit wird mit dem Ball ausgeführt."

Gonzalo Higuaín verlässt Real nach sechseinhalb Jahren. Der Argentinier unterschreibt beim SSC Neapel, die dafür 40 Millionen Euro nach Madrid überweist. Drei Jahre später wechselt er zu Juventus Turin und wird mit einer Ablöse von 90 Millionen Euro zum teuersten Transfer in der Geschichte der Serie A. Auch Kaká verlässt Madrid. Der Brasilianer konnte die in ihn gesetzten Erwartungen nur selten erfüllen. Seine Bilanz aus vier Spielzeiten: 120 Pflichtspiele und 29 Tore. Kaká kehrt ablösefrei zum AC Mailand zurück.

Real verstärkt seinen Angriff mit dem Waliser Gareth Bale, der für die Ablöse von 91 Millionen Euro von Tottenham kommt. Bale, Benzema, Cristiano Ronaldo – Real hat nun einen „Wundersturm", die spanischen Medien taufen das Trio „BBC". Vom FC Málaga stößt der 21-jährige Mittelfeld- und spanische Nationalspieler Isco zum Kader, er kostet „nur" 30 Millionen. Mit Özil, Modrić und Isco hat Real nun drei Spielgestalter – und damit einen zu viel. Und da Bale sehr teuer gewesen ist, muss ein anderer teurer Star gehen. Am dritten Spieltag der Saison 2013/14 darf Özil gegen Athletic Bilbao nur zusehen, während Isco zwei Tore zum 3:1-Sieg beisteuert. Özil gerät aufs Abstellgleis, woran sein Vater, der damals noch als sein Berater fungiert, möglicherweise nicht ganz unschuldig ist. Mustafa Özil ist unzufrieden mit den Einsatzzeiten seines Sohnes, fordert mehr Geld für diesen und legt sich diesbezüglich mit Pérez an. Mesut Özil: „Nach dem Streit zwischen meinem Vater und Pérez hatte ich mir Sorgen gemacht, dass ich keine Spielminuten mehr bekomme, wenn ich nicht gehe." Und der Real-Boss will ihn so schnell wie möglich loswerden. Der deutsche Nationalspieler wechselt nun für eine Ablöse von 47 Millionen Euro zum FC Arsenal – nach 158 Pflichtspielen für Real, in denen er 27 Tore erzielt und 82 vorbereitet hat. Keine schlechte Bilanz. Die Fans haben Özil gemocht. Als Gareth Bale im Bernabéu vorgestellt wurde, skandierten Tausende von ihnen: „Özil no so vende!" („Kein Verkauf von Özil!") Auch Sergio Ramos ist sauer: „Wenn ich bei Real etwas zu sagen hätte, wäre Özil einer der Letzten, die ich gehen lassen würde." Cristiano Ronaldo ist ebenfalls irritiert: „Der Weggang von Özil ist eine sehr schlechte Nachricht für mich. Ich bin wütend über seinen Wechsel.“ Die *Frankfurter Allgemeine Zeitung* sieht Özil hingegen eher auf der Flucht und verweist auf eine angebliche Schwäche des Profis: „Die Konkurrenz in Madrid wurde zu groß für den Ballkünstler ohne den nötigen Biss.“

Im Tor bleibt López auch unter Carlo Ancelotti dieNummer eins, weil er die volle Saisonvorbereitung mitgemacht hat und Casillas nicht. Die Vereinsikone darf nur in der Copa del Rey und in der Champions League zwischen die Pfosten. López steht bis Saisonende 37-mal im Tor, Casillas kommt auf immerhin 24 Einsätze. Auch in der Torwartfrage beweist Ancelotti also ein Höchstmaß an Feingefühl und Diplomatie. Aufgrund des Legendenstatus von Casillas, zudem noch immer ein sehr starker Torwart, wäre der Druck auf López vielleicht zu groß geworden, hätte dieser die langjährige Nummer eins komplett ersetzt. Weshalb López mit Ancelottis diplomatischer Lösung gut leben kann. Gleichzeitig will Ancelotti die Legende respektvoll behandeln und nicht dauerhaft zum Ersatztorwart degradieren. Zufrieden ist Casillas trotzdem nicht.

Wie Ancelotti in Madrid seinen Job angeht, beschreibt der Journalist Alessandro Alciato: „Ancelotti machte sich im Sportzentrum von Real in der Ciudad Deportiva de Valdebebas in aller Ruhe an die Arbeit, löste Blockaden, fand einen Weg, Bale und Cristiano Ronaldo auf dem Rasen zur Zusammenarbeit zu bewegen, hat Di María reaktiviert und Modrić zum unverzichtbaren Stammspieler gemacht.“

Meister wird aber erstmals seit neun Jahren weder Real noch Barça, sondern Atlético Madrid. Ihre letzte Meisterschaft feierten „Los Colchoneros“ in der Saison 1995/96. Real landet mit vier Punkten weniger als der Stadtrivale auf Platz drei. Die beiden Duelle mit Atlético gehen jeweils 0:1 verloren. Real schießt 27 Tore mehr als der Meister, kassiert aber auch zwölf mehr.

In der Champions League hingegen führt der Weg ins Finale und dabei über drei Bundesligisten. Im Achtelfinale wird Schalke 04 ausgeschaltet. In der Veltins Arena überrollen Bale, Benzema und Ronaldo hilflose „Knappen". Real gewinnt mit 6:1, es ist der höchste Auswärtssieg der „Königlichen" in der K.-o.-Phase des Wettbewerbs. Bester Madrilene ist der zweifache Torschütze Gareth Bale. Das Rückspiel ist damit nur noch eine Formsache: Im Bernabéu gewinnt Real mit 3:1.

Schwieriger wird es im Viertelfinale gegen Jürgen Klopps BVB. Im Hinspiel besiegt Real die Dortmunder souverän mit 3:0. Trotzdem wird es im Rückspiel noch einmal eng. In der 17. Minute lässt Di María die Chance zur Führung liegen, als er einen Handelfmeter verschießt. Sieben Minuten später markiert der überragende Marco Reus das 1:0 für die Hausherren, dem er in der 37. Minute ein weiteres Tor folgen lässt. In der 65. Minute umkurvt Borussias Henrikh Mkhitaryan Casillas im Strafraum, scheitert aber vor dem leeren Gehäuse aus spitz gewordenem Winkel am linken Außenpfosten. Wenige Minuten später kommt Mkhitaryan zu einer weiteren Chance, doch Casillas pariert. Das 3:0 liegt in der Luft. In der Schlussphase der Partie fängt sich Real jedoch wieder und kommt durch Benzema und Bale selbst noch zu guten Möglichkeiten.

Außer Real haben der FC Bayern, Atlético Madrid und Chelsea das Halbfinale der Königsklasse erreicht. Die Bayern werden seit dem Sommer 2013 von Pep Guardiola trainiert, Chelsea ein zweites Mal von José Mourinho. Guardiola, Mourinho und Ancelotti – einer aus diesem Trio wird als erster Trainer die Champions League zum dritten Mal gewinnen.

Bayerns Wunschgegner, den sie dann auch tatsächlich zugelost bekommen, ist Real, weil man von den „Königlichen" eine deutlich offensivere Gangart als von Chelsea und Atlético erwartet und damit mehr Raum für das eigene Angriffsspiel. Ancelottis Real ist ein anderes als das seines Vorgängers Mourinho und auch anders als Atlético, das vom Argentinier Diego Simeone trainiert wird, der ebenfalls einen stark defensiven und gegen den Ball gerichteten Fußball präferiert, aber noch leidenschaftlicher und aggressiver vorgetragen als von „Mou". Simeone wird in Spanien „El Cholo" genannt, ein amerikanisch-spanischer Ausdruck für „Gangster". Der Argentinier liebt

„Gangsterfußball", während Ancelotti gepflegten Kombinationsfußball spielen lässt. Einen Fußball, der den Stärken von Luka Modrić gerecht wird, der nach Cristiano Ronaldo zum wichtigsten Spieler bei den „Blancos" avanciert ist.

Ancelottis Real spielt im 4-3-3-System. Das Problem mit drei Außenspielern von Weltklasse löst der Trainer, indem er Ronaldo und Bale auf den Flügeln stürmen lässt und Di María im Dreier-Mittelfeld dahinter. Ancelottis Team spielt zwar keinen Guardiola-Fußball, aber durchaus einen, der mit den ästhetischen Ansprüchen des Real-Publikums korrespondiert.

Laut Ancelotti war vor dem Hinspiel gegen die Münchner „jeder bei Real in Sorge wegen des Ballbesitzfußballs der Bayern. (…) In den Besprechungen konzentrierte ich mich darauf, meine Spieler davon zu überzeugen, dass der Ballbesitz unserer Gegner in Wirklichkeit der Schlüssel für uns ist, um das Spiel zu gewinnen. Ich schärfte den Spielern ein, dass sie sich keine Sorgen machen müssten, wenn die Bayern am Anfang viel Ballbesitz hätten, weil wir nach und nach unser eigenes Spiel aufziehen und die Partie auch ohne den Ball kontrollieren könnten, solange wir ruhig blieben und immer die Grundordnung bewahren."

Im Estadio Santiago Bernabéu müssen die Bayern dann schnell feststellen, dass sich die „Königlichen" nicht zu schade sind, ihnen im eigenen Wohnzimmer mit Defensive und Konterfußball zu begegnen. Ancelotti: „In den ersten zwanzig Minuten der Partie berührten wir kaum den Ball." Trotzdem gelingt Benzema in dieser Phase des Spiels die 1:0-Führung. Bei dem Spielstand bleibt es bis zum Abpfiff, auch weil Mario Götze in der 84. Minute die Chance zum Ausgleich liegen lässt. Bayern-Kapitän Philipp Lahm zieht trotz der Niederlage eine positive Bilanz: „Wir haben das Spiel gemacht, wie wir wollten. Ich kann mich nicht erinnern, dass Bayern hier in Madrid jemals so dominant gespielt hat." Abgesehen vom Ergebnis bestätigen die Zahlen seinen Eindruck: Die Bayern liegen beim Ballbesitz (64:36 Prozent), bei Eckstößen (15:3) und bei gespielten Pässen (796:391) klar vorne. *Mundo Deportivo* konstatiert: „Bayern ähnelt immer mehr Barça. Hätten die Bayern rot-blaue Trikots angehabt, hätte niemand etwas gemerkt. Oder doch. Es fehlte nämlich Lionel Messi, der den Unterschied ausmacht."

Im anderen Halbfinale stehen sich Atlético und Chelsea gegenüber. 52.600 Zuschauer im Estadio Vicente Calderón erleben, was passiert, wenn zwei Teams aufeinandertreffen, die vom Grundprinzip her defensiv ausgerichtet sind. Die Begegnung endet torlos. Den Hausherren gelingt beim elften Auftritt in der Champions League erstmals kein Tor. Der *Guardian* ist erzürnt: „Es ist eine Schande, dass beide Teams bei so einer Gelegenheit ein so ödes Spiel zeigen." In Spanien schimpft *Marca*: „Widerlich, abstoßend, abscheulich, unsympathisch. Das war kein Fußballspiel mehr."

Beim Rückspiel Reals in der Allianz Arena versucht Bayern-Coach Guardiola, die Abwehr des Gegners mit vier Stürmern (Ribéry, Müller, Mandžukić, Robben) und de facto nur zwei Mittelfeldspielern zu knacken. Mit dem La-Masia-Schüler Thiago und Lahm in diesem Mannschaftsteil wäre das vielleicht gelungen, aber Thiago fällt wie schon im Hinspiel aus, und Lahm wird aus dem Zentrum auf die rechte Abwehrseite beordert. Mit Toni Kroos und Bastian Schweinsteiger jedoch ist Bayern im Mittelfeld bei Ballverlust chancenlos. Die Münchner spielen ohne einen einzigen „Sechser", es ist ein 4-0-2-4-System, denn Schweinsteiger und Kroos sind häufig vor dem Ball positioniert. Da auch Linksverteidiger David Alaba in der Regel vor dem Ball agiert und Müller sich am Strafraum orientiert, ist die Abwehr bei Kontern hoffnungslos entblößt, und die verbleibenden Akteure sind Eins-gegen-eins-Duellen ausgesetzt, die sie überfordern. Im Angriff fehlen Spieler, die Guardiolas Fußball auch gegen eine Mannschaft von der Klasse Reals spielen können.

Letztendlich steht eine Formation auf dem Feld, die Guardiolas Idee vom Spiel widerspricht. Der Stratege hat sich selbst verraten und ist so viele Kompromisse eingegangen, dass die Orientierung verloren geht. Zu seinen Grundsätzen zählt, das Mittelfeld vollzupacken, um in dieser Zone Überzahl herzustellen. Nun tut er genau das Gegenteil. Im Rücken des stürmenden Quartetts kann seine Mannschaft keine Spielkontrolle ausüben.

Nach nur 20 Minuten ist die Entscheidung über den Einzug ins Finale gefallen, denn Real führt durch zwei Kopfballtore von Innenverteidiger Sergio Ramos mit 2:0. Beide Male profitiert Ramos von Bayerns Raumdeckung bei Ecken und Freistößen. Am Ende verlieren die Münchner sogar mit 0:4. Für Guardiola ist es die höchste Pflichtspielniederlage in seiner Trainerkarriere, für den FC Bayern die höchste Heimniederlage seiner Europapokalgeschichte.

Einen Tag später verliert Chelsea gegen Atlético an der Stamford Bridge mit 1:3, obwohl in Mourinhos Startformation gleich sechs Verteidiger stehen. Nach Atléticos Ausgleich muss Chelsea das Spiel machen, aber Mourinhos Chelsea ist, wie Eden Hazard diagnostiziert, „nicht dafür gemacht, Fußball zu spielen". Ein Konterspiel hätte dem Team mehr gelegen.

So wird am 24. Mai 2014 das Finale in der europäischen Königsklasse erstmals von zwei Teams aus derselben Stadt bestritten. Wird Real endlich „La Décima", der zehnte Triumph, gelingen? Oder wird Atlético zum ersten Mal in seiner Geschichte die Champions League gewinnen?

Der Druck bei den „Königlichen" auf Klub und Trainer ist enorm. Atlético hat bereits die Liga gewonnen. Sollten „Los Colchoneros" Real auch noch den Sieg in der Champions League wegschnappen, käme dies einer Katastrophe gleich. Und Carlo Ancelotti wäre nach nur einer Saison schon wieder Vergangenheit. In Gesprächen hat Real-Boss Pérez mehrfach fallen lassen: „Wenn Ancelotti verliert, muss er weg." Aber der Italiener lässt sich nicht aus der Ruhe bringen. Er sei der „erste Trainer der Welt mit einem erdbebensicheren Arsch". Ancelotti weiß auch, dass die Mannschaft geschlossen hinter ihm steht.

Für die Medien ist das Stadtderby ein Duell„David gegen Goliath". Reals Jahresumsatz beträgt 550 Millionen Euro, Atléticos nur 170 Millionen. Das durchschnittliche Jahresgehalt eines Real-Spielers ist fast dreimal so hoch wie das seines Atlético-Kollegen.

Vor knapp 61.000 Zuschauern in Lissabon sieht Atlético lange Zeit wie der Sieger aus, obwohl Real beim Ballbesitz mit einem Anteil von 62 Prozent klar überlegen ist und auch mehr Pässe spielt (665:391), von denen zudem 89 Prozent ankommen – bei Atlético sind es nur 67 Prozent. In der 36. Minute jedoch hat Godín den vermeintlichen Außenseiter in Führung gebracht. Und erst in der 93. Minute, also tief in der Nachspielzeit, kann Ramos ausgleichen – mit einem perfekten Kopfball nach einer von Modrić geschlagenen Ecke. In der Verlängerung setzt sich dann Reals größere individuelle Qualität durch: Bale (110.), Marcelo (118.) und Cristiano Ronaldo vom Elfmeterpunkt (120.) schießen einen 4:1-Sieg heraus. Bester Mann bei den „Königlichen" ist Ángel Di María.

Nach zwölf Jahren Wartezeit ist „La Décima", der zehnte Champions-League-Titel der Vereinsgeschichte, endlich unter Dach und Fach. Und Carlo Ancelotti ist der erste Trainer, der die Champions League dreimal gewinnt. Cristiano Ronaldo wird mit 17 Treffern Torschützenkönig der Königsklasse. Insgesamt schießt er in dieser Saison 51 Tore in 47 Spielen.

2014/15
TONI KROOS KOMMT

Zur Saison 2014/15 verstärkt sich Real mit dem frischgebackenen Weltmeister Toni Kroos vom FC Bayern. Sein wichtigster Fürsprecher ist Ancelotti: „Als es bei Real um die Entscheidung zwischen Toni Kroos und einem anderen Spieler ging, sagte ich dem Geschäftsführer: ‚Ich kenne den anderen Spieler. Er trinkt sehr viel, und er ist nicht sehr professionell. Nehmen Sie unbedingt Kroos!'" In einem Beitrag für Ancelottis Buch „Quiet Leadership" erinnert sich Kroos an sein erstes Gespräch mit dem Italiener: „Mein erster Kontakt mit Carlo war ein Telefonat während der WM in Brasilien. (…) Als Trainer hat er mir direkt gesagt, was er von mir erwartet und auf welcher Position er mich sieht. Vielleicht noch wichtiger war, dass er mir sein volles Vertrauen schenkte und totales Zutrauen in meine Fähigkeiten hatte. (…) Ich glaube, dass wir uns charakterlich sehr ähnlich sind. Wir bewahren unter Druck die Ruhe und haben absolutes Zutrauen in unsere eigenen Qualitäten." Real muss für Kroos lediglich 30 Millionen Euro an die Bayern zahlen.

In Deutschland ist vielen der Wert des Spielers erst während der WM in Brasilien bewusst geworden. Aber auch dann noch nicht wirklich und schon gar nicht allen. Die Deutschen haben Probleme mit Spielern, bei denen Fußball nicht nach harter Maloche aussieht und nicht nach Schweiß riecht. Auch wird Kroos' „Körpersprache" moniert, in Deutschland stets ein großes Thema. Für den Laien wirkt das Spiel des gebürtigen Greifswalders häufig unspektakulär, der Sinn seiner Pässe erschließt sich scheinbar nicht. Anders David Alaba, der mit Kroos zunächst bei den Bayern und später auch bei Real in einem Team spielt: „Er will immer den Ball, strahlt dabei eine unglaubliche Ruhe aus. Ich habe immer das Gefühl, sein Puls liegt bei null. Er reißt das Spiel an sich, bestimmt Tempo und Rhythmus. Dazu hat er die Gabe, nicht nur zu sehen, wo Mitspieler stehen, sondern wo sie gleich auftauchen können." Als Kroos im April 2021 mit einem grandiosen Auftritt den FC Liverpool fast im Alleingang zerlegt, schwärmt sein Trainer Zinédine Zidane: „Wenn ich mich einmal zurückziehe, kann ich sagen: Ich war Trainer von Toni Kroos. Er passt sich immer seiner Aufgabe an. Er kann auf der Sechs spielen, außen oder als klassische Zehn. Und er wird nie nervös. Es fasziniert mich, wie er mit beiden Füßen spielt. Man könnte denken, er wäre ein geborener Linksfuß."

Kroos kann kurze Pässe ebenso wie präzise lange Bälle, Letztere geschlagen aus der eigenen Hälfte, aus dem Fußgelenk heraus und hinter die gegnerische Abwehr – so wie einst ein anderer Deutscher im Trikot der „Königlichen": Bernd Schuster. Santiago Cañizares, Ex-Keeper der spanischen Nationalelf: „Seine Art, das Spiel zu lesen, der

Blick für die Bewegungen seiner Mitspieler, der richtige Pass im richtigen Augenblick und auch die technische Fähigkeit, dies alles auszuführen, das haben nur ganz wenige."

Erzeugt der Gegner Drucksituationen, versteht es Kroos dank seiner enormen Spielintelligenz, diese aufzulösen und damit das Pressing des Gegners ins Leere laufen zu lassen. Kroos ist nicht der Schnellste, und das weiß er. Darum will er im Kopf stets schneller als alle anderen sein. Weltklassespieler zeichnet nicht zuletzt mentale Schnelligkeit aus.

Beim Spiel von Kroos fallen einem gleich mehrere Weisheiten von Johan Cruyff ein: „Fußball ist ein Spiel für den Kopf", womit der Niederländer keine Kopfbälle meinte. Oder: „Fußball spielen ist sehr einfach. Aber einfachen Fußball zu spielen ist das Schwerste." Und: „Technik bedeutet, den Ball mit einer Berührung zu passen, mit dem richtigen Tempo, in den richtigen Fuß des Spielers." Cruyff zur Bedeutung des Ballbesitzes: „Wenn wir den Ball haben, kann der Gegner kein Tor schießen." Und last, but not least: „Der Ball wird nicht müde."

Kroos ist schon einige Jahre bei Real und hat mit den „Königlichen" wiederholt die Champions League gewonnen, als der *Kicker* genervt schreibt: „So langsam müsste es jedem auffallen, was für ein herausragender Fußballer Deutschlands erfolgreichster Legionär eigentlich ist." Uli Hoeneß jedoch will dies noch immer nicht wahrhaben. Nach der EM 2021 schimpft er: „Toni Kroos hat in diesem Fußball nichts mehr verloren." Kroos sei beim 0:2 im Achtelfinale gegen England nur durch Querpässe aufgefallen. „Bei anderen Teams geht es mit Zug nach vorne, und bei uns wurde quer gespielt, quer gespielt, quer gespielt. (…) Seine Art zu spielen ist total vorbei." Ein Jahr später gewinnt Kroos mit Real zum vierten Mal die Champions League.

Vielleicht kann Hoeneß noch immer nicht verknusen, dass er und Karl-Heinz Rummenigge, anders als Jupp Heynckes, Pep Guardiola und Bundestrainer Jogi Löw, den Wert des Fußballers Toni Kroos einst krass unterschätzt hatten – und den von Mario Götze überschätzt. Im

September 2013 hatte Kroos' Berater Volker Struth mit den Bayern über eine Verlängerung des noch 20 Monate laufenden Vertrags seines Klienten verhandelt. Struth: „Dummerweise hatten wir völlig unterschiedliche Vorstellungen von seinem Gehalt. Sechs Millionen Euro brutto pro Jahr bot der FC Bayern. Hatten sie vergessen, dass ich wusste, was sie Mario Götze bezahlten? Zehn Millionen verlangte ich." Doch für Rummenigge waren „sechs Millionen Euro ein faires Gehalt für Tonis Stellenwert". Pep Guardiola kämpfte umKroos: „Ich brauche dich hier." Im Januar 2014 erhöhte Rummenigge das Angebot auf 6,5 Millionen Euro. Aber Struth beharrte auf zehn Millionen. Es ging dabei jedoch nicht nur um Geld. Kroos beklagte auch die mangelnde Wertschätzung durch die Klub-Oberen, die sich im Profifußball nun einmal maßgeblich im Gehalt ausdrückt.

Im Sommer 2014 ist Reals teuerste Neuerwerbung aber nicht Toni Kroos, sondern der Kolumbianer James Rodríguez. Ein offensiver Mittelfeldspieler, der bei der WM mit sechs Treffern Torschützenkönig geworden ist und nun das Trikot mit der Nummer zehn bekommt. Real muss für den 23-Jährigen 76 Millionen Euro an die AS Monaco überweisen. Während Kroos in den kommenden Jahren die in ihn gesetzten Erwartungen übertrifft, weiß Rodríguez nur in seiner ersten Saison einigermaßen zu überzeugen. Im Sommer 2017 wird Real ihn an den FC Bayern ausleihen.

Weiterer Neuzugang ist der Keeper Keylor Navas, der von UD Levante kommt. Bei der WM in Brasilien ist die Nummer eins des Nationalteams von Costa Rica dreimal zum „Man of the Match" gekürt worden und hat wesentlich zum größten Erfolg in der Verbandsgeschichte beigetragen – der Außenseiter drang bis ins Viertelfinale vor. Bei Real muss Navas sich nun jedoch mit einem Platz auf der Bank begnügen. Ancelotti schafft die Torwart-Rotation ab, seine Nummer eins ist zunächst Iker Casillas. Costa Ricas WM-Held kommt in seinem ersten Jahr in Madrid auf insgesamt nur neun Einsätze. Drei namhafte Keeper sind einer zu viel, weshalb López zu Inter Mailand geht.

Auch Xabi Alonso und Ángel Di María verlassen Real. Alonso wechselt für zehn Millionen Euro zu den Bayern, für Di María legt Manchester United 76 Millionen Pfund auf den Tisch – zu diesem Zeitpunkt die höchste Summe, die ein englischer Verein jemals für eine Neuerwerbung ausgegeben hat.

Wegen James Rodríguez muss Ancelotti die taktische Formation ändern. Der Trainer will zunächst Cristiano Ronaldo in die Sturmmitte verschieben. Ancelotti ist sich sicher, dass der Portugiese diese Position spielen kann, dass es seine Torjäger-Statistik nicht beeinträchtigen wird. Aber Ronaldo will lieber weiterhin außen spielen, wo er alles überblicken kann und mehr Platz hat, bevor er nach innen zieht. Ancelotti: „Wer wäre ich, darüber mit ihm zu streiten? Wie käme ich dazu, die Position eines Spielers, der pro Saison sechzig Tore schießt, gegen seinen Willen zu verändern?" Die Lösung besteht darin, dass der Trainer es mit einem 4-3-3 probiert, „damit Cristiano auf der Position spielen konnte, die seinen Talenten am besten entsprach".

Zu Beginn der Saison 2014/15 gewinnt Real den UEFA Super Cup. Im spanischen Duell besiegt man den Europa-League-Sieger FC Sevilla durch zwei Ronaldo-Tore mit 2:0. Im Dezember 2014 folgt mit der FIFA-Klub-Weltmeisterschaft die nächste internationale Trophäe. In Marrakesch bezwingt Real den argentinischen Vertreter San Lorenzo, Lieblingsklub von Papst Franziskus, durch Tore von Ramos und Bale ebenfalls mit 2:0. Ancelotti stellt extrem offensiv auf. Die letzte Linie bilden nur zwei Spieler: Pepe und Ramos. Vor diesen positioniert der Coach mit Kroos einen gelernten Spielmacher, vor diesem wiederum agieren mit Isco und James zwei gelernte Halbstürmer, Außen stürmen mit Marcelo und Carvajal zwei gelernte Außenverteidiger, davor stehen dann die etatmäßigen Angreifer: Bale, Benzema, Ronaldo. Florian Haupt schreibt in der *Welt*: „Die Rolle von Kroos ist dabei ein eindrucksvolles Beispiel für Ancelottis Kunst, offensive Spieler für defensive Mechanismen zu sensibilisieren. Der Deutsche spielt den neuen Part als Mann vor der Abwehr inzwischen mit federleichter Selbstverständlichkeit – und verbindet die Position mit einer Spielkunst, die seinen Vorgänger Xabi Alonso im Vergleich als faden Sicherheitsfußballer erscheinen lässt."

Aber in der Liga wird Real lediglich Zweiter, wobei Ancelottis Team von Meister Barça nur zwei Punkte trennen. In der Copa del Rey kommt das Aus bereits im Achtelfinale gegen den Stadtrivalen Atlético. Und in der Champions League scheitert man im Halbfinale an Juventus Turin.

Real hat die komplette Saison mit Verletzungen zu kämpfen. Betroffen sind Schlüsselspieler wie James Rodríguez, Modrić, Bale, Benzema und Ramos. Einige Akteure wirken überstrapaziert, weshalb man sich auch mit dem Training beschäftigt – ist es zu viel, oder ist es zu wenig?

Florentino Pérez verweist auf eine Studie der UEFA, der zufolge Real das Team in Europa sei, das am wenigsten trainiere. Der Klub-Boss und die Vereinsführung verlangen, es müsse mehr gearbeitet werden. Ancelotti entgegnet: „Das war falsch. Die Wahrheit war, dass ich den Spielern mehr Ruhe gönnen musste. (…) In Spanien gibt es ein Sprichwort: ‚Zu viel Wasser tötet die Bäume.' Unsere Philosophie ist, die Spieler nicht im Training zu killen. Wir arbeiten nicht für die Quantität des Trainings, sondern die Qualität."

Ancelotti hat vermutlich recht, wenn es um ein Team wie Real geht – eine Mannschaft, die so viel Erfahrung und Qualität versammelt wie kaum ein anderer Konkurrent. Deren Leistungsträger schon länger dabei sind und fast alle Spiele machen, weshalb man sie immer wieder schonen muss. Spieler, die ihren Beruf leben, bei denen der Trainer nicht befürchten muss, dass sie die Dinge bei zu vielen Freiheiten schleifen lassen. Spieler wie Toni Kroos, der seinem Trainer zur Seite springt: „Die Einheiten waren immer auf das nächste Spiel und auf die Bedürfnisse der Spieler abgestimmt, was oft bedeutete, nicht total intensiv. Das kam mir sehr entgegen, weil ich fast alle Spiele bestritten habe und mich dazwischen erholen musste." Beim FC Bayern, wo Ancelotti im Sommer 2016 anheuert, wird dies allerdings nicht funktionieren. Nach einigen Monaten wird aus der Kabine von Zuständen wie in Sodom und Gomorrha berichtet werden.

Differenzen gibt es zwischen Ancelotti und Pérez in der Saison 2014/15 aber bei Neuverpflichtungen und der Kaderplanung. Ancelotti: „Florentino Pérez ist bekannt für sein Galácticos-Konzept, wonach stets die größten und teuersten Superstars der Welt geholt werden. So kamen und gingen ständig Spieler, ohne dass das unbedingt meine Wahl gewesen wäre." Im Januar 2015 zum Beispiel kommt der 16-jährige Norweger Martin Ødegaard zu Real. Zahlreiche europäische Topklubs haben um den offensiven Mittelfeldspieler geworben. Ancelotti jedoch kann mit ihm nichts anfangen. Ihm ist egal, ob Ødegaard kommt oder nicht, „weil er voraussichtlich gar nicht für mich spielen wird. Er wurde für die Zukunft angeworben, für andere Trainer nach meiner Zeit. Für meine Arbeit war seine Verpflichtung ohne Bedeutung." Aber wenn der Präsident beschließen würde, dass Ødegaard für eine PR-Aktion drei Spiele absolvieren muss, „dann werde ich mir einen Weg überlegen, dies zu bewerkstelligen". Ancelotti stört auch der Verkauf von Xabi Alonso: „Wenn der Präsident beschließt, den Mittelfeldspieler Xabi Alonso zu verkaufen, muss ich das akzeptieren. Wollte ich Alonso verlieren? Nein, natürlich nicht."

Nach einer Saison ohne bedeutende Trophäe setzt Pérez Ancelotti vor die Tür. Der Trainer ist alles andere als überrascht: „Bei Real Madrid hielt ich stets die Augen offen, weil mir klar war, dass mein Verbleib dort ständig auf der Kippe stand." Nur drei Tage vor der Entlassung hat Cristiano Ronaldo auf seinem Twitter-Account geschrieben: „Großartiger Trainer und toller Mensch. Ich hoffe, wir arbeiten in der nächsten Saison zusammen." Nun liest man dort: „Ich möchte Ancelotti danken für alles, was er für mich und den Verein getan hat." Auch Sergio Ramos und Toni Kroos verstehen die Trennung vom Trainer nicht. Für Kroos beherrscht niemand die besonderen Anforderungen eines Spitzenklubs so gut wie Carlo Ancelotti – vom taktischen bis zum zwischenmenschlichen Bereich.

2015/16
ABSCHIED VON CASILLAS UND KHEDIRA

Im Sommer 2015 wechselt Iker Casillas nach 725 Pflichtspielen und 16 Jahren bei Real ablösefrei zum FC Porto. In der Liste der Champions-League-Rekordspieler rangiert der Keeper mit 177 Einsätzen hinter Cristiano Ronaldo auf Platz zwei. Reals Nummer eins zwischen den Pfosten ist nun Keylor Navas, aber auch nur, weil die Verpflichtung von Manchester Uniteds David de Gea scheitert. Eigentlich sollte der Spanier im Tausch mit Navas nach Madrid wechseln. Doch die erforderlichen Unterlagen gehen zu spät beim spanischen Verband ein. Navas wird sich in den nächsten Jahren als Stammtorhüter behaupten und immer wieder mit guten Leistungen glänzen. Der Keeper ist jedoch auch jederzeit für Aussetzer gut und deshalb nie völlig unumstritten.

Auch Sami Khediras Zeit bei Real ist abgelaufen. Sein Vertrag wird nicht verlängert, er wechselt zu Juventus Turin. Khediras letzte zwei Saisons waren von Verletzungen überschattet. Zunächst zog er sich einen Kreuzbandriss zu, anschließend einen Muskelbündelriss, eine Rückenverletzung und eine Gehirnerschütterung. In den Spielzeiten 2013/14 und 2014/15 kam der defensive Mittelfeldspieler in der Liga nur noch auf addiert 24 Einsätze. Zur Überraschung vieler stand er aber im Champions-League-Finale 2014 in der Startelf. Erst wenige Wochen zuvor hatte er nach dem überstandenen Kreuzbandriss sein Comeback gegeben. In Lissabon durfte Khedira fast eine Stunde mitwirken.

Ancelottis Nachfolger wird der Spanier Rafael Benítez, der 2005 mit dem FC Liverpool die Champions League gewonnen hat und Real kennt. Seine Trainerkarriere begann 1986 in der Nachwuchsakademie des Klubs. Von 1993 bis 1995 trainierte er das B-Team, Real Madrid Castilla.

Benítez‘ Autorität in der Kabine lässt jedoch zu wünschen übrig, denn ihm fehlt die Reputation eines ehemaligen Starspielers. Hinzu kommt: Er hat keinen Plan für Reals Offensivspiel. Und keine Verwendung für Toni Kroos. Florian Haupt schreibt im *Weserkurier*, im System von Ancelotti sei Kroos „der Quarterback" gewesen, „postiert direkt vor der Abwehr, mit voller Lizenz zur Spielgestaltung über das ganze Feld, ein bisschen wie Andrea Pirlo". Benítez hingegen fordere von seinen defensiven Mittelfeldspielern eher Absicherung als Fantasie. Deshalb präferiere der Coach Casemiro.

Bereits Anfang Januar 2016 muss Benítez wegen unbefriedigender Ergebnisse, gepaart mit einer unbefriedigenden Spielweise, seine Sachen packen. Dabei hat es zumindest zwei spektakuläre Resultate zu vermelden gegeben: Im September gewinnt Real bei Espanyol mit 6:0. (1995 „katalanisierte" „der Klub seinen Namen von „Espanol" zu „Espanyol".) Fünf Treffer gehen auf das Konto von Cristiano Ronaldo, den sechsten durch Benzema bereitet der Portugiese vor. Und im Dezember besiegt Real Rayo Vallecano mit 10:2 – Bale trifft viermal, Ronaldo gelingt ein Hattrick. Zugleich verlieren die „Königlichen" jedoch gegen Sevilla, Villareal und Barça – gegen die Katalanen sogar deutlich mit 0:4, und das im heimischen Bernabéu.

Auf Benítez folgt Zinédine Zidane, der zuvor lediglich als Co-Trainer von Ancelotti sowie Cheftrainer der B-Mannschaft Erfahrungen gesammelt hat. Für Pérez reicht das. Denn das „System Real" verlangt von einem Cheftrainer keine fundierte Ausbildung. Und er muss auch kein „Bessermacher" sein, einer der aus wenig viel macht. Denn es ist ja extrem viel vorhanden. Zu wissen, wie ein Starensemble funktioniert, welchen spezifischen Gesetzen es folgt, wie die Kabine und die Starspieler ticken – das alles ist wichtiger.

Zidane startet mit einem 5:1-Sieg über Deportivo La Coruña in seine Amtszeit. Bale gelingt gegen die Galizier ein Hattrick. Von den 20 Spielen, die Zidane das Team in der Saison 2015/16 in der Liga noch betreut, geht nur das Stadtderby gegen Atlético verloren (0:1). 17 Begegnungen werden gewonnen. Trotzdem reicht es nicht für den Titel. Der FC Barcelona geht mit einem Punkt mehr durchs Ziel.

Im Halbfinale der Champions League misst sich Real mit Manchester City. In den insgesamt 180 Minuten fällt nur ein Tor: Im Rückspiel im Bernabéu trifft Citys Fernando – allerdings ins eigene Gehäuse. Gareth Bale bekommt dafür einen Scorer-Punkt. Der *Kicker* gibt dem Spiel die Note 5,0. Die Begegnung sei eines Champions-League-Halbfinales „nicht würdig“ gewesen, „vor allem seitens der Gäste“.

Im Finale kommt es nach 2014 bereits zum zweiten Mal zum Stadtderby mit Atlético. Im Giuseppe-Meazza-Stadion zu Mailand bringt Sergio Ramos, an diesem Abend der beste Madrilene, sein Team in der 15. Minute in Führung, wobei der Torschütze allerdings Zentimeter im Abseits steht. In der 48. Minute bekommt Atlético einen Strafstoß zugesprochen, nachdem Pepe Fernando Torres plump in die Hacken gelaufen ist. Antoine Griezmann jagt die Kugel mittig an den Querbalken. Elf Minuten vor Schluss kann Carrasco ausgleichen. In der Nachspielzeit verhindert Ramos bei einem Konter Atléticos eine 3:1-Überzahlsituation, indem er Carrasco am Mittelkreis rüde von der Seite umtritt. Real hat großes Glück, dass der englische Schiedsrichter Mark Clattenburg das Foul ohne Chance auf den Ball nur mit einer Gelben Karte bestraft.

Wie zwei Jahre zuvor geht das Spiel in die Verlängerung, die aber anders als 2014 in Lissabon torlos bleibt. Im Elfmeterschießen behält Real die Oberhand. Während Vázquez, Marcelo, Bale, Ramos und Ronaldo ihre Versuche verwandeln, scheitert Atléticos Juanfran am Pfosten.

2016/17
MEISTER, CHAMPIONS-LEAGUE- UND WELTPOKAL-SIEGER

Zur neuen Saison stößt der 20-jährige Marco Asensio zum Kader. Real hat den offensiven und torgefährlichen Mittelfeldspieler bereits 2014 verpflichtet – laut Florentino Pérez mit Hilfe von Tennisstar und Real-Fan Rafael Nadal –, aber zunächst an Mallorca bzw. Espanyol ausgeliehen. Asensios Vater Gilbert ist Baske und in der Ruhrgebietsstadt Essen aufgewachsen. 2015 hat das Talent Marco mit Spaniens U19 die

Europameisterschaft gewonnen. Asensio wird mit dem „Golden Player Award" als bester Spieler des Turniers ausgezeichnet. Am 29. Mai 2016 debütiert er im A-Team der Spanier. Er hätte auch für die Niederlande auflaufen können, deren Verband ebenfalls um ihn geworben hat.

Im November 2016 besiegt Real im Finale der Klub-WM den japanischen Vertreter Kashima Antlers nach 120 Minuten mit 4:2. In Yokohama heißen die Torschützen Benzema und dreimal Ronaldo. Und auch in der Liga läuft es rund: Die Primera División gewinnen die „Königlichen" mit drei Punkten Vorsprung vor dem FC Barcelona. Als Real am 15. Januar 2017 beim FC Sevilla mit 1:2 unterliegt, ist es die erste Niederlage seit 40 Pflichtspielen bzw. seit dem 6. April 2016.

Die Gruppenphase der Champions League beendet man hinter Borussia Dortmund als Zweiter. Die beiden Duelle mit dem BVB enden jeweils mit einem 2:2-Remis. Im Achtelfinale besiegt Real die SSC Neapel zweimal mit 3:1. Im Viertelfinale geht es mal wieder gegen Bayern München. In der Allianz Arena gehen die Bayern zunächst durch Vidal in Führung, aber Ronaldo schießt für die Gäste noch einen 2:1-Sieg heraus. In Madrid sind es dann die Bayern, die nach 90 Minuten 2:1 führen – dank eines Eigentores von Ramos in der 78. Minute. In der Verlängerung drehen die Gastgeber jedoch das Spiel. Treffer von Ronaldo (2) und Asensio sichern einen 4:2-Sieg.

Im Halbfinale geht es gegen den Stadtrivalen, auch dieses Mal mit dem besseren Ende für Real. In der Champions League kommt Atlético an Real einfach nicht vorbei. Im Estadio Bernabéu köpft und schießt ein eiskalter Serientäter Ronaldo „Los Blancos" zu einem klaren 3:0. Eine komfortable Ausgangslage für das Rückspiel. Atlético hat sich aber noch nicht aufgegeben und startet fulminant. Die Hausherren pressen früh und aggressiv und lassen Real weder Zeit noch Raum zum Spielaufbau. Nach nur 16 Minuten führt Atlético mit 2:0, und im Estadio Vicente Calderón riecht es nach einem Fußball-Wunder. Zwei Minuten vor dem Gang in die Pause reißt jedoch Isco mit dem Anschlusstreffer zum 1:2 die Anhänger der „Colchoneros" aus ihren Träumen vom Finale.

Dieses findet im Principality Stadium zu Cardiff statt. Gegner ist Juventus Turin mit den Ex-Madrilenen Khedira und Higuaín. Real geht in der 20. Minute durch Ronaldo in Führung, Mandžukić kann sieben Minuten später ausgleichen. In der 61. Minute gelingt Casemiro das 2:1, weil sein Distanzschuss, ein Akt der Verzweiflung, von Khedira unglücklich abgefälscht wird. Während Real das Tempo hoch hält, lassen bei Juventus früh die Kräfte nach. Nur drei Minuten nach der erneuten Führung baut Ronaldo diese auf 3:1 aus. Den Schlusspunkt setzt der eingewechselte Asensio mit dem 4:1. Real ist damit der erste Klub in der Geschichte des Landesmeisterpokal-Nachfolgers Champions League, der den Titel verteidigt. Und Zidane der erste Trainer, dem dies gelingt. Dass Sergio Ramos das Spiel „halb gedopt" bestreitet, bleibt ohne Folgen. Nach dem Abpfiff wird in seinem Urin der Wirkstoff Dexamethason gefunden. Dessen Einnahme ist zwar erlaubt, wurde aber vom Teamarzt nicht wie vorgeschrieben der UEFA gemeldet.

Cristiano Ronaldo wird zum fünften und letzten Mal mit dem Ballon d'Or als „Weltfußballer des Jahres" ausgezeichnet. Viermal hat er die Trophäe im Trikot von Real gewonnen. Bei seiner ersten Auszeichnung 2008 stand er noch bei Manchester United unter Vertrag. Dies war zugleich das letzte Mal, dass die Abstimmung von einem Spieler gewonnen wurde, der nicht für Real Madrid oder den FC Barcelona spielte.

2017/18
ZIDANE UND REAL SCHAFFEN DEN HATTRICK

Im Sommer 2017 verabschiedet sich Pepe nach zehn Jahren Vereinszugehörigkeit aus Madrid. Der Klub hat dem 34-Jährigen lediglich eine Vertragsverlängerung um ein weiteres Jahr angeboten. Der 133-fache portugiesische Nationalspieler wechselt zu Beşiktaş Istanbul.

In der Saison 2017/18 wird Real in der Liga nur Dritter, 17 Punkte hinter Meister FC Barcelona. Im Pokal kommt das Aus bereits im

Viertelfinale gegen CD Leganés. Real kann nur auf der internationalen Bühne reüssieren. Im August 2017 gewinnt man den UEFA Super Cup. In der nordmazedonischen Hauptstadt Skopje besiegt Real Manchester United, trainiert von José Mourinho, durch Tore von Casemiro und Isco mit 2:1. „Man of the Match" ist Isco. Weiter geht es mit der Klub-WM in Abu Dhabi. Am 16. Dezember 2017 stehen sich im Finale Real und Grêmio Porto Alegre aus Brasilien gegenüber. Dank eines Treffers von Ronaldo behält Real mit 1:0 die Oberhand.

In der Champions League erreichen die „Königlichen" über die Stationen Paris Saint-Germain und Juventus Turin das Halbfinale, wo mal wieder der FC Bayern wartet. In der Allianz Arena überlistet Joshua Kimmich in der 28. Minute Naval mit einem frechen Schuss zur Bayern-Führung. Kurz vor dem Pausenpfiff trifft Marcelo überraschend zum Ausgleich. In der 57. Minute bringt der eingewechselte Asensio nach einem kapitalen Fehlpass von Rafinha Real mit 2:1 in Führung, zugleich der Endstand.

Beim Rückspiel werden die 77.459 Zuschauer im ausverkauften Bernabéu Zeugen eines hochklassigen Spektakels – intensiv und temporeich. Die Bayern erwischen einen Traumstart. In der dritten Minute markiert Kimmich bereits die Führung. Aber nur acht Minuten später kann der spielfreudige Karim Benzema per Kopf ausgleichen. 20 Sekunden nach Halbzeit-Wiederanpfiff unterläuft Bayern-Keeper Sven Ulreich ein kapitaler Patzer, den der hellwache Benzema zum Führungstor für Real nutzt. Dem Ex-Madrilenen James gelingt zwar in der 63. Minute noch der Ausgleich, es bleibt aber beim 2:2.

Die „Königlichen" gehen als Favorit ins Finale gegen den FC Liverpool, auch wenn die Saison deutliche Anzeichen geliefert hat, dass das Team von Coach Zinédine Zidane seinen Zenit überschritten hat und einer Erneuerung bedarf. Zidanes Gegenüber, Jürgen Klopp, hat im Vorfeld des Endspiels jedoch mit vielen angeschlagenen und verletzten Spielern zu kämpfen. In Kiew erhalten die roten Titelträume nach einer halben Stunde einen weiteren Rückschlag, als Mohammed Salah mit Schulterverletzung vom Platz muss – nach einem brutalen Rempler von Sergio Ramos. Der Kapitän bestätigt an diesem Abend einmal mehr seinen Ruf als der Bad Boy unter den „Königlichen".

Als Liverpool-Keeper Loris Karius in der 51. Minute den Ball schnell abwerfen will, bemerkt er nicht, dass Benzema schräg vor ihm steht. Der Franzose spannt den Fuß, von dem aus das Leder ins Liverpooler Tor rollt. Wenige Minuten zuvor hatte Ramos Karius einen Ellenbogencheck verpasst, bei dem der Keeper eine Gehirnerschütterung samt visueller räumlicher Dysfunktion davontrug. Möglicherweise eine Erklärung für den Patzer, der nicht sein letzter in dieser Partie ist. Nach dem Ausgleich durch Mané (55.) bringt Gareth Bale Real mit einem spektakulären Fallrückzieher (63.) erneut in Führung. Sieben Minuten vor Schluss beerdigt Loris Karius dann Liverpools Titelträume, als er einen haltbaren Schuss von Bale durch die Finger gleiten lässt.

Real Madrid hat nun dreimal in Folge die Champions League gewonnen, was im prestigeträchtigsten europäischen Wettbewerb zuletzt Bayern München in den Spielzeiten 1974, 1975 und 1976 gelungen ist. Damals war es aber noch der Europapokal der Landesmeister und der Weg ins Finale deutlich einfacher. In der Saison 1975/76 mussten die Bayern Jeunesse Esch, Malmö FF, Benfica Lissabon und Real Madrid überwinden, bis zum Finale waren es lediglich acht Spiele. 42 Jahre später muss Real gegen Tottenham, Borussia Dortmund, APOEL Nikosia, Paris Saint-Germain, Juventus Turin und Bayern München antreten – macht unter dem Strich zwölf Spiele, davon zehn gegen Hochkaräter aus den Topligen Europas.

Nicht nur Real, auch Zinédine Zidane feiert mit dem Gewinn des Finales einen Hattrick und einen Eintrag ins Geschichtsbuch. Er ist der erste Trainer, der die Champions League dreimal in Folge gewinnt. Wenige Tage später tritt der Franzose überraschend zurück. Die Mannschaft benötige „einen Wechsel, um weiter siegreich zu bleiben", sowie „eine neue Ansprache, eine andere methodische Arbeit. Deshalb habe ich die Entscheidung so getroffen."

In der Sommerpause verlässt auch Cristiano Ronaldo Real Madrid. Der 33-Jährige hat das Gefühl, für Vereinsboss Pérez „nicht mehr unverzichtbar“ zu sein. In 438 Pflichtspielen hat CR7 450 Tore für die „Königlichen“ geschossen und ist somit Rekordtorjäger des Vereins. Nach neun Jahren im Trikot von Real wechselt er für eine Ablöse von über 100 Millionen Euro zu Juventus Turin.

Bei der WM in Russland gelingt Kroatien mit Luca Modrić der Einzug ins Finale. Einige Monate später wird der „Gott der kleinen Dinge“ (*11 Freunde*) mit dem Ballon d'Or als „Weltfußballer des Jahres“ ausgezeichnet. Erstmals seit zehn Jahren heißt der Gewinner der Auszeichnung somit nicht Ronaldo oder Messi.

2018/19
DIE DREI-TRAINER-SAISON

Zidanes Nachfolger wird Julen Lopetegui, zuletzt Coach der spanischen Nationalmannschaft. Ein größerer Umbau der Mannschaft findet nicht statt.

Im Sommer 2018 ist Reals teuerste Neuerwerbung ein 18-jähriger Brasilianer: Von Flamengo kommt Linksaußen Vinícius Júnior, für den Real 45 Millionen Euro überweist. Rund zehn Millionen Euro billiger ist der 1,99 Meter große Torwart Thibaut Courtois, seit der Saison 2014/15 die Nummer eins von Chelsea. Der Belgier ist nicht das erste Mal in Madrid. Von 2011 bis 2014 hatte ihn Chelsea an Atlético ausgeliehen, wo er die Nachfolge von David de Gea antrat, der zu Manchester United gewechselt war. Zurück in London löste er den langjährigen Stammkeeper Petr Čech ab.

Die Verpflichtung des französischen Paris-Saint-Germain-Jungstars Kylian Mbappé, der in Russland mit Frankreich die WM gewonnen hat, scheitert hingegen. Im *Kicker* ist sich Reals Ex-Keeper „Paco“ Buyo allerdings sicher, dass Mbappé früher oder später dennoch das Real-Trikot überstreifen wird: Warum? „Weil er es selbst möchte. Mbappé war schon mit 13 eine Woche bei Reals Junioren zu Besuch. Wenn ein Spieler gut beraten ist, gibt es keine bessere Plattform, um Weltfußballer zu werden, als Real Madrid." Auch der Brasilianer Neymar wird kein Madrilene, sondern bleibt bei PSG in Paris.

Real bezahlt den Abgang von Ronaldo mit einem Verlust an Zuschauern und einer Torflaute. Nur 63 Tore in 38 Meisterschaftsspielen sind 31 weniger als in der letzten Ronaldo-Saison und bedeuten einen Schnitt von lediglich 1,63 Toren pro Spiel. Ein Drittel der Treffer entfällt auf Karim Benzema, der sich aber erst einmal daran gewöhnen muss, dass Ronaldo nicht mehr dabei ist. Ohne den Portugiesen verändert sich Benzemas Rolle. Er muss nun mehr Verantwortung übernehmen und benötigt etwas Zeit, um aus dem Schatten Ronaldos herauszutreten. 63 Saisontore sind zugleich die schlechteste Ausbeute seit der Saison 1999/2000, also seit 19 Jahren. Damals trafen die „Königlichen" 58-mal ins gegnerische Tor. Seit der Ankunft von CR7 im Sommer 2009 hatte Real in acht von neun Spielzeiten mehr als 100 Tore erzielt – im Schnitt waren es 106,6 pro Saison.

Auf das Niveau der Ronaldo-Jahre wird Real in den nächsten Spielzeiten nicht mehr kommen, obwohl Benzema in der Liga nun regelmäßig über 20 Tore schießt, was ihm bis dahin nur zweimal gelungen war – in Reals torreichster Saison 2011/12 (21) sowie 2015/16 (24). Dafür wird Real aber auch abhängiger von Benzema: In der Spielzeit 2019/20 ist der Franzose für 21 der 70 Saisontore verantwortlich (= 30 Prozent), 2020/21 für 23 von 67 (= 34,3 Prozent) und 2021/22 für 27 von 80 (= 33,7 Prozent).

Zurück zur Saison 2018/19. Am zehnten Spieltag unterliegt Real im „Clásico" Barça mit 1:5. Lopetegui wird entlassen und durch Santiago Solari ersetzt. Der Argentinier, der von 2000 bis 2005 für die „Königlichen" gespielt hat, kommt aus dem eigenen Trainerstab. Zuvor hat er die U19 des Klubs und das B-Team Real Madrid Castilla trainiert. Unter Solari stabilisiert sich die Mannschaft zunächst und gewinnt im Dezember 2018 die FIFA-Klub-Weltmeisterschaft in den Vereinigten

Arabischen Emiraten. Im Finale besiegt Real den Al-Ain Club aus den gastgebenden VAE mit 4:1. Gareth Bale wird zum besten Spieler des Turniers gewählt.

Solaris zweites Halbjahr gerät allerdings zum Desaster. Im Pokal-Halbfinale scheitert Real an Barça. Im Achtelfinale der Champions League wartet Ajax Amsterdam, was nach einer machbaren Aufgabe klingt. Der Gegner kommt nicht aus einer der fünf großen Ligen Europas und muss jedes Jahr seine besten Akteure an ausländische Klubs abtreten. In der AmsterdamArena gewinnt Real mit 2:1, doch beim Rückspiel im Bernabéu behalten die Niederländer mit 4:1 überraschend die Oberhand. Auch in der Meisterschaft ist der Zug bereits abgefahren. Am 12. März 2019 kehrt Zinédine Zidane daraufhin zwar auf den Chefsessel zurück, doch Real wird letztlich nur Dritter – 19 Punkte hinter Meister FC Barcelona.

Der Verschleiß des Vereins an Trainern ist enorm. Zidane ist bereits der 16. Coach seit der Trennung von Vicente del Bosque im Sommer 2003. Barça kommt in diesem Zeitraum mit sechs Trainern aus. Bei kaum einem anderen Verein hat der Trainer so wenig Zeit, eine Mannschaft zu entwickeln.

Reals Ex-Coach Jupp Heynckes über die Gründe der verkorksten Saison: „Cristiano Ronaldos Weggang konnte nie kompensiert werden, dazu kamen Formtiefs vieler wichtiger Spieler, unglücklicherweise Verletzungen bei Stammspielern wie Dani Carvajal." Bei vielen Akteuren habe sich nach drei Siegen in der Champions League „ein gewisser Sättigungsgrad eingestellt". Bei anderen sei ein „Abnutzungsprozess erkennbar" gewesen. Auch Toni Kroos, der mehrere Spiele wegen Knie- und Adduktorenproblemen pausieren musste, habe nicht überzeugt. Kroos, „ein Teamplayer, wie man sich ihn nur wünschen kann", sei machtlos, wenn das Team nicht funktioniere. Trotzdem bricht Heynckes eine Lanze für die erfahrenen Profis im Kader: „Wer denkt, Real könne mit einer jungen und talentierten Mannschaft die Meisterschaft und in der Champions League Erfolge feiern, der ist auf dem Holzweg. Du brauchst erfahrene, fähige und gestandene Profis, die sich nicht unterdrücken lassen von der Atmosphäre des Bernabéu." Deshalb sei er fest davon überzeugt, „dass Toni Kroos bei Real Madrid noch ein paar Jahr eine Schlüsselrolle einnehmen kann".

2019/20–2020/21
FEHLEINKÄUFE, COVID 19, VERLETZUNGEN ... UND DIE SUPER LEAGUE

Vor der Saison 2019/20 greift Real tief in die Kasse. Teuerste Neuerwerbung ist der 28-jährige Belgier Eden Hazard. Real muss für den offensiven Mittelfeldspieler und Linksaußen 115 Millionen Euro an Chelsea überweisen. Aber der Rekordtransfer wird fortan permanent von Verletzungen geplagt und fällt viele Monate aus. In drei Spielzeiten wird er nur auf 66 Pflichtspiele im weißen Trikot kommen. Die zweitteuerste Verstärkung kommt derweil aus der Bundesliga: Der 21-jährige Stürmer Luca Jović war in der abgelaufenen Saison Shootingstar bei Eintracht Frankfurt. Der Serbe kostet 60 Millionen Euro, wird aber die in ihn gesetzten Erwartungen nie erfüllen – an Benzema kommt er in Madrid nicht vorbei. Hinzu addieren sich Verletzungen sowie eine Covid-19-Infektion. Zur Rückrunde der Spielzeit 2021/22 wird Jović auf Leihbasis nach Frankfurt zurückkehren und anschließend in die Serie A zum AC Florenz wechseln.

Mehr Spaß bereiten andere Neuzugänge: Der 20-jährige Éder Militão, ein vielseitiger Abwehrspieler, wechselt für 50 Millionen Euro vom FC Porto zu Real, der Franzose Ferland Mendy, ein Außenverteidiger, kommt für 48 Millionen von Olympique Lyon und der 18-jährige brasilianische Rechtsaußen Rodrygo für 45 Millionen vom FC Santos. Obwohl Real für die genannten fünf Spieler 318 Millionen Euro investiert hat, kommt ein erfolgreicher Umbruch letztlich nicht zustande.

In der wegen der Covid-19-Pandemie vom 10. März bis zum 11. Juni 2020 unterbrochenen Saison führt Zidane Real zwar zum 34. Meistertitel, in der Champions League ist aber bereits im Achtelfinale Schluss. Manchester City behält zweimal mit 2:1 die Oberhand.

Die darauffolgende Spielzeit gerät dann zu einer einzigen Enttäuschung. In der Meisterschaft muss Real am letzten Spieltag Stadtrivale Atlético den Vortritt lassen. In der Champions League scheitert man im Halbfinale am von Thomas Tuchel trainierten FC Chelsea, der anschließend auch das Finale gewinnt. Und im Halbfinale der Supercopa de España unterliegt Real Athletic Bilbao mit 1:2. Die größte Pleite ist jedoch das Ausscheiden in der Runde der letzten 32 in der Copa del Rey: Gegen Drittligist CD Alcoyano unterliegt Real mit 1:2.

Zinédine Zidane reicht nach der titellosen Spielzeit ein zweites Mal seinen Rücktritt ein. Und auch ein weiteres Projekt des Vereins wird zum Flop.

Im April 2021 verkünden zwölf europäische Topklubs die Gründung einer „Super League". „The best clubs. The best players. Every week." So lautet das Versprechen. Die Hälfte der Klubs kommt aus der englischen Premier League (Arsenal, Chelsea, Tottenham, Liverpool, Manchester United, Manchester City). Jeweils drei kommen aus Italien (AC und Inter Mailand, Juventus Turin) und Spanien (Real und Atlético Madrid, FC Barcelona). Real und Barça sind die einzigen „eingetragenen Vereine" unter den zwölf „Pionieren".

Treibende Kräfte des Projekts sind die Bosse von Real, Barça und Juventus Turin. Besonders diese drei Klubs plagen Sorgen um ihre finanzielle und sportliche Zukunft. Ihr Geschäftsmodell droht im „Rattenrennen" mit den State-owned-Klubs wie Paris Saint-Germain und Manchester City zu unterliegen. Barça-Boss Joan Laporta begründet die Notwendigkeit der Super League mit den hohen Spielergehältern, die die Vereine stark belasten würden. Die mit Katar verbundenen Klubs, Paris Saint-Germain und Bayern München, halten sich von dem Projekt fern. Als Finanzier der Super League tritt die US-amerikanische Bank JPMorgan Chase auf. Sie stellt 3,5 Milliarden

Euro in Aussicht, die der Entwickung der Infrastruktur der Vereine und der Abfederung der Folgen der Covid-19-Pandemie dienen sollen.

Dass die „Großen“ in Europa eine länderübergreifende Liga und mehr Investitionssicherheit wünschen, weiß man spätestens seit Ende der 1980er Jahre, als Milan-Boss Silvio Berlusconi diesbezüglich auf die Tube drückte. Seither wurde jede Reform des Europapokals bzw. der mit der Saison 1992/93 eingeführten Champions League mit der Drohung der anderenfalls erfolgenden Gründung einer solchen Liga durchgedrückt.

Keine 48 Stunden nach seiner Verkündung ist das aktuelle Super-League-Projekt allerdings schon wieder tot. Die UEFA ist für die „Rebellen“ (noch) zu mächtig, um sich gegen sie durchzusetzen. Zudem sind die Fans auf die Barrikaden gegangen, viele Spieler mögen das Projekt ebenfalls nicht. Mit Blick auf die beteiligten Vereine ist vom „dreckigen Dutzend“ die Rede.

Als Erste steigen die sechs englischen Klubs aus, die sich besonders massiven Fanprotesten ausgesetzt sehen. Als Nächste folgen die Mailänder Vereine und Atlético Madrid. Hingegen kündigen Real Madrid, der FC Barcelona und Juventus Turin in einer gemeinsamen Erklärung an, dass sie die Einführung der Super League weiterverfolgen werden. Geplant ist eine offene Liga mit zwei Spielklassen zu je 20 Vereinen. Wann diese kommen soll bleibt abzuwarten.

2021/22
ANCELOTTI KEHRT ZURÜCK, RAMOS GEHT

Im Sommer 2021 wird Carlo Ancelotti zum zweiten Mal Cheftrainer der Madrilenen. Vom FC Bayern kommt David Alaba, der schnell erkennt: „Hier bei Real ist alles einen Tick größer.“ Seit den „königlichen“ Tagen von Paul Breitner scheint sich an der Distanz zwischen Real und Bayern nicht viel geändert zu haben.

Als Innenverteidiger beerbt Alaba das Real-Urgestein Sergio Ramos, die langjährige Führungsfigur der Mannschaft, ihr Chef-Motivator und

Bindeglied zum Publikum. Klub und Spieler konnten sich auf eine Verlängerung des Vertrags nicht einigen. So wechselt der 35-Jährige Ramos nach 16 Jahren bei Real zu Paris Saint-Germain. In 617 Spielen für die „Königlichen" hat er 101 Tore erzielt – für einen Abwehr- bzw. defensiven Mittelfeldspieler eine erstaunliche Bilanz. Mehr Spiele für Real haben nur Raúl (741), Casillas (725) und Manolo Sanchís (710) bestritten. Für Spaniens „Selección" lief Ramos 180-mal auf. 2008 und 2012 wurde er mit der Nationalelf Europameister, 2010 Weltmeister. Bei den Turnieren 2010 und 2012 wurde er jeweils ins All-Star-Team berufen. Der für seine harte Spielweise berüchtigte Andalusier verlässt Real auch als Rekordhalter in Sachen Gelbe und Rote Karten: 235-mal sah Ramos wettbewerbsübergreifend Gelb, 26-mal Rot. Mit 173 Gelben und 20 Roten Karten hält er außerdem einen Rekord in der Primera División.

Mit Raphaël Varane verabschiedet sich ein weiterer Innenverteidiger. Nach zehn Jahren und 360 Spielen im weißen Trikot wechselt der Franzose in die Premier League zu Manchester United. Reals neue Innenverteidigung besteht nun aus Alaba und Militão.

Neu im Kader ist der 19-jährige Franzose Eduardo Camavinga, ein defensiver Mittelfeldspieler, aber auch als Linksverteidiger einsetzbar. Er wird für 31 Millionen Euro aus Rennes geholt und in der Saison 2022/23 zum Stammspieler avancieren.

Ancelotti führt Real souverän zur Meisterschaft, der Vorsprung auf den Zweiten, den FC Barcelona, beträgt 13 Punkte. Wie in seiner ersten Amtszeit in Madrid gewinnt Ancelotti zudem auf Anhieb die Champions League. In der Gruppenphase wird Real mit 15 Punkten aus sechs Spielen souverän Erster. Die folgenden K.-o.-Runden überstehen „Los Blancos" dann in einem wilden Ritt: Real ist das Comeback-Team der Champions-League-Saison 2021/22. Auf dem Weg ins Finale müssen sich die „Königlichen" gegen einen (inzwischen ehemaligen) Oligarchen- und zwei State-owned-Klubs durchsetzen – gegen Roman Abramowitschs Chelsea sowie Paris Saint-Germain und Manchester City, die sich im Besitz des Emirats Abu Dhabi bzw. von Katar, Ausrichter der WM 2022, befinden.

Zunächst geht es im Achtelfinale gegen PSG mit Neymar, Lionel Messi und Kylian Mbappé. Im Parc des Princes unterliegt Real durch ein Tor von Mbappé in der Nachspielzeit 0:1. Im Bernabéu liegt Real bei Halbzeit dann mit dem gleichen Spielstand zurück, Mbappé hat erneut getroffen. Es folgt der große Auftritt von Karim Benzema. In der 61. Minute gelingt dem 34-Jährigen der Ausgleich, in der 76. Minute nach einem Zuckerpass von Modrić die Führung, womit Paris allerdings immer noch weiter ist. Nur zwei Minuten später jedoch komplettiert Benzema mit dem erlösenden 3:1 seinen lupenreinen Hattrick.

Im Viertelfinale muss Real zunächst an die Londoner Stamford Bridge, wo Titelverteidiger Chelsea infolge des russischen Überfalls auf die Ukraine gerade seinen „Sugar-Daddy" Roman Abramowitsch verloren hat. Die Begegnung gerät zu einem weiteren Benzema-Festival. Real gewinnt 3:1, erneut schießt der Franzose alle drei Tore. Im Rückspiel rettet dann ebenfalls Benzema Real den Einzug ins Halbfinale. Dieses Mal sind es die Engländer, die nach Ablauf der regulären Spielzeit mit 3:1 führen. In der sechsten Minute der Verlängerung kann Benzema auf 2:3 verkürzen, was zum Weiterkommen reicht.

Im Halbfinale muss Real zum dritten Mal in Folge zunächst auswärts antreten. Bei Manchester City liegen die „Königlichen" nach nur elf Minuten mit 0:2 zurück. In der 33. Minute kann Benzema – wer sonst? – auf 1:2 verkürzen, in der 52. Minute stellt Phil Foden den alten Abstand wieder her, doch zwei Minuten später trifft Vinícius Júnior zum 2:3. Dann sind wieder die Hausherren an der Reihe, für die Silva auf 4:2 erhöht. Das letzte Wort hat aber Benzema, der in der 82. Minute einen Strafstoß zum 3:4 verwandelt – nicht die schlechteste Ausgangsposition für das Rückspiel.

Im Bernabéu ist Real 60 Sekunden vor Ablauf der regulären Spielzeit dennoch quasi ausgeschieden. Seit der 73. Minute führt City mit 1:0. Real müsste noch zwei Tore schießen, um zumindest eine Verlängerung zu erzwingen. Und tatsächlich: Das scheinbar Unmögliche gelingt. Dank des in der 68. Minute für Kroos aufs Feld gekommenen

Rodrygo, der in der 90. Minute zunächst den Ausgleich erzielt und in der ersten Minute der Nachspielzeit einen weiteren Treffer nachlegt. In der 95. Minute bekommt Real nach einem Foul von Rúben Dias an Benzema dann einen Strafstoß zugesprochen. Der Gefoulte tritt selbst an und verwandelt sicher ins rechte Eck zum 3:1-Endstand. Von den 14 Toren, die Real in den K.-o.-Spielen bis zum Finale erzielt hat, gehen somit zehn auf das Konto von Benzema.

Vor dem Endspiel sagt David Alaba dem *Kicker*: „Es ist ja bekannt, dass der gesamte Verein eine spezielle Beziehung zur Champions League hat. Das merkt man generell innerhalb des Klubs und speziell auch innerhalb der Mannschaft. Das ist der größte Titel, der zu gewinnen ist. Auf dieses Ziel wird hingearbeitet, das bestimmt die Art und Weise, wie gearbeitet wird und die Kultur im Verein." Einige Tage zuvor hat Alaba auch bereits gelernt, dass eine Meisterschaftsfeier bei Real etwas anderes ist als in München: „Die Feier hier war Wahnsinn: Wir sind im Korso vom Stadion gefühlt eine Stunde zum Cibeles-Brunnen gefahren. 300.000 bis 400.000 Leute sollen gefeiert haben." Seine Mannschaft sei von „sehr, sehr hoher Qualität", man verfüge über „Einzelspieler, die Spiele entscheiden können". Hinzu käme „ein sehr spezieller Spirit und Wettkampfcharakter, den haben wir in den K.-o.-Spielen gezeigt. Wir sind eine Mannschaft, die immer zurückschlagen kann, die nie aufgibt." Und der Trainer, Carlo Ancelotti? „Er hat viele große Stärken, seine vielleicht größte ist, dass er stets eine gewisse Ruhe ausstrahlt. Vor allem in Momenten, in denen es alles andere als einfach ist, ruhig zu bleiben. Das überträgt sich dann auch auf die Mannschaft und zeigt sich auf dem Platz."

Daniel Schmitt schreibt in der *Frankfurter Rundschau*: „Der 63-Jährige lebt nicht von Titeln wie andere, wie die verbissenen Mourinhos oder Guardiolas (…). Er ist kein lauter Einpeitscher, kein ausgewiesener Taktikfuchs, liefert kaum denkwürdige Zitate, und doch war er (fast) immer erfolgreich. Dem alternden Real Madrid hat er Frische verliehen, die immer satter scheinenden Stars wie Luka Modrić, Toni Kroos oder Karim Benzema noch mal hungrig gemacht."

Das Finale gegen den FC Liverpool sollte ursprünglich in Sankt Petersburg stattfinden. Aber die UEFA entzieht Kriegsaggressor Russland die Veranstaltung. Neuer Austragungsort ist das Stade de France in Paris. Hier beginnt das Spiel mit 36 Minuten Verspätung. Schlechte Organisation hat vor den Eingängen zu chaotischen Szenen und Ausschreitungen geführt. Über 200 Menschen werden verletzt. Eine Untersuchung des französischen Senats kommt später zu dem Ergebnis, nicht die Fans, sondern die Polizeipräfektur sei für das Chaos verantwortlich. Der Pariser Polizeipräfekt Didier Lallement muss seinen Hut nehmen. Lallement stand schon seit längerer Zeit wegen Polizeigewalt in der Kritik. Im Februar 2023 entschuldigt sich die UEFA bei den Fans. Sie seien zu Unrecht für die Ausschreitungen verantwortlich gemacht worden, und die Polizei habe übertrieben hart eingegriffen.

Im Stade de France beträgt das Durchschnittsalter von Ancelottis Startformation 28,6 Jahre. Es ist ein typisches Ancelotti-Team. Sechs Spieler – Courtois, Casemiro, Carvajal, Kroos, Benzema und Modrić – sind 30 Jahre und älter. Einen siebten, David Alaba, trennen nur wenige Tage von seinem 30. Geburtstag. Die ältesten Akteure auf dem Rasen sind Modrić (36) und Benzema (34). Bemerkenswert auch, wie viele Spieler schon „seit ewig“ das Trikot der „Blancos“ tragen: Für Benzema ist die Saison 2021/22 bereits die dreizehnte bei Real, für Modrić die zehnte, für Carvajal die neunte und für Kroos und Casemiro die achte. Diese fünf Spieler waren auch schon 2018 dabei, beim letzten Triumph in der Champions League.

Anstelle von Rodrygo hat Ancelotti Valverde in die Startformation genommen und entscheidet sich damit für eine defensivere Grundausrichtung. Im Stade de France ist Liverpool über weite Strecken das spielbestimmende Team. Jürgen Klopp postiert seine Abwehrkette kurz hinter der Mittellinie, Ancelotti seine etwa 30 Meter tiefer. Die „Reds“ starten furios, scheitern aber zwischen der 16. und der 21. Minute gleich viermal am überragenden Courtois. Während Liverpool sofort voll da ist und hoch attackiert, benötigt Real eine halbe Stunde, um ins Spiel zukommen. Den „Königlichen" bleibt kaum etwas anderes übrig, als tief zu stehen und auf Konter zu lauern. Mit der Zeit gelingt es Real jedoch, die Partie in die Breite zu ziehen und etwas Tempo aus dem Spiel der „Reds" zu nehmen, die ihrerseits ebenfalls ein bisschen den Fuß vom Gas nehmen. Real kann mehr und mehr sein rhythmisches Kurzpassspiel aufziehen und den Gegner genau dorthin bringen, wo Ancelotti ihn haben will.

In der 59. Minute erzielt Vinícius Júnior nach Vorbereitung von Valverde die Führung für die Madrilenen. Der Brasilianer entwischt dem hoch postierten Alexander-Arnold und trifft volley. Liverpools Versuche, den Ausgleich zu erzielen, werden vom herausragenden Courtois zunichtegemacht – einige Monate nach dem Finale wird der Belgier mit der Jaschin-Trophäe als weltbester Keeper ausgezeichnet. Ancelotti wechselt erstmals erst in der 86. Minute, als der 19-jährige Camavinga für Valverde aufs Feld kommt. Die folgenden beiden Wechsel erfüllen nur den Zweck, die Zeit herunterzuspielen.

Auch Toni Kroos macht eine große Partie, nachdem er in der Anfangsphase zunächst mit Liverpools wuchtigem Pressing zu kämpfen hatte. Er verbucht 77 erfolgreiche Pässe, die zweitbeste Quote aller Akteure. Nur Liverpools Fabinho spielt noch drei mehr. Dass Real mit der Zeit die Spielkontrolle gewinnt, ist wesentlich Kroos zu verdanken, der mit seiner „Abgeklärtheit Stütze und Metronom zugleich" *(Kicker)* ist. Nach der EM 2021 war Kroos aus der Nationalelf zurückgetreten – nach 106 Länderspielen, in denen er 17 Tore erzielte. Fast hat es den Eindruck, als sei er seither noch besser geworden. Seine Passquote war schon immer überragend, seine Spielintelligenz sowieso. Nun kommt noch etwas anderes hinzu: Kroos gewinnt auch Zweikämpfe.

Bei fast allen Spieldaten liegt Liverpool vorne. 54 Prozent Ballbesitz, 24:4 Torschüsse – von den 24 kommen immerhin neun aufs Tor –, 592:514 Pässe bei einer Passquote von 89 :83 Prozent. Nur Reals Quote gewonnener Zweikämpfe ist mit 59 zu 41 Prozent besser. Und trotzdem verlassen die „Königlichen" als Sieger den Platz. Jürgen

Klopp: „Man konnte ihre Erfahrung sehen, wie wenig sie das Selbstvertrauen verlieren, sie warten auf ihre Chance. Das ist es, was man von ihnen lernen kann." Der *Guardian* attestiert Real „eine Leistung von Stärke und Ausgeglichenheit".

Für Real ist es der 14. Sieg im 17. Finale des Landesmeisterwettbewerbs bzw. der Champions League. Das letzte Mal hat Real 1981 verloren – gegen Liverpool und in Paris … Es ist der fünfte Champions-League-Triumph in den letzten neun Spielzeiten und für Carlo Ancelotti der vierte Champions-League-Gewinn als Trainer – Rekord. Gareth Bale, Karim Benzema, Dani Carvajal, Casemiro, Isco, Marcelo, Luka Modrić und Nacho feiern in Paris ihren fünften Champions-League-Titel im weißen Trikot. Auch für Kroos ist es der fünfte Titel, den ersten hat er aber noch mit den Bayern errungen. Für viele Beobachter kommt Reals erster Triumph in der Post-Ronaldo-Ära etwas überraschend, sah man das Team doch im Umbruch. Die Champions League ist allerdings kein Ligawettbewerb, denn sieben der 13 Begegnungen bis zu einem etwaigen Finaltriumph sind Pokalspiele. Glück und Tagesform spielen eine größere Rolle als im Meisterschaftsrennen. Alle vier Klubs, mit denen sich Real in der K.-o.-Phase messen musste, waren phasenweise besser und näher dran am Erfolg.

Von den 36 Spielern, die in der Saison 2021/22 im Kader von Real stehen, kommen 13 aus der hauseigenen Nachwuchsakademie „Cantera". Zwei von ihnen sind Torhüter, einer davon ein erst 17-Jähriger. Von den 14 Spielern, die im Champions-League-Finale zum Einsatz kommen, ist allerdings lediglich Daniel Carvajal „Cantera"-Absolvent. Er spielt – von einem einjährigen Gastspiel bei Bayer Leverkusen abgesehen – seit seinem zehnten Lebensjahr für Real. Die 13 „Cantera"-Zöglinge kommen in der Saison 2021/22 addiert auf 143 Einsätze. Davon entfallen 119 auf drei Spieler: Nacho (42), Vázquez (41) und Carvajal (36).

Im Gesamtkader ist der prozentuale Anteil der Spieler, die aus der Nachwuchsakademie stammen, sogar deutlich höher als zu

Zeiten der „Galácticos 1.0“, also in den Jahren 1955 bis 1960, als er bei etwa 15 Prozent lag. Aber nur die allerwenigsten davon schaffen es in den Kernkader von 15, 16 Spielern. Zugleich ist die Chance, sich als „Cantera“-Absolvent im Profifußball zu etablieren – bloß eben nicht bei der Topadresse Real, dem Verein, bei dem man ausgebildet wurde –, sehr groß. „Paco“ Buyo: „Talent kann man nicht kaufen, es wird geboren oder gemacht. Real wird dabei unterschätzt, man muss nur die Liga durchgehen, da finden sie sehr viel Real-Junioren.“

Dass der FC Barcelona in den Jahren von Pep Guardiola und anderen eine größere Zahl von Eigengewächsen im Kern seines Profikaders versammelte als Real, dürfte zwei Umständen geschuldet sein: Zum einen waren Guardiola, Tito Vilanova und Luis Enrique Trainer, die aus dem eigenen Stall kamen, zuvor bereits in der Akademie „La Masia“ gearbeitet und das B-Team betreut hatten. Bei Real war das anders, sieht man einmal von del Bosque ab und mit Abstrichen von Zidane. Capello, Mourinho, Ancelotti und Co. kamen nicht aus dem eigenen Stall, sondern hatten als Startrainer schon andere große Klubs trainiert.

Zum anderen besaß Barça eine enger definierte Spielphilosophie, was den Übergang ins A-Team erleichterte – oder anders gesagt: Barça war auf Spieler angewiesen, denen man die Spielphilosophie des A-Teams nicht erst beibringen musste. Sie waren mit dieser groß geworden. Reals Spielphilosophie hingegen war weiter gefasst. Die Leitplanken waren sozusagen großzügiger gesetzt, die Spieler weniger „vorprogrammiert“ und mit mehr Freiheiten ausgestattet als etwa bei Guardiolas Barça. Es ging ganz allgemein um schönen, unterhaltenden Fußball, um Eleganz („weißes Ballett“), Stil und Klasse (Ausnahme: Mourinho). Die Basis dieses Fußballs war weniger ein System als eine große Zahl von Superstars, also ein Höchstmaß an individueller Klasse. Ballbesitz spielte dabei eine geringere Rolle als bei Barça. Was die Fans erwarteten, war, dass ihr Team mit seinen Klassespielern attackierte.

Zurück in die Gegenwart. Der Ballon d'Or, die Trophäe für den weltbesten Fußballer, geht 2022 an Karim Benzema – und das vollkommen zu Recht. Der Stürmer hat in der Saison 2021/22 in 46 Spielen 44 Tore geschossen und 15 Vorlagen geliefert. Benzema ist Torschützenkönig in „La Liga" und in der Champions League. Seine 15 Treffer dort sind nur zwei weniger als der Rekord, den Cristiano Ronaldo in der Saison 2013/14 aufgestellt hat. Gemeinsam mit Robert Lewandowski belegt Benzema damit Platz drei in der „ewigen Saison-Torschützenliste" der Champions League bzw. des von 1955 bis 1992 ausgetragenen Europapokals der Landesmeister. (Platz zwei belegt ebenfalls Cristiano Ronaldo mit 16 Toren in der Saison 2015/16.) Zudem hat Benzema 2022 mit Frankreich die Nations League gewonnen. Im Finale erzielte er ein Tor, im Halbfinale leitete er das Comeback gegen Belgien ein.

Bei Real ist Benzema mit jeder Saison besser geworden. In sechs seiner 13 Spielzeiten in Madrid seit 2009 hat er mehr als 20 Ligatore erzielt, davon viermal in den letzten vier Saisons und jenseits des Alters von 30 Jahren. Für Zinédine Zidane, den Benzema als eine Art großen Bruder betrachtet, ist der Stürmer dabei mehr als eine reine Nummer neun: „Er ist eine 9 ½, eine 10 – für mich ist er ein bisschen von allem. Ich würde ihn als kompletten Fußballer bezeichnen." Dies entspricht auch Benzemas eigener Wahrnehmung. Er hat sich nie nur als „klassischen" Stürmer gesehen, sondern als spielenden, das Spiel gestaltenden Stürmer. Als einen, der nicht nur darauf wartet, dass ihn andere in Szene setzen, sondern der auch für seine Mitspieler spielt. Für Zidane ist Benzema der weltbeste Mittelstürmer, weil er das das mannschftsdienliche Spiel mit Torgefährlichkeit verbinde. Im Schnitt spielt Bezema 41 Pässe in 90 Minuten, mit denen er seine Mitspieler in Szene setzt. Sein Kollege Erling Haarland ist ein anderer Stürmertyp. Der Norweger kommt nur auf 14 Pässe. Und er passt auch nicht so erfolgreich wie Benzema. Dass Real nach einer Übergangsphase den Verlust von Cristiano Ronaldo kompensieren konnte, war auch Benzemas Verdienst.

2022/23
„FUSSBALL-KRIEG" MIT BARÇA

Vor der Saison 2022/23 verlassen Gareth Bale, der in Madrid nie zu dem Megastar wurde, den sich Real-Präsident Pérez erhofft hatte, sowie Isco und Marcelo, deren Verträge ausgelaufen sind, den Verein. Als dienstältester Spieler war der 34-jährige Marcelo in seiner letzten Saison zwar Mannschaftskapitän, verlor aber seinen Stammplatz an Ferland Mendy. Der Brasilianer trug 15 Jahre das weiße Trikot. Kein Spieler gewann so viele Trophäen mit Real wie Marcelo.

Von Chelsea kommt ablösefrei der Abwehr- und deutsche Nationalspieler Antonio Rüdiger. Aus Monaco wechselt der 22-jährige Franzose Aurélien Tchouaméni nach Madrid. Real muss für den Mittelfeldspieler 80 Millionen Euro ins Fürstentum überweisen, Bonus-Zahlungen können den Preis auf 100 Millionen steigern.

Im Finale um den europäischen Supercup kommt es zur Neuauflage des legendären Europapokalfinales von 1960 zwischen Real Madrid und Eintracht Frankfurt. Die Gewichte sind dabei nicht viel anders verteilt als damals. In Helsinki benötigt Real eine gewisse Anlaufzeit, die erste gefährliche Situation gehört der Eintracht, aber nach etwa einer halben Stunde „saugte das ‚königliche' Bermuda-Dreieck – Toni Kroos, Casemiro und Luka Modrić – zunehmend die Energie aus der Frankfurter Mannschaft. Das Team lief sich die Füße wund, während Madrid den Ball clever laufen ließ, sich mit der begeisternden Leichtigkeit und den verzaubernden Bewegungen von Modrić und Karim Benzema sowie den Pässen von Kroos immer wieder befreite", beobachtet Tobias Nordmann auf *ntv.de*. Ancelottis Ensemble habe in der Sommerpause „nichts von seiner bemerkenswerten Abgezocktheit eingebüßt". Real gewinnt durch Tore von Alaba (37.) und Benzema (65.) mit 2:0. Zum „Man of the Match" wird Casemiro gewählt. Der 31-Jährige wechselt wenig später für gut 70 Millionen Euro zu Manchester United – nach insgesamt acht Jahren bei den „Königlichen".

In der Meisterschaft zieht der FC Barcelona davon. Nicht so im Pokal. Im Halbfinale verliert die Ancelotti-Elf zwar das erste Duell mit Barça im Camp Nou mit 0:1. Im Rückspiel vor eigenem Publikum gewinnt Real dann aber nach einem berauschenden Vortrag mit 4:0. Vinícius Júnior bringt die „Blancos" kurz vor dem Halbzeitpfiff in Führung. Nach der Pause setzt Benzema einen Hattrick drauf. „Real Madrid beschenkt seine Anhänger mit einem Mittwoch unvergesslicher Leidenschaft", schwärmt *Marca*. Für die Konkurrenz von *AS* ist Real „ins Finale getanzt", für *L'Équipe* wurde Barça von Benzema „vernichtet". Barça-Coach Xavi Hernández bleibt nur die bittere Erkenntnis: „Madrid verzeiht nicht. Wenn du Madrid nicht umlegst, legt Madrid dich um."

Im Achtelfinale der Champions League zieht der FC Liverpool gegen Real ein weiteres Mal den Kürzeren. Im Stadion an der Anfield Road starten die „Reds" furios und führen nach 14 Minuten mit 2:0. Aber die „Königlichen" sind „Comeback-Könige" (*Kicker*). Noch vor der Pause trifft Vinícius Júnior, von Ancelotti zum „aktuell entscheidenden Spieler im Weltfußball" gekürt, zweimal. Der Brasilianer ist in der Saison 2021/22 zu einem unverzichtbaren Leistungsträger avanciert – und leider auch zur Hassfigur der Rassisten unter den gegnerischen Fans. Nach der Pause schießen Éder Militão und zweimal Benzema Real zu einem 5:2-Sieg. Vor Benzemas letztem Treffer erobert der 37-jährige Luka Modrić den Ball, treibt ihn durchs Mittelfeld und läuft dabei dem 18-jährigen Liverpooler Stefan Bajčetić davon. Liverpool hat in Anfield noch nie mehr als drei Tore kassiert. Das 2:5 ist die höchste Heimniederlage in der Europapokalgeschichte der „Reds". Das Rückspiel gewinnt Real durch ein Tor von Benzema mit 1:0. Es ist Reals 300. Auftritt in der Champions League, kein Klub hat in diesem Wettbewerb häufiger gespielt. 180 Spiele wurden gewonnen, 65 gingen verloren, 55 endeten ohne Sieger. Das Torverhältnis beträgt 636:329.

Im Viertelfinale besiegt Real den FC Chelsea im Bernabéu souverän mit 2:0. Vor dem Rückspiel tönt Chelseas US-amerikanischer Besitzer Todd Boehly, man werde Real mit 3:0 besiegen. Chelsea hat vor der Saison 640 Millionen Euro für neue Spieler ausgegeben, mit der Folge eines übergroßen Kaders. Reals Transferpolitik wirkt dagegen grundsolide. Grundsolide gestaltet sich auch der Auftritt an der Stamford Bridge, den Real ebenfalls mit 2:0 gewinnt. Erneut macht sich dabei die Erfahrung der Ancelotti-Elf bezahlt. Antonio Rüdiger über das „Senioren-Trio“: „Wenn Spieler wie Karim Benzema, Modrić und Kroos Ruhe haben – warum sollen wir dann nervös sein?“ Wieder einmal überragend: Toni Kroos mit seinem schnörkellosen Spiel. Sebastian Stiekel *(dpa)* kürt ihn zum „Dominator im europäischen Fußball“.

Mit einem 2:1-Sieg über Osasuna gewinnt Real zum 20. Mal den Pokal. Der letzte Pokalsieg liegt schon neun Jahre zurück. Beide Treffer erzielt Rodrygo, beide Male ist Vinicius Junior an der Vorbereitung beteiligt. Bei beiden Treffern in der für ihn typischen Art und Weise. Mit seinem extrem schnellen Antritt und seinen Dribblings hebelt er die gegnerische Abwehr aus, bringt sie durcheinander. In der Saison 2022/23 geht kein Spieler in den fünf großen europäischen Ligen so häufig ins Dribbling wie Vinicius Junior. Toni Kroos: „Er ist der Spieler, der in dieser Saison bei uns den Unterschied macht.“ Allerdings müsse der 22-Jährige noch lernen, „ruhiger zu werden.“

Anschließend eröffnet Joan Laporta, Präsident des FC Barcelona, eine neue Runde im spanischen „Fußball-Krieg“. Auslöser sind Enthüllungen, nach denen Barça zwischen 2001 und 2018 Millionenzahlungen an den damaligen Vizepräsidenten des spanischen Schiedsrichterkomitees getätigt hat. Die Einflussnahme auf die Referees wurde in der Vergangenheit immer wieder Real vorgeworfen – insbesondere die Zeit der Franco-Diktatur betreffend. Fragwürdige Schiedsrichterentscheidungen galten als Beleg dafür, dass Real das „Regime-Team“ gewesen sei.

Um vom eigenen Skandal abzulenken, koffert Laporta nun in Richtung Madrid: „Jeder weiß, dass Real Madrid ein Verein ist, der historisch von Schiedsrichterfehlern begünstigt wurde und der Verein des Regimes war.“

Real kontert mit einem viereinhalbminütigen Video, dessen Titel lautet: „Wer war der Klub des Regimes?“ Es wird erwähnt, dass das

Camp Nou von José Solís Ruiz, Francos Generalminister, eingeweiht wurde. Man sieht, dass bei der Eröffnung die spanische Nationalhymne gespielt und die spanische Flagge gehisst wurde. Des Weiteren zeigen Bilder, wie Barça-Spieler den Faschistengruß zeigen. Wirklich aussagekräftig ist das alles jedoch nicht. Das Video schließt mit: „Real Madrid wurde durch den Bürgerkrieg demontiert. Spieler wurden ermordet, verhaftet und sind ins Exil geflohen." Real entdeckt und thematisiert seine Opfer des Bürgerkriegs damit allerdings reichlich spät. Zitiert wird auch Santiago Bernabéu: „Wenn ich höre, dass Madrid der Klub des Regimes ist, bekomme ich Lust, auf den Vater desjenigen zu scheißen, der das sagt."

Patricia Playa, Sprecherin der katalanischen Regierung, ist empört: „Ich kann Ihnen im Namen der Regierung sagen, dass das von Real Madrid veröffentlichte Video eine so grobe Manipulation der Geschichte ist, dass es wie aus dem Lehrbuch wirkt. Es sind unanständige ‚Fake News' (…). (…) Es wäre gut, wenn Madrid das Video zurückziehen und sich dafür entschuldigen würde, eine rote Linie überschritten zu haben."

Isabel Díaz Ayuso, Politikerin der Partido Popular (PP) am rechten Rand, erklärte Anti-Feministin und Klimawandelleugnerin, Präsidentin der Regionalregierung der Autonomen Gemeinschaft Madrid, findet das Video hingegen „großartig".

Und Mark Nayler kommentiert im *Spectator*: „Die Symbolik der Rivalität zwischen Barça und Real Madrid ist heute so stark wie eh und je: Ein Sieg von Los Blancos ist ein Sieg für Los Pijos (die Vornehmen, d. Verf.) und das Establishment, während ein Triumph von Barça ein Grund zum Feiern für Radikale, Rebellen und Separatisten ist. Laporta wusste zweifellos, dass alles, was er tun musste, um die Aufmerksamkeit von den Spielmanipulationsvorwürfen gegen Barça abzulenken, darin bestand, jahrzehntealte Feindseligkeiten wieder zu entfachen: Wenn es eine Ablenkungsstrategie war, Franco in den Streit zu ziehen, funktionierte sie hervorragend."

AUTOREN

Dietrich Schulze-Marmeling: Eine der renommiertesten Stimmen, wenn es um Fußball und (politische) Fußballgeschichte geht. Autor zahlreicher Bücher. Von ihm stammen die Kapitel zur Real-Geschichte mit Beginn des Bürgerkriegs 1936 bis in die Gegenwart. Zuletzt erschien von ihm im Verlag die Werkstatt "1990. Eine WM, die alles veränderte" sowie "Tradition schießt keine Tore" (gemeinsam mit Marco Bode).

Hardy Grüne: Vielgereister Autor zahlreicher Bücher über den Fußball in der ganzen Welt sowie Mit-Herausgeber von *Zeitspiel – Magazin für Fußball-Zeitgeschichte*. Hat sich für dieses Buch mit der Geschichte von Real Madrid bis zum Beginn des Bürgerkriegs beschäftigt. Zuletzt erschien von ihm im Verlag die Werkstatt "Fußballwappen" sowie "Das goldene Buch des deutschen Fußballs" (gemeinsam mit Dietrich Schulze-Marmeling).

LITERATUR

Carlo Ancelotti: *Quiet Leadership. Winning hearts, minds and matches.* 2016, Penguin Random House UK, London.

Phil Ball: *Morbo. The Story of Spanish Football.* 2001, WSC Books, London.

Phil Ball: *White Storm. The Story of Real Madrid.* 2002, Mainstream Publishing, Edinburgh.

Hans Blickensdörfer: *Ein Ball fliegt um die Welt.* 1965, Europäischer Buchklub, Stuttgart/Zürich/Salzburg.

Helmut Böttiger: *Günter Netzer – Manager und Rebell.* 1994, Verlag Georg Simader, Frankfurt/M.

Paul Breitner: *Ich will kein Vorbild sein. Unser Fußball – so wie ich ihn verstehe.* 1980, Copress, München.

Jimmy Burns: *La Roja. Die Geschichte des spanischen Fußballs.* 2012, Verlag Die Werkstatt, Göttingen.

Vicente Martínez Calatrava: *Historia y estadística del fútbol español. Primera Parte (1920), Segunda Parte (1920–1939), Tercera Parte (1939–1950), Cuarta Parte (1950–1964), Quinta Parte (1964–1982).* Alle 2001, Service Point, Barcelona.

Javier Cáceres: *Fútbol. Spaniens Leidenschaft.* 2006, Kiepenheuer & Witsch, Köln.

Richard Fitzpatrick: *El Clásico. Barcelona vs Real Madrid – Football's Greatest Rivalry.* 2012, Bloomsbury Publishing Plc., London.

David Goldblatt: *The Ball is Round. A Global History of Football.* 2006, Viking, London.

Hardy Grüne: *Weltfußball-Enzyklopädie. Band 1: Europa & Asien.* 2007, Verlag Die Werkstatt, Göttingen.

Fritz Hack: *Alfrédo Di Stéfano. 20 Jahre Weltklasse.* 1964, Wihelm Limpert-Verlag GmbH, Frankfurt/M.

Kerry Hau, Filip Knopp: *111 Gründe, Real Madrid zu lieben. Eine Liebeserklärung an den großartigsten Fußballverein der Welt.* 2017, Schwarzkopf & Schwarzkopf Media GmbH, Berlin.

Gerhard Hesse: *Real Madrid. Club der Millionen*. 1962, Copress, München.

Ulrich Hesse-Lichtenberger: *Flutlicht & Schatten. Die Geschichte des Europapokals*. 2005, Verlag Die Werkstatt, Göttingen.

Sid Lowe: *Fear and Loathing in La Liga – Barcelona vs Real Madrid*. 2013, Yellow Jersey Press, London.

Steven G. Mandis: *The Real Madrid Way – How Values Created The Most Succesful Sports Team On The Planet*. 2016, BenBella Books, Dallas/Texas.

Mesut Özil: *Die Magie des Spiels. Und was du brauchst, um deine Träume zu verwirklichen*. 2017, Bastei Lübbe AG, Köln.

Ludger Schulze: *Die Geschichte des Europapokals*. 1990, Copress, München.

Dietrich Schulze-Marmeling: *Barça oder: Die Kunst des schönen Spiels*. 2010, Verlag Die Werkstatt, Göttingen.

Dietrich Schulze-Marmeling: *Trainer! Die wichtigsten Männer im Fußball*. 2021, Verlag Die Werkstatt, Bielefeld.

Dirk Segbers: *Athletic Club Bilbao. Aus Prinzip einzigartig*. 2022, Verlag Die Werkstatt, Bielefeld.

Rogan Taylor: *Puskás on Puskás: The Life & Time of a Footballing Legend*. 1997, Robson Books, London.

Jorge Valdano: Über Fußball. 2004, Bombus-Verlag, München.

Zeitungen, Magazine und Internetseiten: *El País, Frankfurter Allgemeine Zeitung, Frankfurter Allgemeine Sonntagszeitung, Frankfurter Rundschau, Guardian, Kicker-Sportmagazin, 11 Freunde, realmadrid,com, realtotal.de, Spiegel, Spielverlagerung.de, Spox.com, Süddeutsche Zeitung, Tagesspiegel, die tageszeitung, Transfermarkt.de, Welt*

ERFOLGE

NATIONALE TITEL

Spanischer Meister (35 Titel) 1932, 1933, 1954, 1955, 1957, 1958, 1961, 1962, 1963, 1964, 1965, 1967, 1968, 1969, 1972, 1975, 1976, 1978, 1979, 1980, 1986, 1987, 1988, 1989, 1990, 1995, 1997, 2001, 2003, 2007, 2008, 2012, 2017, 2020, 2022 (dazu 24 Vizemeisterschaften)

Spanischer Pokalsieger (20 Titel) 1905, 1906, 1907, 1908, 1917, 1934, 1936, 1946, 1947, 1962, 1970, 1974, 1975, 1980, 1982, 1989, 1993, 2011, 2014, 2023 (dazu 20 Finalteilnahmen)

Spanischer Supercup (12 Titel) 1988, 1989, 1990, 1993, 1997, 2001, 2003, 2008, 2012, 2017, 2020, 2022 (dazu 6 Finalteilnahmen)

INTERNATIONALE TITEL

Weltpokal (5 Titel) 2014, 2016, 2017, 2018, 2022

Europapokal der Landesmeister/Champions League (14 Titel) 1956, 1957, 1958, 1959, 1960, 1966, 1998, 2000, 2002, 2014, 2016, 2017, 2018, 2022 (dazu 3 Finalteilnahmen)

Europäischer Supercup (5 Titel) 2002, 2014, 2016, 2017, 2022 (dazu 3 Finalteilnahmen)

UEFA-Cup (2 Titel) 1985, 1986

Stand: Juni 2023